刑法历次修改条文对照表

（含十一个刑法修正案）

王爱立·主编

立法工作者编纂权威版本

人民法院出版社

图书在版编目（CIP）数据

刑法历次修改条文对照表：含十一个刑法修正案／王爱立主编. -- 北京：人民法院出版社，2021.1
ISBN 978-7-5109-2872-7

Ⅰ.①刑… Ⅱ.①王… Ⅲ.①刑法-研究-中国 Ⅳ.①D924.04

中国版本图书馆 CIP 数据核字（2020）第 272612 号

刑法历次修改条文对照表（含十一个刑法修正案）
王爱立　主编

策划编辑	兰丽专　**责任编辑**　丁丽娜　**执行编辑**　杨晓燕
出版发行	人民法院出版社
地　　址	北京市东城区东交民巷 27 号（100745）
电　　话	（010）67550508（责任编辑）　67550558（发行部查询）
	65223677（读者服务部）
网　　址	http：//www.courtbook.com.cn
E - mail	courtpress@sohu.com
印　　刷	河北鑫兆源印刷有限公司
经　　销	新华书店
开　　本	787 毫米×1092 毫米　1/16
字　　数	402 千字
印　　张	26.5
版　　次	2021 年 1 月第 1 版　2021 年 1 月第 1 次印刷
书　　号	ISBN 978-7-5109-2872-7
定　　价	59.00 元

版权所有　侵权必究

出 版 说 明

　　刑法是国家的基本法律，在中国特色社会主义法律体系中居于基础性、保障性地位，对于打击犯罪、维护国家安全、社会稳定和保护人民群众生命财产安全具有重要意义。党中央和全国人大常委会历来十分重视刑法的修改和完善工作。1997年全面修订刑法以来先后通过了一个决定、十一个刑法修正案和十三个有关刑法的法律解释，及时对刑法作出修改、补充和明确适用。

　　2020年12月26日，第十三届全国人民代表大会常务委员会第二十四次会议通过了《中华人民共和国刑法修正案（十一）》[以下简称刑法修正案（十一）]，共48条，针对经济社会发展迫切需要的和人民群众关切的领域、突出问题，对刑法作出修改完善。刑法修正案（十一）将自2021年3月1日起施行。从具体内容看，刑法修正案（十一）涉及个别下调刑事责任年龄，加大对未成年人保护、安全生产、产权保护力度，加强疫情防控刑事法律保障，增加"冒名顶替"犯罪，增加侮辱、诽谤英烈行为犯罪，增加生物安全等犯罪，修改完善知识产权犯罪等方面的规定，内容丰富、领域众多。

　　为帮助广大读者更好地学习和掌握刑法历次修改条文与相关旧条文的差异，掌握刑法发展变化的大体脉络，全国人大常委会法工委刑法室参与历次条文修正的工作人员精心编纂了《刑法历次修改条文对照表（含十一个刑法修正案）》，并以表格形式对新旧法条文进行对照。该对照表具有以下特点：

1. **同序对照**。修改后的条文与 1997 年刑法条文相互对照，作同序安排，方便读者查阅新条文和原条文。

2. **醒目标识**。对新条文修改、增加之处作黑体标识；对原条文修改、删去之处加阴影标识，说明文字以楷体表示；对多次修改的条文，用小五号宋体将前次修改内容进行区分，修改之处一目了然。

3. **明晰沿革**。对于经过两次以上修改的，在新条文下注明历次修改的情况，帮助了解条文的来龙去脉。

我们把这个对照表推荐给大家，希望能有效提高读者学习刑法的效率，为读者的学习和工作带来便利。

二〇二〇年十二月

目 录

《中华人民共和国刑法修正案(十)》《中华人民共和国刑法
　修正案(十一)》要点导读 …………………………………（1）
刑法历次修改条文对照表 …………………………………（7）
第一编　总则 ………………………………………………（7）
　第一章　刑法的任务、基本原则和适用范围 ……………（7）
　第二章　犯罪 ………………………………………………（11）
　　第一节　犯罪和刑事责任 ………………………………（11）
　　第二节　犯罪的预备、未遂和中止 ……………………（16）
　　第三节　共同犯罪 ………………………………………（17）
　　第四节　单位犯罪 ………………………………………（18）
　第三章　刑罚 ………………………………………………（19）
　　第一节　刑罚的种类 ……………………………………（19）
　　第二节　管制 ……………………………………………（22）
　　第三节　拘役 ……………………………………………（24）
　　第四节　有期徒刑、无期徒刑 …………………………（24）
　　第五节　死刑 ……………………………………………（25）
　　第六节　罚金 ……………………………………………（27）
　　第七节　剥夺政治权利 …………………………………（28）
　　第八节　没收财产 ………………………………………（30）
　第四章　刑罚的具体运用 …………………………………（31）
　　第一节　量刑 ……………………………………………（31）
　　第二节　累犯 ……………………………………………（32）

· 1 ·

第三节　自首和立功 ……………………………… (34)

   第四节　数罪并罚 ………………………………… (36)

   第五节　缓刑 ……………………………………… (39)

   第六节　减刑 ……………………………………… (43)

   第七节　假释 ……………………………………… (45)

   第八节　时效 ……………………………………… (48)

  第五章　其他规定 ……………………………………… (49)

第二编　分则 …………………………………………………… (53)

  第一章　危害国家安全罪 ……………………………… (53)

  第二章　危害公共安全罪 ……………………………… (59)

  第三章　破坏社会主义市场经济秩序罪 ……………… (84)

   第一节　生产、销售伪劣商品罪 ………………… (84)

   第二节　走私罪 …………………………………… (95)

   第三节　妨害对公司、企业的管理秩序罪 ……… (103)

   第四节　破坏金融管理秩序罪 …………………… (119)

   第五节　金融诈骗罪 ……………………………… (152)

   第六节　危害税收征管罪 ………………………… (162)

   第七节　侵犯知识产权罪 ………………………… (171)

   第八节　扰乱市场秩序罪 ………………………… (176)

  第四章　侵犯公民人身权利、民主权利罪 …………… (186)

  第五章　侵犯财产罪 …………………………………… (207)

  第六章　妨害社会管理秩序罪 ………………………… (215)

   第一节　扰乱公共秩序罪 ………………………… (215)

   第二节　妨害司法罪 ……………………………… (241)

   第三节　妨害国(边)境管理罪 …………………… (250)

   第四节　妨害文物管理罪 ………………………… (254)

   第五节　危害公共卫生罪 ………………………… (258)

   第六节　破坏环境资源保护罪 …………………… (264)

第七节　走私、贩卖、运输、制造毒品罪 ……… (274)
　　第八节　组织、强迫、引诱、容留、介绍卖淫罪 ……… (283)
　　第九节　制作、贩卖、传播淫秽物品罪 ……… (286)
　第七章　危害国防利益罪 ……………………………… (288)
　第八章　贪污贿赂罪 …………………………………… (296)
　第九章　渎职罪 ………………………………………… (309)
　第十章　军人违反职责罪 ……………………………… (323)
附则 ………………………………………………………… (333)

附　录 …………………………………………………… (338)
　全国人民代表大会常务委员会关于惩治骗购外汇、逃汇和
　　非法买卖外汇犯罪的决定
　　　（1998年12月29日）……………………………… (338)
　中华人民共和国刑法修正案
　　　（1999年12月25日）……………………………… (340)
　中华人民共和国刑法修正案（二）
　　　（2001年8月31日）………………………………… (343)
　中华人民共和国刑法修正案（三）
　　　（2001年12月29日）……………………………… (344)
　中华人民共和国刑法修正案（四）
　　　（2002年12月28日）……………………………… (346)
　中华人民共和国刑法修正案（五）
　　　（2005年2月28日）………………………………… (349)
　中华人民共和国刑法修正案（六）
　　　（2006年6月29日）………………………………… (351)
　中华人民共和国刑法修正案（七）
　　　（2009年2月28日）………………………………… (356)

中华人民共和国刑法修正案(八)
　　(2011年2月25日) ………………………… (360)
中华人民共和国刑法修正案(九)
　　(2015年8月29日) ………………………… (370)
中华人民共和国刑法修正案(十)
　　(2017年11月4日) ………………………… (382)
中华人民共和国刑法修正案(十一)
　　(2020年12月26日) ……………………… (383)
全国人民代表大会常务委员会关于废止部分法律的
　　决定(节选)
　　(2009年6月27日) ………………………… (396)
全国人民代表大会常务委员会关于修改部分法律的
　　决定(节选)
　　(2009年8月27日) ………………………… (397)
中华人民共和国禁毒法(节选)
　　(2007年12月29日) ……………………… (399)
全国人民代表大会常务委员会关于《中华人民共和国刑法》
　　第九十三条第二款的解释
　　(2000年4月29日) ………………………… (400)
全国人民代表大会常务委员会关于《中华人民共和国刑法》
　　第二百二十八条、第三百四十二条、第四百一十条的解释
　　(2001年8月31日) ………………………… (401)
全国人民代表大会常务委员会关于《中华人民共和国刑法》
　　第二百九十四条第一款的解释
　　(2002年4月28日) ………………………… (402)
全国人民代表大会常务委员会关于《中华人民共和国刑法》
　　第三百八十四条第一款的解释
　　(2002年4月28日) ………………………… (403)

——目　录——

全国人民代表大会常务委员会关于《中华人民共和国刑法》
　　第三百一十三条的解释
　　　　（2002年8月29日）……………………………（404）
全国人民代表大会常务委员会关于《中华人民共和国刑法》
　　第九章渎职罪主体适用问题的解释
　　　　（2002年12月28日）…………………………（406）
全国人民代表大会常务委员会关于《中华人民共和国刑法》
　　有关信用卡规定的解释
　　　　（2004年12月29日）…………………………（407）
全国人民代表大会常务委员会关于《中华人民共和国刑法》
　　有关出口退税、抵扣税款的其他发票规定的解释
　　　　（2005年12月29日）…………………………（408）
全国人民代表大会常务委员会关于《中华人民共和国刑法》
　　有关文物的规定适用于具有科学价值的古脊椎动物化石、
　　古人类化石的解释
　　　　（2005年12月29日）…………………………（409）
全国人民代表大会常务委员会关于《中华人民共和国刑法》
　　第三十条的解释
　　　　（2014年4月24日）……………………………（410）
全国人民代表大会常务委员会关于《中华人民共和国刑法》
　　第一百五十八条、第一百五十九条的解释
　　　　（2014年4月24日）……………………………（411）
全国人民代表大会常务委员会关于《中华人民共和国刑法》
　　第二百六十六条的解释
　　　　（2014年4月24日）……………………………（412）
全国人民代表大会常务委员会关于《中华人民共和国刑法》
　　第三百四十一条、第三百一十二条的解释
　　　　（2014年4月24日）……………………………（413）

——要点导读——

《中华人民共和国刑法修正案（十）》 《中华人民共和国刑法修正案（十一）》 要点导读

2017年11月4日，第十二届全国人民代表大会常务委员会第三十次会议通过了《中华人民共和国刑法修正案（十）》，增加规定了侮辱国歌的犯罪。2017年9月1日，第十二届全国人大常委会第二十九次会议审议通过了《中华人民共和国国歌法》。国歌和国旗、国徽一样，都是国家的象征和标志。为了依法维护国旗、国徽的尊严，惩治侮辱国旗、国徽的犯罪行为，刑法第二百九十九条规定了侮辱国旗、国徽罪，明确了刑事责任。在国歌法通过后，有必要对刑法第二百九十九条作相应补充，明确侮辱国歌行为的刑事责任。为此，刑法修正案（十）在刑法第二百九十九条侮辱国旗、国徽罪的规定中增加一款，对侮辱国歌行为的刑事责任作出规定。与国歌法的规定相衔接，也与刑法关于侮辱国旗、国徽罪的规定相协调，体现罪刑法定原则。

2020年12月26日，第十三届全国人民代表大会常务委员会第二十四次会议审议通过了《中华人民共和国刑法修正案（十一）》。刑法修正案（十一）坚决贯彻落实习近平法治思想，落实党中央各项决策部署。紧紧围绕保障党和国家重大战略目标，立足新发展阶段，注重发挥好刑法对经济社会生活的规范保障和引领推动作用。坚持以人民为中心，加强保护人民群众生命财产安全，维护人民权益、增进人民福祉。贯彻宽严相济刑事政策，适应国家治理体系和治理能力现代化的要求。坚持问题导向，针对实践中反映突出的问题，对刑法作出调整。

——刑法历次修改条文对照表（含十一个刑法修正案）——

刑法修正案（十一）共48条，修改条文34条，增加条文13条，涉及的内容包括8个方面。介绍如下：

一、维护人民群众生命财产安全

习近平总书记强调，"要把体现人民利益、反映人民愿望、维护人民权益、增进人民福祉落实到全面依法治国各领域全过程"。刑法修正案（十一）对社会关切的低龄未成年人犯罪、未成年人被性侵害、安全生产、食品药品安全问题作出修改完善，维护人民群众生命财产安全。

一是明确在特定情形下，经特别程序，对法定最低刑事责任年龄作个别下调。增加规定，已满十二周岁不满十四周岁的人，犯故意杀人、故意伤害罪，致人死亡或者以特别残忍手段致人重伤造成严重残疾，情节恶劣，经最高人民检察院核准追诉的，应当负刑事责任。

二是加大对性侵未成年人犯罪的惩处力度。（1）修改奸淫幼女犯罪，将奸淫不满十周岁的幼女或者造成幼女伤害等情形明确适用更重刑罚。（2）修改猥亵儿童罪，进一步明确对猥亵儿童多人或者多次的、造成儿童伤害或者其他严重后果的、猥亵手段恶劣等情形从重惩处。（3）增加负有特殊职责人员性侵未成年女性的犯罪。对已满十四周岁不满十六周岁的未成年女性负有监护、收养、看护、教育、医疗等特殊职责的人员，与该未成年女性发生性关系的，追究刑事责任。

三是加大对安全生产犯罪的预防惩治。（1）提高重大责任事故相关犯罪的刑罚，对明知存在重大事故隐患而不排除，仍冒险组织作业，造成严重后果的安全生产类犯罪加大刑罚力度。（2）增加危险作业犯罪，将刑事处罚阶段适当前移，对具有发生严重后果的现实危险的，多发易发的安全生产违法违规情形，追究刑事责任。（3）对社会反映突出的高空抛物、妨害公共交通工具安全驾驶的犯罪作出明确规定，维护人民群众"头顶上的安全"和"出行安全"。

四是增加"冒名顶替"犯罪，维护人民群众"前途安全"。明确规定，对盗用、冒用他人身份，顶替他人取得的高等学历教育入学资格、公务员录用资格、就业安置待遇的，追究刑事责任。

五是完善惩治食品药品犯罪，强化食品药品安全。（1）在药品管理法对假劣药的范围作出调整后，修改生产销售假、劣药犯罪，做好衔接。（2）增加妨害药品管理秩序的犯罪，将一些此前以假药论的情形以及违反药品生产质量管理规范的行为等单独规定为一类犯罪。（3）增加药品监管渎职犯罪，细化食品药品渎职犯罪情形。

二、防范和化解金融风险

习近平总书记强调，"要积极推进防范风险等重要领域立法"。本次刑法修改聚焦防范和化解金融风险，加大对金融乱象的惩治力度，对证券犯罪、非法集资、洗钱犯罪等内容作出修改完善，主要有以下四方面。

一是加大对证券犯罪的惩治力度。（1）提高欺诈发行股票、债券犯罪，违规披露、不披露重要信息罪等资本市场违法犯罪的刑罚，加大罚金力度。（2）明确控股股东、实际控制人等"关键责任人"的刑事责任。（3）压实保荐人等中介组织人员的职责。（4）进一步明确对新型操纵市场行为追究刑事责任。

二是完善非法集资犯罪规定。提高非法吸收公众存款罪的法定最高刑；调整集资诈骗罪的刑罚结构，加大对个人和单位犯集资诈骗罪的处罚力度。

三是严厉惩处非法讨债行为。总结"扫黑除恶"专项斗争实践经验，将采取暴力、"软暴力"等手段催收高利放贷等产生的非法债务的行为规定为犯罪。

四是完善洗钱犯罪，加大境外追逃追赃力度。将"自洗钱"行为明确规定为犯罪，完善有关洗钱行为方式，增加地下钱庄通过"支付"结算方式洗钱等。

三、加强企业产权刑法保护

进一步加强企业产权保护、优化营商环境，贯彻宽严相济刑事政策，从以下两个方面作出修改完善。

一是加大惩治侵害民营企业财产犯罪的力度。（1）提高和调整职务侵占罪、非国家工作人员受贿罪、挪用资金罪的刑罚。（2）总结实践中依法纠正的企业产权保护案件经验，考虑到民营企业发展和内部治理的实际情况，规定在提起公诉前将挪用的资金退还的，可以从轻或者减轻处罚；犯罪较轻的，可以减轻或者免除处罚。

二是修改骗取贷款、票据承兑、金融票证罪入罪门槛规定。对在融资过程中虽有一些违规行为，但没有诈骗目的，最后未给银行造成重大损失的，一般不作为犯罪处理。

四、修改完善知识产权犯罪

保护知识产权就是保护创新，针对实践中侵犯知识产权违法犯罪出现的新情况新问题，作出以下修改完善。

一是适当提高刑法第二百一十三条假冒注册商标罪，第二百一十四条销售假冒注册商标的商品罪，第二百一十五条非法制造、销售非法制造的注册商标标识罪，第二百一十七条侵犯著作权罪，第二百一十八条销售侵权复制品罪，第二百一十九条侵犯商业秘密罪等六个侵犯知识产权犯罪的刑罚。

二是根据实践需要，与修改后的著作权法、商标法等衔接，增加侵犯服务商标犯罪规定，完善侵犯著作权罪中的作品种类、侵权情形、有关表演者权等邻接权，以及完善侵犯商业秘密的情形等。

三是完善有关犯罪门槛规定。将销售假冒注册商标的商品罪、销售侵权复制品罪定罪量刑的标准修改为违法所得数额加情节，将侵犯商业秘密罪的定罪量刑标准由造成重大损失修改为情节严重。

四是增加规定了"商业间谍"犯罪，并进一步明确单位犯罪。打击境外针对我境内的商业间谍行为，保护我企业商业秘密。

五、强化公共卫生刑事保障

总结新冠肺炎疫情防控经验和需要，与野生动物保护法、生物安全法、传染病防治法等法律的修改制定相衔接，对公共卫生刑法相关规定作以下修改完善。

一是修改妨害传染病防治罪。进一步明确新冠肺炎疫情等依法确定的采取甲类传染病管理措施的传染病，属于本罪调整范围；增加规定了拒绝执行县级以上人民政府依法提出的预防控制措施，非法出售、运输疫区被污染物品等犯罪行为。

二是维护国家安全和生物安全，防范生物威胁，与生物安全法相衔接，增加三类犯罪，即非法从事人类基因编辑、克隆胚胎犯罪、严重危害国家人类遗传资源安全犯罪和非法处置外来入侵物种犯罪。

三是与全国人大常委会关于全面禁食野生动物的决定相衔接。将以食用为目的非法猎捕、收购、运输、出售，除珍贵、濒危野生动物以外的在野外环境自然生长繁殖的陆生野生动物增加规定为犯罪，源头上控制重大公共卫生风险的发生。

六、完善污染环境犯罪完善

习近平总书记指出，要"用最严格制度最严密法治保护生态环境，加快制度创新，强化制度执行，让制度成为刚性的约束和不可触碰的高压线"。刑法修正案（十一）对污染环境犯罪作了以下三个方面的修改完善：

一是加大对污染环境罪的惩治力度，将法定最高刑提高至十五年有期徒刑。根据水污染防治法、固体废物污染环境防治法等相关规定，对情节特别严重的等具体情形单独规定一档法定刑。

二是将环境影响评价造假、伪造环境监测数据的行为明确规定为犯罪。对涉及公共安全的重大工程、项目中提供虚假的环境影响评价等证明文件的行为,适用更重的刑罚。

三是增加破坏自然保护地生态犯罪的规定。落实国家关于自然保护地体系改革的有关要求,将在国家公园、国家级自然保护区开垦、开发或者修建建筑物等严重破坏自然保护地生态环境资源增加规定为犯罪。

七、加强社会治理,维护社会秩序

一是维护社会主义核心价值观,保护英雄烈士名誉、荣誉,与英雄烈士保护法相衔接,将侮辱、诽谤英雄烈士的行为明确规定为犯罪。

二是对暴力袭击人民警察的行为单独设置法定刑,明确对使用枪支、管制刀具等手段危及人民警察人身安全的,适用更重刑罚,加强对袭警行为的预防、惩治。

三是保障体育竞赛公平竞争,维护国家形象、运动员身心健康,将组织、强迫运动员使用兴奋剂,以及引诱、教唆、欺骗运动员使用兴奋剂参加国内、国际重大体育竞赛的行为增加规定为犯罪。

此外,为适应军队改革、治理需要,对军人违反职责罪的主体范围作出完善,明确军队文职人员适用军人违反职责罪规定。另外,根据军事犯罪审判实践和需要,进一步调整为境外窃取、刺探、收买、非法提供军事秘密罪的刑罚结构,保持罪刑均衡。

刑法历次修改条文对照表

1997年刑法条文 (阴影部分为历次修改删去的内容，楷体部分为说明文字)	1997年以来历次 修改后的刑法条文 (黑体部分为历次修改增加或修改的内容，楷体部分为说明文字)
第一编 总 则 第一章 刑法的任务、基本原则和适用范围	第一编 总 则 第一章 刑法的任务、基本原则和适用范围
第一条 为了惩罚犯罪，保护人民，根据宪法，结合我国同犯罪作斗争的具体经验及实际情况，制定本法。	第一条 为了惩罚犯罪，保护人民，根据宪法，结合我国同犯罪作斗争的具体经验及实际情况，制定本法。
第二条 中华人民共和国刑法的任务，是用刑罚同一切犯罪行为作斗争，以保卫国家安全，保卫人民民主专政的政权和社会主义制度，保护国有财产和劳动群众集体所有的财产，保护公民私人所有的财产，保护公民的人身权利、民主权利和其他权利，维护社会秩序、经济秩序，保障社会主义建设事业的顺利进行。	第二条 中华人民共和国刑法的任务，是用刑罚同一切犯罪行为作斗争，以保卫国家安全，保卫人民民主专政的政权和社会主义制度，保护国有财产和劳动群众集体所有的财产，保护公民私人所有的财产，保护公民的人身权利、民主权利和其他权利，维护社会秩序、经济秩序，保障社会主义建设事业的顺利进行。

1997年刑法条文 (阴影部分为历次修改删去的内容,楷体部分为说明文字)	1997年以来历次修改后的刑法条文 (黑体部分为历次修改增加或修改的内容,楷体部分为说明文字)
第三条 法律明文规定为犯罪行为的,依照法律定罪处刑;法律没有明文规定为犯罪行为的,不得定罪处刑。	第三条 法律明文规定为犯罪行为的,依照法律定罪处刑;法律没有明文规定为犯罪行为的,不得定罪处刑。
第四条 对任何人犯罪,在适用法律上一律平等。不允许任何人有超越法律的特权。	第四条 对任何人犯罪,在适用法律上一律平等。不允许任何人有超越法律的特权。
第五条 刑罚的轻重,应当与犯罪分子所犯罪行和承担的刑事责任相适应。	第五条 刑罚的轻重,应当与犯罪分子所犯罪行和承担的刑事责任相适应。
第六条 凡在中华人民共和国领域内犯罪的,除法律有特别规定的以外,都适用本法。 凡在中华人民共和国船舶或者航空器内犯罪的,也适用本法。 犯罪的行为或者结果有一项发生在中华人民共和国领域内的,就认为是在中华人民共和国领域内犯罪。	第六条 凡在中华人民共和国领域内犯罪的,除法律有特别规定的以外,都适用本法。 凡在中华人民共和国船舶或者航空器内犯罪的,也适用本法。 犯罪的行为或者结果有一项发生在中华人民共和国领域内的,就认为是在中华人民共和国领域内犯罪。

1997年刑法条文 (阴影部分为历次修改删去的内容,楷体部分为说明文字)	1997年以来历次修改后的刑法条文 (黑体部分为历次修改增加或修改的内容,楷体部分为说明文字)
第七条 中华人民共和国公民在中华人民共和国领域外犯本法规定之罪的,适用本法,但是按本法规定的最高刑为三年以下有期徒刑的,可以不予追究。 中华人民共和国国家工作人员和军人在中华人民共和国领域外犯本法规定之罪的,适用本法。	第七条 中华人民共和国公民在中华人民共和国领域外犯本法规定之罪的,适用本法,但是按本法规定的最高刑为三年以下有期徒刑的,可以不予追究。 中华人民共和国国家工作人员和军人在中华人民共和国领域外犯本法规定之罪的,适用本法。
第八条 外国人在中华人民共和国领域外对中华人民共和国国家或者公民犯罪,而按本法规定的最低刑为三年以上有期徒刑的,可以适用本法,但是按照犯罪地的法律不受处罚的除外。	第八条 外国人在中华人民共和国领域外对中华人民共和国国家或者公民犯罪,而按本法规定的最低刑为三年以上有期徒刑的,可以适用本法,但是按照犯罪地的法律不受处罚的除外。
第九条 对于中华人民共和国缔结或者参加的国际条约所规定的罪行,中华人民共和国在所承担条约义务的范围内行使刑事管辖权的,适用本法。	第九条 对于中华人民共和国缔结或者参加的国际条约所规定的罪行,中华人民共和国在所承担条约义务的范围内行使刑事管辖权的,适用本法。

——刑法历次修改条文对照表（含十一个刑法修正案）——

1997年刑法条文 (阴影部分为历次修改删去的内容，楷体部分为说明文字)	1997年以来历次修改后的刑法条文 (黑体部分为历次修改增加或修改的内容，楷体部分为说明文字)
第十条　凡在中华人民共和国领域外犯罪，依照本法应当负刑事责任的，虽然经过外国审判，仍然可以依照本法追究，但是在外国已经受过刑罚处罚的，可以免除或者减轻处罚。	第十条　凡在中华人民共和国领域外犯罪，依照本法应当负刑事责任的，虽然经过外国审判，仍然可以依照本法追究，但是在外国已经受过刑罚处罚的，可以免除或者减轻处罚。
第十一条　享有外交特权和豁免权的外国人的刑事责任，通过外交途径解决。	第十一条　享有外交特权和豁免权的外国人的刑事责任，通过外交途径解决。
第十二条　中华人民共和国成立以后本法施行以前的行为，如果当时的法律不认为是犯罪的，适用当时的法律；如果当时的法律认为是犯罪的，依照本法总则第四章第八节的规定应当追诉的，按照当时的法律追究刑事责任，但是如果本法不认为是犯罪或者处刑较轻的，适用本法。 　　本法施行以前，依照当时的法律已经作出的生效判决，继续有效。	第十二条　中华人民共和国成立以后本法施行以前的行为，如果当时的法律不认为是犯罪的，适用当时的法律；如果当时的法律认为是犯罪的，依照本法总则第四章第八节的规定应当追诉的，按照当时的法律追究刑事责任，但是如果本法不认为是犯罪或者处刑较轻的，适用本法。 　　本法施行以前，依照当时的法律已经作出的生效判决，继续有效。

1997年刑法条文 (阴影部分为历次修改删去的内容，楷体部分为说明文字)	1997年以来历次 修改后的刑法条文 (黑体部分为历次修改增加或修改的内容，楷体部分为说明文字)
第二章　犯　罪 第一节　犯罪和刑事责任	第二章　犯　罪 第一节　犯罪和刑事责任
第十三条　一切危害国家主权、领土完整和安全，分裂国家、颠覆人民民主专政的政权和推翻社会主义制度，破坏社会秩序和经济秩序，侵犯国有财产或者劳动群众集体所有的财产，侵犯公民私人所有的财产，侵犯公民的人身权利、民主权利和其他权利，以及其他危害社会的行为，依照法律应当受刑罚处罚的，都是犯罪，但是情节显著轻微危害不大的，不认为是犯罪。	第十三条　一切危害国家主权、领土完整和安全，分裂国家、颠覆人民民主专政的政权和推翻社会主义制度，破坏社会秩序和经济秩序，侵犯国有财产或者劳动群众集体所有的财产，侵犯公民私人所有的财产，侵犯公民的人身权利、民主权利和其他权利，以及其他危害社会的行为，依照法律应当受刑罚处罚的，都是犯罪，但是情节显著轻微危害不大的，不认为是犯罪。
第十四条　明知自己的行为会发生危害社会的结果，并且希望或者放任这种结果发生，因而构成犯罪的，是故意犯罪。 　　故意犯罪，应当负刑事责任。	第十四条　明知自己的行为会发生危害社会的结果，并且希望或者放任这种结果发生，因而构成犯罪的，是故意犯罪。 　　故意犯罪，应当负刑事责任。

1997年刑法条文 (阴影部分为历次修改删去的内容，楷体部分为说明文字)	1997年以来历次 修改后的刑法条文 (黑体部分为历次修改增加或修改的内容，楷体部分为说明文字)
第十五条　应当预见自己的行为可能发生危害社会的结果，因为疏忽大意而没有预见，或者已经预见而轻信能够避免，以致发生这种结果的，是过失犯罪。 　　过失犯罪，法律有规定的才负刑事责任。	第十五条　应当预见自己的行为可能发生危害社会的结果，因为疏忽大意而没有预见，或者已经预见而轻信能够避免，以致发生这种结果的，是过失犯罪。 　　过失犯罪，法律有规定的才负刑事责任。
第十六条　行为在客观上虽然造成了损害结果，但是不是出于故意或者过失，而是由于不能抗拒或者不能预见的原因所引起的，不是犯罪。	第十六条　行为在客观上虽然造成了损害结果，但是不是出于故意或者过失，而是由于不能抗拒或者不能预见的原因所引起的，不是犯罪。

1997 年刑法条文 (阴影部分为历次修改删去的内容，楷体部分为说明文字)	1997 年以来历次 修改后的刑法条文 (黑体部分为历次修改增加或修改的内容，楷体部分为说明文字)
第十七条　已满十六周岁的人犯罪，应当负刑事责任。 已满十四周岁不满十六周岁的人，犯故意杀人、故意伤害致人重伤或者死亡、强奸、抢劫、贩卖毒品、放火、爆炸、投毒罪的，应当负刑事责任。 已满十四周岁不满十八周岁的人犯罪，应当从轻或者减轻处罚。 因不满十六周岁不予刑事处罚的，责令他的家长或者监护人加以管教；在必要的时候，也可以由政府收容教养。	第十七条　已满十六周岁的人犯罪，应当负刑事责任。 已满十四周岁不满十六周岁的人，犯故意杀人、故意伤害致人重伤或者死亡、强奸、抢劫、贩卖毒品、放火、爆炸、**投放危险物质**罪的，应当负刑事责任。 **已满十二周岁不满十四周岁的人，犯故意杀人、故意伤害罪，致人死亡或者以特别残忍手段致人重伤造成严重残疾，情节恶劣，经最高人民检察院核准追诉的，应当负刑事责任。** **对依照前三款规定追究刑事责任的**不满十八周岁的人，应当从轻或者减轻处罚。 因不满十六周岁不予刑事处罚的，责令**其父母**或者**其他**监护人加以管教；在必要的时候，**依法进行专门矫治教育**。 〔根据 2020 年 12 月 26 日通过的刑法修正案(十一)修改，修改的内容 2021 年 3 月 1 日起施行。〕

——刑法历次修改条文对照表（含十一个刑法修正案）——

1997年刑法条文 (阴影部分为历次修改删去的内容，楷体部分为说明文字)	1997年以来历次修改后的刑法条文 (黑体部分为历次修改增加或修改的内容，楷体部分为说明文字)
〔刑法修正案（八）增加本条规定。〕	**第十七条之一 已满七十五周岁的人故意犯罪的，可以从轻或者减轻处罚；过失犯罪的，应当从轻或者减轻处罚。** 〔根据2011年2月25日通过的刑法修正案（八）增加，自2011年5月1日起施行。〕
第十八条 精神病人在不能辨认或者不能控制自己行为的时候造成危害结果，经法定程序鉴定确认的，不负刑事责任，但是应当责令他的家属或者监护人严加看管和医疗；在必要的时候，由政府强制医疗。 间歇性的精神病人在精神正常的时候犯罪，应当负刑事责任。 尚未完全丧失辨认或者控制自己行为能力的精神病人犯罪的，应当负刑事责任，但是可以从轻或者减轻处罚。 醉酒的人犯罪，应当负刑事责任。	第十八条 精神病人在不能辨认或者不能控制自己行为的时候造成危害结果，经法定程序鉴定确认的，不负刑事责任，但是应当责令他的家属或者监护人严加看管和医疗；在必要的时候，由政府强制医疗。 间歇性的精神病人在精神正常的时候犯罪，应当负刑事责任。 尚未完全丧失辨认或者控制自己行为能力的精神病人犯罪的，应当负刑事责任，但是可以从轻或者减轻处罚。 醉酒的人犯罪，应当负刑事责任。
第十九条 又聋又哑的人或者盲人犯罪，可以从轻、减轻或者免除处罚。	第十九条 又聋又哑的人或者盲人犯罪，可以从轻、减轻或者免除处罚。

1997年刑法条文 (阴影部分为历次修改删去的内容,楷体部分为说明文字)	1997年以来历次 修改后的刑法条文 (黑体部分为历次修改增加或修改的内容,楷体部分为说明文字)
第二十条　为了使国家、公共利益、本人或者他人的人身、财产和其他权利免受正在进行的不法侵害,而采取的制止不法侵害的行为,对不法侵害人造成损害的,属于正当防卫,不负刑事责任。 　　正当防卫明显超过必要限度造成重大损害的,应当负刑事责任,但是应当减轻或者免除处罚。 　　对正在进行行凶、杀人、抢劫、强奸、绑架以及其他严重危及人身安全的暴力犯罪,采取防卫行为,造成不法侵害人伤亡的,不属于防卫过当,不负刑事责任。	第二十条　为了使国家、公共利益、本人或者他人的人身、财产和其他权利免受正在进行的不法侵害,而采取的制止不法侵害的行为,对不法侵害人造成损害的,属于正当防卫,不负刑事责任。 　　正当防卫明显超过必要限度造成重大损害的,应当负刑事责任,但是应当减轻或者免除处罚。 　　对正在进行行凶、杀人、抢劫、强奸、绑架以及其他严重危及人身安全的暴力犯罪,采取防卫行为,造成不法侵害人伤亡的,不属于防卫过当,不负刑事责任。

1997年刑法条文 (阴影部分为历次修改删去的内容，楷体部分为说明文字)	1997年以来历次 修改后的刑法条文 (黑体部分为历次修改增加或修改的内容，楷体部分为说明文字)
第二十一条　为了使国家、公共利益、本人或者他人的人身、财产和其他权利免受正在发生的危险，不得已采取的紧急避险行为，造成损害的，不负刑事责任。 　　紧急避险超过必要限度造成不应有的损害的，应当负刑事责任，但是应当减轻或者免除处罚。 　　第一款中关于避免本人危险的规定，不适用于职务上、业务上负有特定责任的人。	第二十一条　为了使国家、公共利益、本人或者他人的人身、财产和其他权利免受正在发生的危险，不得已采取的紧急避险行为，造成损害的，不负刑事责任。 　　紧急避险超过必要限度造成不应有的损害的，应当负刑事责任，但是应当减轻或者免除处罚。 　　第一款中关于避免本人危险的规定，不适用于职务上、业务上负有特定责任的人。
第二节　犯罪的预备、未遂和中止	第二节　犯罪的预备、未遂和中止
第二十二条　为了犯罪，准备工具、制造条件的，是犯罪预备。 　　对于预备犯，可以比照既遂犯从轻、减轻处罚或者免除处罚。	第二十二条　为了犯罪，准备工具、制造条件的，是犯罪预备。 　　对于预备犯，可以比照既遂犯从轻、减轻处罚或者免除处罚。
第二十三条　已经着手实行犯罪，由于犯罪分子意志以外的原因而未得逞的，是犯罪未遂。 　　对于未遂犯，可以比照既遂犯从轻或者减轻处罚。	第二十三条　已经着手实行犯罪，由于犯罪分子意志以外的原因而未得逞的，是犯罪未遂。 　　对于未遂犯，可以比照既遂犯从轻或者减轻处罚。

1997年刑法条文 (阴影部分为历次修改删去的内容,楷体部分为说明文字)	1997年以来历次 修改后的刑法条文 (黑体部分为历次修改增加或修改的内容,楷体部分为说明文字)
第二十四条 在犯罪过程中,自动放弃犯罪或者自动有效地防止犯罪结果发生的,是犯罪中止。 对于中止犯,没有造成损害的,应当免除处罚;造成损害的,应当减轻处罚。	**第二十四条** 在犯罪过程中,自动放弃犯罪或者自动有效地防止犯罪结果发生的,是犯罪中止。 对于中止犯,没有造成损害的,应当免除处罚;造成损害的,应当减轻处罚。
第三节 共同犯罪	第三节 共同犯罪
第二十五条 共同犯罪是指二人以上共同故意犯罪。 二人以上共同过失犯罪,不以共同犯罪论处;应当负刑事责任的,按照他们所犯的罪分别处罚。	**第二十五条** 共同犯罪是指二人以上共同故意犯罪。 二人以上共同过失犯罪,不以共同犯罪论处;应当负刑事责任的,按照他们所犯的罪分别处罚。
第二十六条 组织、领导犯罪集团进行犯罪活动的或者在共同犯罪中起主要作用的,是主犯。 三人以上为共同实施犯罪而组成的较为固定的犯罪组织,是犯罪集团。 对组织、领导犯罪集团的首要分子,按照集团所犯的全部罪行处罚。 对于第三款规定以外的主犯,应当按照其所参与的或者组织、指挥的全部犯罪处罚。	**第二十六条** 组织、领导犯罪集团进行犯罪活动的或者在共同犯罪中起主要作用的,是主犯。 三人以上为共同实施犯罪而组成的较为固定的犯罪组织,是犯罪集团。 对组织、领导犯罪集团的首要分子,按照集团所犯的全部罪行处罚。 对于第三款规定以外的主犯,应当按照其所参与的或者组织、指挥的全部犯罪处罚。

——刑法历次修改条文对照表（含十一个刑法修正案）——

1997年刑法条文 (阴影部分为历次修改删去的内容，楷体部分为说明文字)	1997年以来历次修改后的刑法条文 (黑体部分为历次修改增加或修改的内容，楷体部分为说明文字)
第二十七条　在共同犯罪中起次要或者辅助作用的，是从犯。 　　对于从犯，应当从轻、减轻处罚或者免除处罚。	第二十七条　在共同犯罪中起次要或者辅助作用的，是从犯。 　　对于从犯，应当从轻、减轻处罚或者免除处罚。
第二十八条　对于被胁迫参加犯罪的，应当按照他的犯罪情节减轻处罚或者免除处罚。	第二十八条　对于被胁迫参加犯罪的，应当按照他的犯罪情节减轻处罚或者免除处罚。
第二十九条　教唆他人犯罪的，应当按照他在共同犯罪中所起的作用处罚。教唆不满十八周岁的人犯罪的，应当从重处罚。 　　如果被教唆的人没有犯被教唆的罪，对于教唆犯，可以从轻或者减轻处罚。	第二十九条　教唆他人犯罪的，应当按照他在共同犯罪中所起的作用处罚。教唆不满十八周岁的人犯罪的，应当从重处罚。 　　如果被教唆的人没有犯被教唆的罪，对于教唆犯，可以从轻或者减轻处罚。
第四节　单位犯罪	第四节　单位犯罪
第三十条　公司、企业、事业单位、机关、团体实施的危害社会的行为，法律规定为单位犯罪的，应当负刑事责任。	第三十条　公司、企业、事业单位、机关、团体实施的危害社会的行为，法律规定为单位犯罪的，应当负刑事责任。

1997年刑法条文 (阴影部分为历次修改删去的内容,楷体部分为说明文字)	1997年以来历次修改后的刑法条文 (黑体部分为历次修改增加或修改的内容,楷体部分为说明文字)
第三十一条 单位犯罪的,对单位判处罚金,并对其直接负责的主管人员和其他直接责任人员判处刑罚。本法分则和其他法律另有规定的,依照规定。	第三十一条 单位犯罪的,对单位判处罚金,并对其直接负责的主管人员和其他直接责任人员判处刑罚。本法分则和其他法律另有规定的,依照规定。
第三章 刑 罚 第一节 刑罚的种类	第三章 刑 罚 第一节 刑罚的种类
第三十二条 刑罚分为主刑和附加刑。	第三十二条 刑罚分为主刑和附加刑。
第三十三条 主刑的种类如下: (一)管制; (二)拘役; (三)有期徒刑; (四)无期徒刑; (五)死刑。	第三十三条 主刑的种类如下: (一)管制; (二)拘役; (三)有期徒刑; (四)无期徒刑; (五)死刑。
第三十四条 附加刑的种类如下: (一)罚金; (二)剥夺政治权利; (三)没收财产。 附加刑也可以独立适用。	第三十四条 附加刑的种类如下: (一)罚金; (二)剥夺政治权利; (三)没收财产。 附加刑也可以独立适用。

——刑法历次修改条文对照表（含十一个刑法修正案）——

1997年刑法条文 (阴影部分为历次修改删去的内容，楷体部分为说明文字)	1997年以来历次 修改后的刑法条文 (黑体部分为历次修改增加或修改的内容，楷体部分为说明文字)
第三十五条　对于犯罪的外国人，可以独立适用或者附加适用驱逐出境。	第三十五条　对于犯罪的外国人，可以独立适用或者附加适用驱逐出境。
第三十六条　由于犯罪行为而使被害人遭受经济损失的，对犯罪分子除依法给予刑事处罚外，并应根据情况判处赔偿经济损失。 　　承担民事赔偿责任的犯罪分子，同时被判处罚金，其财产不足以全部支付的，或者被判处没收财产的，应当先承担对被害人的民事赔偿责任。	第三十六条　由于犯罪行为而使被害人遭受经济损失的，对犯罪分子除依法给予刑事处罚外，并应根据情况判处赔偿经济损失。 　　承担民事赔偿责任的犯罪分子，同时被判处罚金，其财产不足以全部支付的，或者被判处没收财产的，应当先承担对被害人的民事赔偿责任。
第三十七条　对于犯罪情节轻微不需要判处刑罚的，可以免予刑事处罚，但是可以根据案件的不同情况，予以训诫或者责令具结悔过、赔礼道歉、赔偿损失，或者由主管部门予以行政处罚或者行政处分。	第三十七条　对于犯罪情节轻微不需要判处刑罚的，可以免予刑事处罚，但是可以根据案件的不同情况，予以训诫或者责令具结悔过、赔礼道歉、赔偿损失，或者由主管部门予以行政处罚或者行政处分。

1997年刑法条文 (阴影部分为历次修改删去的内容,楷体部分为说明文字)	1997年以来历次修改后的刑法条文 (黑体部分为历次修改增加或修改的内容,楷体部分为说明文字)
〔刑法修正案(九)增加本条规定。〕	第三十七条之一 **因利用职业便利实施犯罪,或者实施违背职业要求的特定义务的犯罪被判处刑罚的,人民法院可以根据犯罪情况和预防再犯罪的需要,禁止其自刑罚执行完毕之日或者假释之日起从事相关职业,期限为三年至五年。** **被禁止从事相关职业的人违反人民法院依照前款规定作出的决定的,由公安机关依法给予处罚;情节严重的,依照本法第三百一十三条的规定定罪处罚。** **其他法律、行政法规对其从事相关职业另有禁止或者限制性规定的,从其规定。** 〔根据2015年8月29日通过的刑法修正案(九)增加,自2015年11月1日起施行。〕

· 21 ·

——刑法历次修改条文对照表（含十一个刑法修正案）——

1997年刑法条文 (阴影部分为历次修改删去的内容，楷体部分为说明文字)	1997年以来历次 修改后的刑法条文 (黑体部分为历次修改增加或修改的内容，楷体部分为说明文字)
第二节　管　制	第二节　管　制
第三十八条　管制的期限，为三个月以上二年以下。 　　被判处管制的犯罪分子，由公安机关执行。	第三十八条　管制的期限，为三个月以上二年以下。 　　**判处管制，可以根据犯罪情况，同时禁止犯罪分子在执行期间从事特定活动，进入特定区域、场所，接触特定的人。** 　　**对判处管制的犯罪分子，依法实行社区矫正。** 　　**违反第二款规定的禁止令的，由公安机关依照《中华人民共和国治安管理处罚法》的规定处罚。** 　　〔根据2011年2月25日通过的刑法修正案（八）修改，修改的内容自2011年5月1日起施行。〕

1997年刑法条文 (阴影部分为历次修改删去的内容，楷体部分为说明文字)	1997年以来历次修改后的刑法条文 (黑体部分为历次修改增加或修改的内容，楷体部分为说明文字)
第三十九条　被判处管制的犯罪分子，在执行期间，应当遵守下列规定： 　　(一)遵守法律、行政法规，服从监督； 　　(二)未经执行机关批准，不得行使言论、出版、集会、结社、游行、示威自由的权利； 　　(三)按照执行机关规定报告自己的活动情况； 　　(四)遵守执行机关关于会客的规定； 　　(五)离开所居住的市、县或者迁居，应当报经执行机关批准。 　　对于被判处管制的犯罪分子，在劳动中应当同工同酬。	第三十九条　被判处管制的犯罪分子，在执行期间，应当遵守下列规定： 　　(一)遵守法律、行政法规，服从监督； 　　(二)未经执行机关批准，不得行使言论、出版、集会、结社、游行、示威自由的权利； 　　(三)按照执行机关规定报告自己的活动情况； 　　(四)遵守执行机关关于会客的规定； 　　(五)离开所居住的市、县或者迁居，应当报经执行机关批准。 　　对于被判处管制的犯罪分子，在劳动中应当同工同酬。
第四十条　被判处管制的犯罪分子，管制期满，执行机关应即向本人和其所在单位或者居住地的群众宣布解除管制。	第四十条　被判处管制的犯罪分子，管制期满，执行机关应即向本人和其所在单位或者居住地的群众宣布解除管制。
第四十一条　管制的刑期，从判决执行之日起计算；判决执行以前先行羁押的，羁押一日折抵刑期二日。	第四十一条　管制的刑期，从判决执行之日起计算；判决执行以前先行羁押的，羁押一日折抵刑期二日。

——刑法历次修改条文对照表（含十一个刑法修正案）——

1997年刑法条文 (阴影部分为历次修改删去的内容,楷体部分为说明文字)	1997年以来历次修改后的刑法条文 (黑体部分为历次修改增加或修改的内容,楷体部分为说明文字)
第三节　拘　役	第三节　拘　役
第四十二条　拘役的期限,为一个月以上六个月以下。	第四十二条　拘役的期限,为一个月以上六个月以下。
第四十三条　被判处拘役的犯罪分子,由公安机关就近执行。 　　在执行期间,被判处拘役的犯罪分子每月可以回家一天至两天;参加劳动的,可以酌量发给报酬。	第四十三条　被判处拘役的犯罪分子,由公安机关就近执行。 　　在执行期间,被判处拘役的犯罪分子每月可以回家一天至两天;参加劳动的,可以酌量发给报酬。
第四十四条　拘役的刑期,从判决执行之日起计算;判决执行以前先行羁押的,羁押一日折抵刑期一日。	第四十四条　拘役的刑期,从判决执行之日起计算;判决执行以前先行羁押的,羁押一日折抵刑期一日。
第四节　有期徒刑、无期徒刑	第四节　有期徒刑、无期徒刑
第四十五条　有期徒刑的期限,除本法第五十条、第六十九条规定外,为六个月以上十五年以下。	第四十五条　有期徒刑的期限,除本法第五十条、第六十九条规定外,为六个月以上十五年以下。
第四十六条　被判处有期徒刑、无期徒刑的犯罪分子,在监狱或者其他执行场所执行;凡有劳动能力的,都应当参加劳动,接受教育和改造。	第四十六条　被判处有期徒刑、无期徒刑的犯罪分子,在监狱或者其他执行场所执行;凡有劳动能力的,都应当参加劳动,接受教育和改造。

1997年刑法条文 (阴影部分为历次修改删去的内容,楷体部分为说明文字)	1997年以来历次 修改后的刑法条文 (黑体部分为历次修改增加或修改的内容,楷体部分为说明文字)
第四十七条 有期徒刑的刑期,从判决执行之日起计算;判决执行以前先行羁押的,羁押一日折抵刑期一日。	第四十七条 有期徒刑的刑期,从判决执行之日起计算;判决执行以前先行羁押的,羁押一日折抵刑期一日。
第五节 死 刑	第五节 死 刑
第四十八条 死刑只适用于罪行极其严重的犯罪分子。对于应当判处死刑的犯罪分子,如果不是必须立即执行的,可以判处死刑同时宣告缓期二年执行。 死刑除依法由最高人民法院判决的以外,都应当报请最高人民法院核准。死刑缓期执行的,可以由高级人民法院判决或者核准。	第四十八条 死刑只适用于罪行极其严重的犯罪分子。对于应当判处死刑的犯罪分子,如果不是必须立即执行的,可以判处死刑同时宣告缓期二年执行。 死刑除依法由最高人民法院判决的以外,都应当报请最高人民法院核准。死刑缓期执行的,可以由高级人民法院判决或者核准。
第四十九条 犯罪的时候不满十八周岁的人和审判的时候怀孕的妇女,不适用死刑。	第四十九条 犯罪的时候不满十八周岁的人和审判的时候怀孕的妇女,不适用死刑。 **审判的时候已满七十五周岁的人,不适用死刑,但以特别残忍手段致人死亡的除外。** 〔根据2011年2月25日通过的刑法修正案(八)修改,修改的内容自2011年5月1日起施行。〕

1997年刑法条文 (阴影部分为历次修改删去的内容,楷体部分为说明文字)	1997年以来历次修改后的刑法条文 (黑体部分为历次修改增加或修改的内容,楷体部分为说明文字)
第五十条　判处死刑缓期执行的,在死刑缓期执行期间,如果没有故意犯罪,二年期满以后,减为无期徒刑;如果确有重大立功表现,二年期满以后,减十五年以上二十年以下有期徒刑;如果故意犯罪,查证属实的,由最高人民法院核准,执行死刑。 〔本条经刑法修正案(八)、刑法修正案(九)两次修改。〕	第五十条　判处死刑缓期执行的,在死刑缓期执行期间,如果没有故意犯罪,二年期满以后,减为无期徒刑;如果确有重大立功表现,二年期满以后,减为**二十五年**有期徒刑;如果故意犯罪,**情节恶劣的,报请**最高人民法院核准**后执行死刑;对于故意犯罪未执行死刑的,死刑缓期执行的期间重新计算,并报最高人民法院备案。** 　　**对被判处死刑缓期执行的累犯以及因故意杀人、强奸、抢劫、绑架、放火、爆炸、投放危险物质或者有组织的暴力性犯罪被判处死刑缓期执行的犯罪分子,人民法院根据犯罪情节等情况可以同时决定对其限制减刑。** 〔根据2015年8月29日通过的刑法修正案(九)第二次修改,修改的内容自2015年11月1日起施行。〕

1997年刑法条文 (阴影部分为历次修改删去的内容,楷体部分为说明文字)	1997年以来历次修改后的刑法条文 (黑体部分为历次修改增加或修改的内容,楷体部分为说明文字)
	刑法修正案(八)修改后的第五十条　判处死刑缓期执行的,在死刑缓期执行期间,如果没有故意犯罪,二年期满以后,减为无期徒刑;如果确有重大立功表现,二年期满以后,减为二十五年有期徒刑;如果故意犯罪,查证属实的,由最高人民法院核准,执行死刑。 　　**对被判处死刑缓期执行的累犯以及因故意杀人、强奸、抢劫、绑架、放火、爆炸、投放危险物质或者有组织的暴力性犯罪被判处死刑缓期执行的犯罪分子,人民法院根据犯罪情节等情况可以同时决定对其限制减刑。** 〔根据2011年2月25日通过的刑法修正案(八)第一次修改,修改的内容自2011年5月1日起施行。〕
第五十一条　死刑缓期执行的期间,从判决确定之日起计算。死刑缓期执行减为有期徒刑的刑期,从死刑缓期执行期满之日起计算。	**第五十一条**　死刑缓期执行的期间,从判决确定之日起计算。死刑缓期执行减为有期徒刑的刑期,从死刑缓期执行期满之日起计算。
第六节　罚　金	第六节　罚　金
第五十二条　判处罚金,应当根据犯罪情节决定罚金数额。	**第五十二条**　判处罚金,应当根据犯罪情节决定罚金数额。

——刑法历次修改条文对照表（含十一个刑法修正案）——

1997 年刑法条文 (阴影部分为历次修改删去的内容，楷体部分为说明文字)	1997 年以来历次修改后的刑法条文 (黑体部分为历次修改增加或修改的内容，楷体部分为说明文字)
第五十三条　罚金在判决指定的期限内一次或者分期缴纳。期满不缴纳的，强制缴纳。对于不能全部缴纳罚金的，人民法院在任何时候发现被执行人有可以执行的财产，应当随时追缴。如果由于遭遇不能抗拒的灾祸缴纳确实有困难的，可以酌情减少或者免除。	第五十三条　罚金在判决指定的期限内一次或者分期缴纳。期满不缴纳的，强制缴纳。对于不能全部缴纳罚金的，人民法院在任何时候发现被执行人有可以执行的财产，应当随时追缴。 　　由于遭遇不能抗拒的灾祸**等原因**缴纳确实有困难的，**经人民法院裁定**，可以**延期缴纳**、酌情减少或者免除。 〔根据 2015 年 8 月 29 日通过的刑法修正案（九）修改，修改的内容自 2015 年 11 月 1 日起施行。〕
第七节　剥夺政治权利	第七节　剥夺政治权利
第五十四条　剥夺政治权利是剥夺下列权利： 　　（一）选举权和被选举权； 　　（二）言论、出版、集会、结社、游行、示威自由的权利； 　　（三）担任国家机关职务的权利； 　　（四）担任国有公司、企业、事业单位和人民团体领导职务的权利。	第五十四条　剥夺政治权利是剥夺下列权利： 　　（一）选举权和被选举权； 　　（二）言论、出版、集会、结社、游行、示威自由的权利； 　　（三）担任国家机关职务的权利； 　　（四）担任国有公司、企业、事业单位和人民团体领导职务的权利。

1997年刑法条文 (阴影部分为历次修改删去的内容，楷体部分为说明文字)	1997年以来历次 修改后的刑法条文 (黑体部分为历次修改增加或修改的内容，楷体部分为说明文字)
第五十五条　剥夺政治权利的期限，除本法第五十七条规定外，为一年以上五年以下。 　　判处管制附加剥夺政治权利的，剥夺政治权利的期限与管制的期限相等，同时执行。	第五十五条　剥夺政治权利的期限，除本法第五十七条规定外，为一年以上五年以下。 　　判处管制附加剥夺政治权利的，剥夺政治权利的期限与管制的期限相等，同时执行。
第五十六条　对于危害国家安全的犯罪分子应当附加剥夺政治权利；对于故意杀人、强奸、放火、爆炸、投毒、抢劫等严重破坏社会秩序的犯罪分子，可以附加剥夺政治权利。 　　独立适用剥夺政治权利的，依照本法分则的规定。	第五十六条　对于危害国家安全的犯罪分子应当附加剥夺政治权利；对于故意杀人、强奸、放火、爆炸、投毒、抢劫等严重破坏社会秩序的犯罪分子，可以附加剥夺政治权利。 　　独立适用剥夺政治权利的，依照本法分则的规定。
第五十七条　对于被判处死刑、无期徒刑的犯罪分子，应当剥夺政治权利终身。 　　在死刑缓期执行减为有期徒刑或者无期徒刑减为有期徒刑的时候，应当把附加剥夺政治权利的期限改为三年以上十年以下。	第五十七条　对于被判处死刑、无期徒刑的犯罪分子，应当剥夺政治权利终身。 　　在死刑缓期执行减为有期徒刑或者无期徒刑减为有期徒刑的时候，应当把附加剥夺政治权利的期限改为三年以上十年以下。

1997年刑法条文 (阴影部分为历次修改删去的内容,楷体部分为说明文字)	1997年以来历次修改后的刑法条文 (黑体部分为历次修改增加或修改的内容,楷体部分为说明文字)
第五十八条 附加剥夺政治权利的刑期,从徒刑、拘役执行完毕之日或者从假释之日起计算;剥夺政治权利的效力当然施用于主刑执行期间。 被剥夺政治权利的犯罪分子,在执行期间,应当遵守法律、行政法规和国务院公安部门有关监督管理的规定,服从监督;不得行使本法第五十四条规定的各项权利。	**第五十八条** 附加剥夺政治权利的刑期,从徒刑、拘役执行完毕之日或者从假释之日起计算;剥夺政治权利的效力当然施用于主刑执行期间。 被剥夺政治权利的犯罪分子,在执行期间,应当遵守法律、行政法规和国务院公安部门有关监督管理的规定,服从监督;不得行使本法第五十四条规定的各项权利。
第八节 没收财产	第八节 没收财产
第五十九条 没收财产是没收犯罪分子个人所有财产的一部或者全部。没收全部财产的,应当对犯罪分子个人及其扶养的家属保留必需的生活费用。 在判处没收财产的时候,不得没收属于犯罪分子家属所有或者应有的财产。	**第五十九条** 没收财产是没收犯罪分子个人所有财产的一部或者全部。没收全部财产的,应当对犯罪分子个人及其扶养的家属保留必需的生活费用。 在判处没收财产的时候,不得没收属于犯罪分子家属所有或者应有的财产。
第六十条 没收财产以前犯罪分子所负的正当债务,需要以没收的财产偿还的,经债权人请求,应当偿还。	**第六十条** 没收财产以前犯罪分子所负的正当债务,需要以没收的财产偿还的,经债权人请求,应当偿还。

1997年刑法条文 (阴影部分为历次修改删去的内容,楷体部分为说明文字)	1997年以来历次修改后的刑法条文 (黑体部分为历次修改增加或修改的内容,楷体部分为说明文字)
第四章　刑罚的具体运用 第一节　量　刑	第四章　刑罚的具体运用 第一节　量　刑
第六十一条　对于犯罪分子决定刑罚的时候,应当根据犯罪的事实、犯罪的性质、情节和对于社会的危害程度,依照本法的有关规定判处。	第六十一条　对于犯罪分子决定刑罚的时候,应当根据犯罪的事实、犯罪的性质、情节和对于社会的危害程度,依照本法的有关规定判处。
第六十二条　犯罪分子具有本法规定的从重处罚、从轻处罚情节的,应当在法定刑的限度以内判处刑罚。	第六十二条　犯罪分子具有本法规定的从重处罚、从轻处罚情节的,应当在法定刑的限度以内判处刑罚。
第六十三条　犯罪分子具有本法规定的减轻处罚情节的,应当在法定刑以下判处刑罚。 　　犯罪分子虽然不具有本法规定的减轻处罚情节,但是根据案件的特殊情况,经最高人民法院核准,也可以在法定刑以下判处刑罚。	第六十三条　犯罪分子具有本法规定的减轻处罚情节的,应当在法定刑以下判处刑罚;**本法规定有数个量刑幅度的,应当在法定量刑幅度的下一个量刑幅度内判处刑罚。** 　　犯罪分子虽然不具有本法规定的减轻处罚情节,但是根据案件的特殊情况,经最高人民法院核准,也可以在法定刑以下判处刑罚。 　　〔根据2011年2月25日通过的刑法修正案(八)修改,修改的内容自2011年5月1日起施行。〕

1997年刑法条文 (阴影部分为历次修改删去的内容,楷体部分为说明文字)	1997年以来历次修改后的刑法条文 (黑体部分为历次修改增加或修改的内容,楷体部分为说明文字)
第六十四条 犯罪分子违法所得的一切财物,应当予以追缴或者责令退赔;对被害人的合法财产,应当及时返还;违禁品和供犯罪所用的本人财物,应当予以没收。没收的财物和罚金,一律上缴国库,不得挪用和自行处理。	第六十四条 犯罪分子违法所得的一切财物,应当予以追缴或者责令退赔;对被害人的合法财产,应当及时返还;违禁品和供犯罪所用的本人财物,应当予以没收。没收的财物和罚金,一律上缴国库,不得挪用和自行处理。
第二节 累 犯	第二节 累 犯
第六十五条 被判处有期徒刑以上刑罚的犯罪分子,刑罚执行完毕或者赦免以后,在五年以内再犯应当判处有期徒刑以上刑罚之罪的,是累犯,应当从重处罚,但是过失犯罪除外。 前款规定的期限,对于被假释的犯罪分子,从假释期满之日起计算。	第六十五条 被判处有期徒刑以上刑罚的犯罪分子,刑罚执行完毕或者赦免以后,在五年以内再犯应当判处有期徒刑以上刑罚之罪的,是累犯,应当从重处罚,但是过失犯罪**和不满十八周岁的人犯罪的**除外。 前款规定的期限,对于被假释的犯罪分子,从假释期满之日起计算。 〔根据2011年2月25日通过的刑法修正案(八)修改,修改的内容自2011年5月1日起施行。〕

1997年刑法条文 (阴影部分为历次修改删去的内容，楷体部分为说明文字)	1997年以来历次 修改后的刑法条文 (黑体部分为历次修改增加或修改的内容，楷体部分为说明文字)
第六十六条 危害国家安全的犯罪分子在刑罚执行完毕或者赦免以后，在任何时候再犯危害国家安全罪的，都以累犯论处。	第六十六条 危害国家安全犯罪、恐怖活动犯罪、黑社会性质的组织犯罪的犯罪分子，在刑罚执行完毕或者赦免以后，在任何时候再犯上述任一类罪的，都以累犯论处。 〔根据2011年2月25日通过的刑法修正案(八)修改，修改的内容自2011年5月1日起施行。〕

1997年刑法条文 (阴影部分为历次修改删去的内容,楷体部分为说明文字)	1997年以来历次修改后的刑法条文 (黑体部分为历次修改增加或修改的内容,楷体部分为说明文字)
第三节　自首和立功	第三节　自首和立功
第六十七条　犯罪以后自动投案,如实供述自己的罪行的,是自首。对于自首的犯罪分子,可以从轻或者减轻处罚。其中,犯罪较轻的,可以免除处罚。 　　被采取强制措施的犯罪嫌疑人、被告人和正在服刑的罪犯,如实供述司法机关还未掌握的本人其他罪行的,以自首论。	第六十七条　犯罪以后自动投案,如实供述自己的罪行的,是自首。对于自首的犯罪分子,可以从轻或者减轻处罚。其中,犯罪较轻的,可以免除处罚。 　　被采取强制措施的犯罪嫌疑人、被告人和正在服刑的罪犯,如实供述司法机关还未掌握的本人其他罪行的,以自首论。 　　**犯罪嫌疑人虽不具有前两款规定的自首情节,但是如实供述自己罪行的,可以从轻处罚;因其如实供述自己罪行,避免特别严重后果发生的,可以减轻处罚。** 　　〔根据2011年2月25日通过的刑法修正案(八)修改,修改的内容自2011年5月1日起施行。〕

1997年刑法条文 (阴影部分为历次修改删去的内容,楷体部分为说明文字)	1997年以来历次修改后的刑法条文 (黑体部分为历次修改增加或修改的内容,楷体部分为说明文字)
第六十八条　犯罪分子有揭发他人犯罪行为,查证属实的,或者提供重要线索,从而得以侦破其他案件等立功表现的,可以从轻或者减轻处罚;有重大立功表现的,可以减轻或者免除处罚。 犯罪后自首又有重大立功表现的,应当减轻或者免除处罚。	第六十八条　犯罪分子有揭发他人犯罪行为,查证属实的,或者提供重要线索,从而得以侦破其他案件等立功表现的,可以从轻或者减轻处罚;有重大立功表现的,可以减轻或者免除处罚。 〔根据2011年2月25日通过的刑法修正案(八)修改,修改的内容自2011年5月1日起施行。〕

1997年刑法条文 (阴影部分为历次修改删去的内容,楷体部分为说明文字)	1997年以来历次修改后的刑法条文 (黑体部分为历次修改增加或修改的内容,楷体部分为说明文字)
第四节　数罪并罚	第四节　数罪并罚
第六十九条　判决宣告以前一人犯数罪的,除判处死刑和无期徒刑的以外,应当在总和刑期以下、数刑中最高刑期以上,酌情决定执行的刑期,但是管制最高不能超过三年,拘役最高不能超过一年,有期徒刑最高不能超过二十年。 　　如果数罪中有判处附加刑的,附加刑仍须执行。 　　〔本条经刑法修正案(八)、刑法修正案(九)两次修改。〕	第六十九条　判决宣告以前一人犯数罪的,除判处死刑和无期徒刑的以外,应当在总和刑期以下、数刑中最高刑期以上,酌情决定执行的刑期,但是管制最高不能超过三年,拘役最高不能超过一年,有期徒刑**总和刑期不满三十五年的,**最高不能超过二十年,**总和刑期在三十五年以上的,最高不能超过二十五年。** 　　**数罪中有判处有期徒刑和拘役的,执行有期徒刑。数罪中有判处有期徒刑和管制,或者拘役和管制的,有期徒刑、拘役执行完毕后,管制仍须执行。** 　　**数罪中有判处附加刑的,**附加刑仍须执行,**其中附加刑种类相同的,合并执行,种类不同的,分别执行。** 　　〔根据2015年8月29日通过的刑法修正案(九)第二次修改,修改的内容自2015年11月1日起施行。〕

1997年刑法条文 (阴影部分为历次修改删去的内容,楷体部分为说明文字)	1997年以来历次修改后的刑法条文 (黑体部分为历次修改增加或修改的内容,楷体部分为说明文字)
	刑法修正案(八)修改后的第六十九条 判决宣告以前一人犯数罪的,除判处死刑和无期徒刑的以外,应当在总和刑期以下、数刑中最高刑期以上,酌情决定执行的刑期,但是管制最高不能超过三年,拘役最高不能超过一年,有期徒刑总和刑期不满三十五年的,最高不能超过二十年,总和刑期在三十五年以上的,最高不能超过二十五年。 数罪中有判处附加刑的,附加刑仍须执行,其中附加刑种类相同的,合并执行,种类不同的,分别执行。 〔根据2011年2月25日通过的刑法修正案(八)第一次修改,修改的内容自2011年5月1日起施行。〕
第七十条 判决宣告以后,刑罚执行完毕以前,发现被判刑的犯罪分子在判决宣告以前还有其他罪没有判决的,应当对新发现的罪作出判决,把前后两个判决所判处的刑罚,依照本法第六十九条的规定,决定执行的刑罚。已经执行的刑期,应当计算在新判决决定的刑期以内。	**第七十条** 判决宣告以后,刑罚执行完毕以前,发现被判刑的犯罪分子在判决宣告以前还有其他罪没有判决的,应当对新发现的罪作出判决,把前后两个判决所判处的刑罚,依照本法第六十九条的规定,决定执行的刑罚。已经执行的刑期,应当计算在新判决决定的刑期以内。

1997年刑法条文 (阴影部分为历次修改删去的内容，楷体部分为说明文字)	1997年以来历次 修改后的刑法条文 (黑体部分为历次修改增加或修改的内容，楷体部分为说明文字)
第七十一条　判决宣告以后，刑罚执行完毕以前，被判刑的犯罪分子又犯罪的，应当对新犯的罪作出判决，把前罪没有执行的刑罚和后罪所判处的刑罚，依照本法第六十九条的规定，决定执行的刑罚。	第七十一条　判决宣告以后，刑罚执行完毕以前，被判刑的犯罪分子又犯罪的，应当对新犯的罪作出判决，把前罪没有执行的刑罚和后罪所判处的刑罚，依照本法第六十九条的规定，决定执行的刑罚。

1997年刑法条文 (阴影部分为历次修改删去的内容,楷体部分为说明文字)	1997年以来历次修改后的刑法条文 (黑体部分为历次修改增加或修改的内容,楷体部分为说明文字)
第五节　缓　　刑	第五节　缓　　刑
第七十二条　对于被判处拘役、三年以下有期徒刑的犯罪分子,根据犯罪分子的犯罪情节和悔罪表现,适用缓刑确实不致再危害社会的,可以宣告缓刑。 被宣告缓刑的犯罪分子,如果被判处附加刑,附加刑仍须执行。	第七十二条　对于被判处拘役、三年以下有期徒刑的犯罪分子,**同时符合下列条件的,可以宣告缓刑,对其中不满十八周岁的人、怀孕的妇女和已满七十五周岁的人,应当宣告缓刑:** **(一)犯罪情节较轻;** **(二)有悔罪表现;** **(三)没有再犯罪的危险;** **(四)宣告缓刑对所居住社区没有重大不良影响。** **宣告缓刑,可以**根据犯罪情况,**同时禁止犯罪分子在缓刑考验期限内从事特定活动,进入特定区域、场所,接触特定的人。** 被宣告缓刑的犯罪分子,如果被判处附加刑,附加刑仍须执行。 〔根据2011年2月25日通过的刑法修正案(八)修改,修改的内容自2011年5月1日起施行。〕

1997 年刑法条文 (阴影部分为历次修改删去的内容，楷体部分为说明文字)	1997 年以来历次 修改后的刑法条文 (黑体部分为历次修改增加或修改的内容，楷体部分为说明文字)
第七十三条　拘役的缓刑考验期限为原判刑期以上一年以下，但是不能少于二个月。 　　有期徒刑的缓刑考验期限为原判刑期以上五年以下，但是不能少于一年。 　　缓刑考验期限，从判决确定之日起计算。	第七十三条　拘役的缓刑考验期限为原判刑期以上一年以下，但是不能少于二个月。 　　有期徒刑的缓刑考验期限为原判刑期以上五年以下，但是不能少于一年。 　　缓刑考验期限，从判决确定之日起计算。
第七十四条　对于累犯，不适用缓刑。	第七十四条　对于累犯和**犯罪集团的首要分子**，不适用缓刑。 　　〔根据 2011 年 2 月 25 日通过的刑法修正案（八）修改，修改的内容自 2011 年 5 月 1 日起施行。〕
第七十五条　被宣告缓刑的犯罪分子，应当遵守下列规定： 　　（一）遵守法律、行政法规，服从监督； 　　（二）按照考察机关的规定报告自己的活动情况； 　　（三）遵守考察机关关于会客的规定； 　　（四）离开所居住的市、县或者迁居，应当报经考察机关批准。	第七十五条　被宣告缓刑的犯罪分子，应当遵守下列规定： 　　（一）遵守法律、行政法规，服从监督； 　　（二）按照考察机关的规定报告自己的活动情况； 　　（三）遵守考察机关关于会客的规定； 　　（四）离开所居住的市、县或者迁居，应当报经考察机关批准。

1997年刑法条文 (阴影部分为历次修改删去的内容,楷体部分为说明文字)	1997年以来历次修改后的刑法条文 (黑体部分为历次修改增加或修改的内容,楷体部分为说明文字)
第七十六条 被宣告缓刑的犯罪分子,在缓刑考验期限内,由公安机关考察,所在单位或者基层组织予以配合,如果没有本法第七十七条规定的情形,缓刑考验期满,原判的刑罚就不再执行,并公开予以宣告。	第七十六条 对宣告缓刑的犯罪分子,在缓刑考验期限内,**依法实行社区矫正**,如果没有本法第七十七条规定的情形,缓刑考验期满,原判的刑罚就不再执行,并公开予以宣告。 〔根据2011年2月25日通过的刑法修正案(八)修改,修改的内容自2011年5月1日起施行。〕

1997年刑法条文 (阴影部分为历次修改删去的内容,楷体部分为说明文字)	1997年以来历次修改后的刑法条文 (黑体部分为历次修改增加或修改的内容,楷体部分为说明文字)
第七十七条 被宣告缓刑的犯罪分子,在缓刑考验期限内犯新罪或者发现判决宣告以前还有其他罪没有判决的,应当撤销缓刑,对新犯的罪或者新发现的罪作出判决,把前罪和后罪所判处的刑罚,依照本法第六十九条的规定,决定执行的刑罚。 被宣告缓刑的犯罪分子,在缓刑考验期限内,违反法律、行政法规或者国务院公安部门有关缓刑的监督管理规定,情节严重的,应当撤销缓刑,执行原判刑罚。	第七十七条 被宣告缓刑的犯罪分子,在缓刑考验期限内犯新罪或者发现判决宣告以前还有其他罪没有判决的,应当撤销缓刑,对新犯的罪或者新发现的罪作出判决,把前罪和后罪所判处的刑罚,依照本法第六十九条的规定,决定执行的刑罚。 被宣告缓刑的犯罪分子,在缓刑考验期限内,违反法律、行政法规或者国务院**有关部门关于**缓刑的监督管理规定,**或者违反人民法院判决中的禁止令**,情节严重的,应当撤销缓刑,执行原判刑罚。 〔根据2011年2月25日通过的刑法修正案(八)修改,修改的内容自2011年5月1日起施行。〕

1997年刑法条文 (阴影部分为历次修改删去的内容,楷体部分为说明文字)	1997年以来历次修改后的刑法条文 (黑体部分为历次修改增加或修改的内容,楷体部分为说明文字)
第六节　减　刑	第六节　减　刑
第七十八条　被判处管制、拘役、有期徒刑、无期徒刑的犯罪分子,在执行期间,如果认真遵守监规,接受教育改造,确有悔改表现的,或者有立功表现的,可以减刑;有下列重大立功表现之一的,应当减刑: 　　(一)阻止他人重大犯罪活动的; 　　(二)检举监狱内外重大犯罪活动,经查证属实的; 　　(三)有发明创造或者重大技术革新的; 　　(四)在日常生产、生活中舍己救人的; 　　(五)在抗御自然灾害或者排除重大事故中,有突出表现的; 　　(六)对国家和社会有其他重大贡献的。 　　减刑以后实际执行的刑期,判处管制、拘役、有期徒刑的,不能少于原判刑期的二分之一;判处无期徒刑的,不能少于~~十~~年。	第七十八条　被判处管制、拘役、有期徒刑、无期徒刑的犯罪分子,在执行期间,如果认真遵守监规,接受教育改造,确有悔改表现的,或者有立功表现的,可以减刑;有下列重大立功表现之一的,应当减刑: 　　(一)阻止他人重大犯罪活动的; 　　(二)检举监狱内外重大犯罪活动,经查证属实的; 　　(三)有发明创造或者重大技术革新的; 　　(四)在日常生产、生活中舍己救人的; 　　(五)在抗御自然灾害或者排除重大事故中,有突出表现的; 　　(六)对国家和社会有其他重大贡献的。 　　减刑以后实际执行的刑期**不能少于下列期限:** 　　**(一)**判处管制、拘役、有期徒刑的,不能少于原判刑期的二分之一; 　　**(二)**判处无期徒刑的,不能少于十三年;

1997年刑法条文 (阴影部分为历次修改删去的内容，楷体部分为说明文字)	1997年以来历次 修改后的刑法条文 (黑体部分为历次修改增加或修改的内容,楷体部分为说明文字)
	(三)人民法院依照本法第五十条第二款规定限制减刑的死刑缓期执行的犯罪分子,缓期执行期满后依法减为无期徒刑的,不能少于二十五年,缓期执行期满后依法减为二十五年有期徒刑的,不能少于二十年。 〔根据2011年2月25日通过的刑法修正案(八)修改,修改的内容自2011年5月1日起施行。〕
第七十九条　对于犯罪分子的减刑,由执行机关向中级以上人民法院提出减刑建议书。人民法院应当组成合议庭进行审理,对确有悔改或者立功事实的,裁定予以减刑。非经法定程序不得减刑。	第七十九条　对于犯罪分子的减刑,由执行机关向中级以上人民法院提出减刑建议书。人民法院应当组成合议庭进行审理,对确有悔改或者立功事实的,裁定予以减刑。非经法定程序不得减刑。
第八十条　无期徒刑减为有期徒刑的刑期,从裁定减刑之日起计算。	第八十条　无期徒刑减为有期徒刑的刑期,从裁定减刑之日起计算。

1997年刑法条文 (阴影部分为历次修改删去的内容，楷体部分为说明文字)	1997年以来历次修改后的刑法条文 (黑体部分为历次修改增加或修改的内容，楷体部分为说明文字)
第七节　假　释	第七节　假　释
第八十一条　被判处有期徒刑的犯罪分子，执行原判刑期二分之一以上，被判处无期徒刑的犯罪分子，实际执行十年以上，如果认真遵守监规，接受教育改造，确有悔改表现，假释后不致再危害社会的，可以假释。如果有特殊情况，经最高人民法院核准，可以不受上述执行刑期的限制。 　　对累犯以及因杀人、爆炸、抢劫、强奸、绑架等暴力性犯罪被判处十年以上有期徒刑、无期徒刑的犯罪分子，不得假释。	第八十一条　被判处有期徒刑的犯罪分子，执行原判刑期二分之一以上，被判处无期徒刑的犯罪分子，实际执行十三年以上，如果认真遵守监规，接受教育改造，确有悔改表现，**没有再犯罪的危险的**，可以假释。如果有特殊情况，经最高人民法院核准，可以不受上述执行刑期的限制。 　　对累犯以及因**故意**杀人、强奸、抢劫、绑架、**放火**、爆炸、**投放危险物质或者有组织的**暴力性犯罪被判处十年以上有期徒刑、无期徒刑的犯罪分子，不得假释。 　　**对犯罪分子决定假释时，应当考虑其假释后对所居住社区的影响。** 〔根据2011年2月25日通过的刑法修正案(八)修改，修改的内容自2011年5月1日起施行。〕

1997年刑法条文 (阴影部分为历次修改删去的内容,楷体部分为说明文字)	1997年以来历次 修改后的刑法条文 (黑体部分为历次修改增加或修改的内容,楷体部分为说明文字)
第八十二条 对于犯罪分子的假释,依照本法第七十九条规定的程序进行。非经法定程序不得假释。	第八十二条 对于犯罪分子的假释,依照本法第七十九条规定的程序进行。非经法定程序不得假释。
第八十三条 有期徒刑的假释考验期限,为没有执行完毕的刑期;无期徒刑的假释考验期限为十年。 　　假释考验期限,从假释之日起计算。	第八十三条 有期徒刑的假释考验期限,为没有执行完毕的刑期;无期徒刑的假释考验期限为十年。 　　假释考验期限,从假释之日起计算。
第八十四条 被宣告假释的犯罪分子,应当遵守下列规定: 　　(一)遵守法律、行政法规,服从监督; 　　(二)按照监督机关的规定报告自己的活动情况; 　　(三)遵守监督机关关于会客的规定; 　　(四)离开所居住的市、县或者迁居,应当报经监督机关批准。	第八十四条 被宣告假释的犯罪分子,应当遵守下列规定: 　　(一)遵守法律、行政法规,服从监督; 　　(二)按照监督机关的规定报告自己的活动情况; 　　(三)遵守监督机关关于会客的规定; 　　(四)离开所居住的市、县或者迁居,应当报经监督机关批准。

——刑法历次修改条文对照表——

1997年刑法条文 (阴影部分为历次修改删去的内容,楷体部分为说明文字)	1997年以来历次 修改后的刑法条文 (黑体部分为历次修改增加或修改的内容,楷体部分为说明文字)
第八十五条　被假释的犯罪分子,在假释考验期限内,由公安机关予以监督,如果没有本法第八十六条规定的情形,假释考验期满,就认为原判刑罚已经执行完毕,并公开予以宣告。	第八十五条　对假释的犯罪分子,在假释考验期限内,**依法实行社区矫正**,如果没有本法第八十六条规定的情形,假释考验期满,就认为原判刑罚已经执行完毕,并公开予以宣告。 〔根据2011年2月25日通过的刑法修正案(八)修改,修改的内容自2011年5月1日起施行。〕
第八十六条　被假释的犯罪分子,在假释考验期限内犯新罪,应当撤销假释,依照本法第七十一条的规定实行数罪并罚。 在假释考验期限内,发现被假释的犯罪分子在判决宣告以前还有其他罪没有判决的,应当撤销假释,依照本法第七十条的规定实行数罪并罚。	第八十六条　被假释的犯罪分子,在假释考验期限内犯新罪,应当撤销假释,依照本法第七十一条的规定实行数罪并罚。 在假释考验期限内,发现被假释的犯罪分子在判决宣告以前还有其他罪没有判决的,应当撤销假释,依照本法第七十条的规定实行数罪并罚。

· 47 ·

——刑法历次修改条文对照表（含十一个刑法修正案）——

1997年刑法条文 (阴影部分为历次修改删去的内容，楷体部分为说明文字)	1997年以来历次修改后的刑法条文 (黑体部分为历次修改增加或修改的内容，楷体部分为说明文字)
被假释的犯罪分子，在假释考验期限内，有违反法律、行政法规或者国务院公安部门有关假释的监督管理规定的行为，尚未构成新的犯罪的，应当依照法定程序撤销假释，收监执行未执行完毕的刑罚。	被假释的犯罪分子，在假释考验期限内，有违反法律、行政法规或者国务院**有关部门关于**假释的监督管理规定的行为，尚未构成新的犯罪的，应当依照法定程序撤销假释，收监执行未执行完毕的刑罚。 〔根据2011年2月25日通过的刑法修正案（八）修改，修改的内容自2011年5月1日起施行。〕
第八节　时　效	第八节　时　效
第八十七条　犯罪经过下列期限不再追诉： 　　（一）法定最高刑为不满五年有期徒刑的，经过五年； 　　（二）法定最高刑为五年以上不满十年有期徒刑的，经过十年； 　　（三）法定最高刑为十年以上有期徒刑的，经过十五年； 　　（四）法定最高刑为无期徒刑、死刑的，经过二十年。如果二十年以后认为必须追诉的，须报请最高人民检察院核准。	**第八十七条**　犯罪经过下列期限不再追诉： 　　（一）法定最高刑为不满五年有期徒刑的，经过五年； 　　（二）法定最高刑为五年以上不满十年有期徒刑的，经过十年； 　　（三）法定最高刑为十年以上有期徒刑的，经过十五年； 　　（四）法定最高刑为无期徒刑、死刑的，经过二十年。如果二十年以后认为必须追诉的，须报请最高人民检察院核准。

1997年刑法条文 (阴影部分为历次修改删去的内容,楷体部分为说明文字)	1997年以来历次 修改后的刑法条文 (黑体部分为历次修改增加或修改的内容,楷体部分为说明文字)
第八十八条 在人民检察院、公安机关、国家安全机关立案侦查或者在人民法院受理案件以后,逃避侦查或者审判的,不受追诉期限的限制。 被害人在追诉期限内提出控告,人民法院、人民检察院、公安机关应当立案而不予立案的,不受追诉期限的限制。	第八十八条 在人民检察院、公安机关、国家安全机关立案侦查或者在人民法院受理案件以后,逃避侦查或者审判的,不受追诉期限的限制。 被害人在追诉期限内提出控告,人民法院、人民检察院、公安机关应当立案而不予立案的,不受追诉期限的限制。
第八十九条 追诉期限从犯罪之日起计算;犯罪行为有连续或者继续状态的,从犯罪行为终了之日起计算。 在追诉期限以内又犯罪的,前罪追诉的期限从犯后罪之日起计算。	第八十九条 追诉期限从犯罪之日起计算;犯罪行为有连续或者继续状态的,从犯罪行为终了之日起计算。 在追诉期限以内又犯罪的,前罪追诉的期限从犯后罪之日起计算。
第五章 其他规定	第五章 其他规定
第九十条 民族自治地方不能全部适用本法规定的,可以由自治区或者省的人民代表大会根据当地民族的政治、经济、文化的特点和本法规定的基本原则,制定变通或者补充的规定,报请全国人大常委会批准施行。	第九十条 民族自治地方不能全部适用本法规定的,可以由自治区或者省的人民代表大会根据当地民族的政治、经济、文化的特点和本法规定的基本原则,制定变通或者补充的规定,报请全国人大常委会批准施行。

1997年刑法条文 (阴影部分为历次修改删去的内容,楷体部分为说明文字)	1997年以来历次修改后的刑法条文 (黑体部分为历次修改增加或修改的内容,楷体部分为说明文字)
第九十一条 本法所称公共财产,是指下列财产: (一)国有财产; (二)劳动群众集体所有的财产; (三)用于扶贫和其他公益事业的社会捐助或者专项基金的财产。 在国家机关、国有公司、企业、集体企业和人民团体管理、使用或者运输中的私人财产,以公共财产论。	第九十一条 本法所称公共财产,是指下列财产: (一)国有财产; (二)劳动群众集体所有的财产; (三)用于扶贫和其他公益事业的社会捐助或者专项基金的财产。 在国家机关、国有公司、企业、集体企业和人民团体管理、使用或者运输中的私人财产,以公共财产论。
第九十二条 本法所称公民私人所有的财产,是指下列财产: (一)公民的合法收入、储蓄、房屋和其他生活资料; (二)依法归个人、家庭所有的生产资料; (三)个体户和私营企业的合法财产; (四)依法归个人所有的股份、股票、债券和其他财产。	第九十二条 本法所称公民私人所有的财产,是指下列财产: (一)公民的合法收入、储蓄、房屋和其他生活资料; (二)依法归个人、家庭所有的生产资料; (三)个体户和私营企业的合法财产; (四)依法归个人所有的股份、股票、债券和其他财产。

1997年刑法条文 (阴影部分为历次修改删去的内容,楷体部分为说明文字)	1997年以来历次修改后的刑法条文 (黑体部分为历次修改增加或修改的内容,楷体部分为说明文字)
第九十三条 本法所称国家工作人员,是指国家机关中从事公务的人员。 国有公司、企业、事业单位、人民团体中从事公务的人员和国家机关、国有公司、企业、事业单位委派到非国有公司、企业、事业单位、社会团体从事公务的人员,以及其他依照法律从事公务的人员,以国家工作人员论。	第九十三条 本法所称国家工作人员,是指国家机关中从事公务的人员。 国有公司、企业、事业单位、人民团体中从事公务的人员和国家机关、国有公司、企业、事业单位委派到非国有公司、企业、事业单位、社会团体从事公务的人员,以及其他依照法律从事公务的人员,以国家工作人员论。
第九十四条 本法所称司法工作人员,是指有侦查、检察、审判、监管职责的工作人员。	第九十四条 本法所称司法工作人员,是指有侦查、检察、审判、监管职责的工作人员。
第九十五条 本法所称重伤,是指有下列情形之一的伤害: (一)使人肢体残废或者毁人容貌的; (二)使人丧失听觉、视觉或者其他器官机能的; (三)其他对于人身健康有重大伤害的。	第九十五条 本法所称重伤,是指有下列情形之一的伤害: (一)使人肢体残废或者毁人容貌的; (二)使人丧失听觉、视觉或者其他器官机能的; (三)其他对于人身健康有重大伤害的。

1997 年刑法条文 (阴影部分为历次修改删去的内容,楷体部分为说明文字)	1997 年以来历次 修改后的刑法条文 (黑体部分为历次修改增加或修改的内容,楷体部分为说明文字)
第九十六条　本法所称违反国家规定,是指违反全国人民代表大会及其常务委员会制定的法律和决定,国务院制定的行政法规、规定的行政措施、发布的决定和命令。	第九十六条　本法所称违反国家规定,是指违反全国人民代表大会及其常务委员会制定的法律和决定,国务院制定的行政法规、规定的行政措施、发布的决定和命令。
第九十七条　本法所称首要分子,是指在犯罪集团或者聚众犯罪中起组织、策划、指挥作用的犯罪分子。	第九十七条　本法所称首要分子,是指在犯罪集团或者聚众犯罪中起组织、策划、指挥作用的犯罪分子。
第九十八条　本法所称告诉才处理,是指被害人告诉才处理。如果被害人因受强制、威吓无法告诉的,人民检察院和被害人的近亲属也可以告诉。	第九十八条　本法所称告诉才处理,是指被害人告诉才处理。如果被害人因受强制、威吓无法告诉的,人民检察院和被害人的近亲属也可以告诉。
第九十九条　本法所称以上、以下、以内,包括本数。	第九十九条　本法所称以上、以下、以内,包括本数。

1997年刑法条文 (阴影部分为历次修改删去的内容,楷体部分为说明文字)	1997年以来历次修改后的刑法条文 (黑体部分为历次修改增加或修改的内容,楷体部分为说明文字)
第一百条 依法受过刑事处罚的人,在入伍、就业的时候,应当如实向有关单位报告自己曾受过刑事处罚,不得隐瞒。	第一百条 依法受过刑事处罚的人,在入伍、就业的时候,应当如实向有关单位报告自己曾受过刑事处罚,不得隐瞒。 **犯罪的时候不满十八周岁被判处五年有期徒刑以下刑罚的人,免除前款规定的报告义务。** 〔根据2011年2月25日通过的刑法修正案(八)修改,修改的内容自2011年5月1日起施行。〕
第一百零一条 本法总则适用于其他有刑罚规定的法律,但是其他法律有特别规定的除外。	第一百零一条 本法总则适用于其他有刑罚规定的法律,但是其他法律有特别规定的除外。
第二编 分 则 第一章 危害国家安全罪	第二编 分 则 第一章 危害国家安全罪
第一百零二条 勾结外国,危害中华人民共和国的主权、领土完整和安全的,处无期徒刑或者十年以上有期徒刑。 与境外机构、组织、个人相勾结,犯前款罪的,依照前款的规定处罚。	第一百零二条 勾结外国,危害中华人民共和国的主权、领土完整和安全的,处无期徒刑或者十年以上有期徒刑。 与境外机构、组织、个人相勾结,犯前款罪的,依照前款的规定处罚。

——刑法历次修改条文对照表（含十一个刑法修正案）——

1997年刑法条文 (阴影部分为历次修改删去的内容，楷体部分为说明文字)	1997年以来历次修改后的刑法条文 (黑体部分为历次修改增加或修改的内容，楷体部分为说明文字)
第一百零三条 组织、策划、实施分裂国家、破坏国家统一的，对首要分子或者罪行重大的，处无期徒刑或者十年以上有期徒刑；对积极参加的，处三年以上十年以下有期徒刑；对其他参加的，处三年以下有期徒刑、拘役、管制或者剥夺政治权利。 煽动分裂国家、破坏国家统一的，处五年以下有期徒刑、拘役、管制或者剥夺政治权利；首要分子或者罪行重大的，处五年以上有期徒刑。	第一百零三条 组织、策划、实施分裂国家、破坏国家统一的，对首要分子或者罪行重大的，处无期徒刑或者十年以上有期徒刑；对积极参加的，处三年以上十年以下有期徒刑；对其他参加的，处三年以下有期徒刑、拘役、管制或者剥夺政治权利。 煽动分裂国家、破坏国家统一的，处五年以下有期徒刑、拘役、管制或者剥夺政治权利；首要分子或者罪行重大的，处五年以上有期徒刑。
第一百零四条 组织、策划、实施武装叛乱或者武装暴乱的，对首要分子或者罪行重大的，处无期徒刑或者十年以上有期徒刑；对积极参加的，处三年以上十年以下有期徒刑；对其他参加的，处三年以下有期徒刑、拘役、管制或者剥夺政治权利。 策动、胁迫、勾引、收买国家机关工作人员、武装部队人员、人民警察、民兵进行武装叛乱或者武装暴乱的，依照前款的规定从重处罚。	第一百零四条 组织、策划、实施武装叛乱或者武装暴乱的，对首要分子或者罪行重大的，处无期徒刑或者十年以上有期徒刑；对积极参加的，处三年以上十年以下有期徒刑；对其他参加的，处三年以下有期徒刑、拘役、管制或者剥夺政治权利。 策动、胁迫、勾引、收买国家机关工作人员、武装部队人员、人民警察、民兵进行武装叛乱或者武装暴乱的，依照前款的规定从重处罚。

1997 年刑法条文 (阴影部分为历次修改删去的内容,楷体部分为说明文字)	1997 年以来历次 修改后的刑法条文 (黑体部分为历次修改增加或修改的内容,楷体部分为说明文字)
第一百零五条　组织、策划、实施颠覆国家政权、推翻社会主义制度的,对首要分子或者罪行重大的,处无期徒刑或者十年以上有期徒刑;对积极参加的,处三年以上十年以下有期徒刑;对其他参加的,处三年以下有期徒刑、拘役、管制或者剥夺政治权利。 以造谣、诽谤或者其他方式煽动颠覆国家政权、推翻社会主义制度的,处五年以下有期徒刑、拘役、管制或者剥夺政治权利;首要分子或者罪行重大的,处五年以上有期徒刑。	第一百零五条　组织、策划、实施颠覆国家政权、推翻社会主义制度的,对首要分子或者罪行重大的,处无期徒刑或者十年以上有期徒刑;对积极参加的,处三年以上十年以下有期徒刑;对其他参加的,处三年以下有期徒刑、拘役、管制或者剥夺政治权利。 以造谣、诽谤或者其他方式煽动颠覆国家政权、推翻社会主义制度的,处五年以下有期徒刑、拘役、管制或者剥夺政治权利;首要分子或者罪行重大的,处五年以上有期徒刑。
第一百零六条　与境外机构、组织、个人相勾结,实施本章第一百零三条、第一百零四条、第一百零五条规定之罪的,依照各该条的规定从重处罚。	第一百零六条　与境外机构、组织、个人相勾结,实施本章第一百零三条、第一百零四条、第一百零五条规定之罪的,依照各该条的规定从重处罚。

——刑法历次修改条文对照表（含十一个刑法修正案）——

1997年刑法条文 (阴影部分为历次修改删去的内容，楷体部分为说明文字)	1997年以来历次 修改后的刑法条文 (黑体部分为历次修改增加或修改的内容，楷体部分为说明文字)
第一百零七条　境内外机构、组织或者个人资助境内组织或者个人实施本章第一百零二条、第一百零三条、第一百零四条、第一百零五条规定之罪的，对直接责任人员，处五年以下有期徒刑、拘役、管制或者剥夺政治权利；情节严重的，处五年以上有期徒刑。	第一百零七条　境内外机构、组织或者个人资助实施本章第一百零二条、第一百零三条、第一百零四条、第一百零五条规定之罪的，对直接责任人员，处五年以下有期徒刑、拘役、管制或者剥夺政治权利；情节严重的，处五年以上有期徒刑。 〔根据2011年2月25日通过的刑法修正案(八)修改，修改的内容自2011年5月1日起施行。〕
第一百零八条　投敌叛变的，处三年以上十年以下有期徒刑；情节严重或者带领武装部队人员、人民警察、民兵投敌叛变的，处十年以上有期徒刑或者无期徒刑。	第一百零八条　投敌叛变的，处三年以上十年以下有期徒刑；情节严重或者带领武装部队人员、人民警察、民兵投敌叛变的，处十年以上有期徒刑或者无期徒刑。

1997年刑法条文 (阴影部分为历次修改删去的内容,楷体部分为说明文字)	1997年以来历次修改后的刑法条文 (黑体部分为历次修改增加或修改的内容,楷体部分为说明文字)
第一百零九条　国家机关工作人员在履行公务期间,擅离岗位,叛逃境外或者在境外叛逃,危害中华人民共和国国家安全的,处五年以下有期徒刑、拘役、管制或者剥夺政治权利;情节严重的,处五年以上十年以下有期徒刑。 　　掌握国家秘密的国家工作人员犯前款罪的,依照前款的规定从重处罚。	第一百零九条　国家机关工作人员在履行公务期间,擅离岗位,叛逃境外或者在境外叛逃的,处五年以下有期徒刑、拘役、管制或者剥夺政治权利;情节严重的,处五年以上十年以下有期徒刑。 　　掌握国家秘密的国家工作人员**叛逃境外或者在境外叛逃**的,依照前款的规定从重处罚。 　　〔根据2011年2月25日通过的刑法修正案(八)修改,修改的内容自2011年5月1日起施行。〕
第一百一十条　有下列间谍行为之一,危害国家安全的,处十年以上有期徒刑或者无期徒刑;情节较轻的,处三年以上十年以下有期徒刑: 　　(一)参加间谍组织或者接受间谍组织及其代理人的任务的; 　　(二)为敌人指示轰击目标的。	第一百一十条　有下列间谍行为之一,危害国家安全的,处十年以上有期徒刑或者无期徒刑;情节较轻的,处三年以上十年以下有期徒刑: 　　(一)参加间谍组织或者接受间谍组织及其代理人的任务的; 　　(二)为敌人指示轰击目标的。

——刑法历次修改条文对照表（含十一个刑法修正案）——

1997年刑法条文 (阴影部分为历次修改删去的内容，楷体部分为说明文字)	1997年以来历次 修改后的刑法条文 (黑体部分为历次修改增加或修改的内容，楷体部分为说明文字)
第一百一十一条　为境外的机构、组织、人员窃取、刺探、收买、非法提供国家秘密或者情报的，处五年以上十年以下有期徒刑；情节特别严重的，处十年以上有期徒刑或者无期徒刑；情节较轻的，处五年以下有期徒刑、拘役、管制或者剥夺政治权利。	第一百一十一条　为境外的机构、组织、人员窃取、刺探、收买、非法提供国家秘密或者情报的，处五年以上十年以下有期徒刑；情节特别严重的，处十年以上有期徒刑或者无期徒刑；情节较轻的，处五年以下有期徒刑、拘役、管制或者剥夺政治权利。
第一百一十二条　战时供给敌人武器装备、军用物资资敌的，处十年以上有期徒刑或者无期徒刑；情节较轻的，处三年以上十年以下有期徒刑。	第一百一十二条　战时供给敌人武器装备、军用物资资敌的，处十年以上有期徒刑或者无期徒刑；情节较轻的，处三年以上十年以下有期徒刑。
第一百一十三条　本章上述危害国家安全罪行中，除第一百零三条第二款、第一百零五条、第一百零七条、第一百零九条外，对国家和人民危害特别严重、情节特别恶劣的，可以判处死刑。 　　犯本章之罪的，可以并处没收财产。	第一百一十三条　本章上述危害国家安全罪行中，除第一百零三条第二款、第一百零五条、第一百零七条、第一百零九条外，对国家和人民危害特别严重、情节特别恶劣的，可以判处死刑。 　　犯本章之罪的，可以并处没收财产。

1997年刑法条文 (阴影部分为历次修改删去的内容,楷体部分为说明文字)	1997年以来历次修改后的刑法条文 (黑体部分为历次修改增加或修改的内容,楷体部分为说明文字)
第二章　危害公共安全罪	第二章　危害公共安全罪
第一百一十四条　放火、决水、爆炸、投毒或者以其他危险方法破坏工厂、矿场、油田、港口、河流、水源、仓库、住宅、森林、农场、谷场、牧场、重要管道、公共建筑物或者其他公私财产,危害公共安全,尚未造成严重后果的,处三年以上十年以下有期徒刑。	第一百一十四条　放火、决水、爆炸**以及投放毒害性、放射性、传染病病原体等物质**或者以其他危险方法危害公共安全,尚未造成严重后果的,处三年以上十年以下有期徒刑。 　　〔根据2001年12月29日通过的刑法修正案(三)修改,修改的内容自2001年12月29日起施行。〕
第一百一十五条　放火、决水、爆炸、投毒或者以其他危险方法致人重伤、死亡或者使公私财产遭受重大损失的,处十年以上有期徒刑、无期徒刑或者死刑。 　　过失犯前款罪的,处三年以上七年以下有期徒刑;情节较轻的,处三年以下有期徒刑或者拘役。	第一百一十五条　放火、决水、爆炸**以及投放毒害性、放射性、传染病病原体等物质**或者以其他危险方法致人重伤、死亡或者使公私财产遭受重大损失的,处十年以上有期徒刑、无期徒刑或者死刑。 　　过失犯前款罪的,处三年以上七年以下有期徒刑;情节较轻的,处三年以下有期徒刑或者拘役。 　　〔根据2001年12月29日通过的刑法修正案(三)修改,修改的内容自2001年12月29日起施行。〕

1997年刑法条文 (阴影部分为历次修改删去的内容，楷体部分为说明文字)	1997年以来历次 修改后的刑法条文 (黑体部分为历次修改增加或修改的内容，楷体部分为说明文字)
第一百一十六条　破坏火车、汽车、电车、船只、航空器，足以使火车、汽车、电车、船只、航空器发生倾覆、毁坏危险，尚未造成严重后果的，处三年以上十年以下有期徒刑。	第一百一十六条　破坏火车、汽车、电车、船只、航空器，足以使火车、汽车、电车、船只、航空器发生倾覆、毁坏危险，尚未造成严重后果的，处三年以上十年以下有期徒刑。
第一百一十七条　破坏轨道、桥梁、隧道、公路、机场、航道、灯塔、标志或者进行其他破坏活动，足以使火车、汽车、电车、船只、航空器发生倾覆、毁坏危险，尚未造成严重后果的，处三年以上十年以下有期徒刑。	第一百一十七条　破坏轨道、桥梁、隧道、公路、机场、航道、灯塔、标志或者进行其他破坏活动，足以使火车、汽车、电车、船只、航空器发生倾覆、毁坏危险，尚未造成严重后果的，处三年以上十年以下有期徒刑。
第一百一十八条　破坏电力、燃气或者其他易燃易爆设备，危害公共安全，尚未造成严重后果的，处三年以上十年以下有期徒刑。	第一百一十八条　破坏电力、燃气或者其他易燃易爆设备，危害公共安全，尚未造成严重后果的，处三年以上十年以下有期徒刑。

1997年刑法条文 (阴影部分为历次修改删去的内容，楷体部分为说明文字)	1997年以来历次修改后的刑法条文 (黑体部分为历次修改增加或修改的内容，楷体部分为说明文字)
第一百一十九条　破坏交通工具、交通设施、电力设备、燃气设备、易燃易爆设备，造成严重后果的，处十年以上有期徒刑、无期徒刑或者死刑。 　　过失犯前款罪的，处三年以上七年以下有期徒刑；情节较轻的，处三年以下有期徒刑或者拘役。	第一百一十九条　破坏交通工具、交通设施、电力设备、燃气设备、易燃易爆设备，造成严重后果的，处十年以上有期徒刑、无期徒刑或者死刑。 　　过失犯前款罪的，处三年以上七年以下有期徒刑；情节较轻的，处三年以下有期徒刑或者拘役。
第一百二十条　组织、领导和积极参加恐怖活动组织的，处三年以上十年以下有期徒刑；其他参加的，处三年以下有期徒刑、拘役或者管制。 　　犯前款罪并实施杀人、爆炸、绑架等犯罪的，依照数罪并罚的规定处罚。 　　〔本条经刑法修正案（三）、刑法修正案（九）两次修改。〕	第一百二十条　组织、领导恐怖活动组织的，**处十年以上有期徒刑或者无期徒刑，并处没收财产**；积极参加的，处三年以上十年以下有期徒刑，**并处罚金**；其他参加的，处三年以下有期徒刑、拘役、**管制或者剥夺政治权利，可以并处罚金**。 　　犯前款罪并实施杀人、爆炸、绑架等犯罪的，依照数罪并罚的规定处罚。 　　〔根据2015年8月29日通过的刑法修正案（九）第二次修改，修改的内容自2015年11月1日起施行。〕

1997年刑法条文 (阴影部分为历次修改删去的内容，楷体部分为说明文字)	1997年以来历次 修改后的刑法条文 (黑体部分为历次修改增加或修改的内容，楷体部分为说明文字)
	刑法修正案(三)修改后的第一百二十条 组织、领导恐怖活动组织的，处十年以上有期徒刑或者无期徒刑；积极参加的，处三年以上十年以下有期徒刑；其他参加的，处三年以下有期徒刑、拘役、管制或者剥夺政治权利。 犯前款罪并实施杀人、爆炸、绑架等犯罪的，依照数罪并罚的规定处罚。 〔根据2001年12月29日通过的刑法修正案(三)第一次修改，修改的内容自2001年12月29日起施行。〕

1997年刑法条文 (阴影部分为历次修改删去的内容，楷体部分为说明文字)	1997年以来历次 修改后的刑法条文 (黑体部分为历次修改增加或修改的内容，楷体部分为说明文字)
〔刑法修正案(三)增加本条规定，刑法修正案(九)作了修改。〕	第一百二十条之一　资助恐怖活动组织、实施恐怖活动的个人的，或者资助恐怖活动培训的，处五年以下有期徒刑、拘役、管制或者剥夺政治权利，并处罚金；情节严重的，处五年以上有期徒刑，并处罚金或者没收财产。 　　为恐怖活动组织、实施恐怖活动或者恐怖活动培训招募、运送人员的，依照前款的规定处罚。 　　单位犯前两款罪的，对单位判处罚金，并对其直接负责的主管人员和其他直接责任人员，依照第一款的规定处罚。 〔根据2015年8月29日通过的刑法修正案(九)修改，修改的内容自2015年11月1日起施行。〕

——刑法历次修改条文对照表（含十一个刑法修正案）——

1997年刑法条文 （阴影部分为历次修改删去的内容，楷体部分为说明文字）	1997年以来历次 修改后的刑法条文 （黑体部分为历次修改增加或修改的内容，楷体部分为说明文字）
	刑法修正案（三）增加的第一百二十条之一 资助恐怖活动组织或者实施恐怖活动的个人的，处五年以下有期徒刑、拘役、管制或者剥夺政治权利，并处罚金；情节严重的，处五年以上有期徒刑，并处罚金或者没收财产。 　　单位犯前款罪的，对单位判处罚金，并对其直接负责的主管人员和其他直接责任人员，依照前款的规定处罚。 　〔根据2001年12月29日通过的刑法修正案（三）增加，自2001年12月29日起施行。〕

1997年刑法条文 (阴影部分为历次修改删去的内容,楷体部分为说明文字)	1997年以来历次修改后的刑法条文 (黑体部分为历次修改增加或修改的内容,楷体部分为说明文字)
〔刑法修正案(九)增加本条规定。〕	第一百二十条之二 有下列情形之一的,处五年以下有期徒刑、拘役、管制或者剥夺政治权利,并处罚金;情节严重的,处五年以上有期徒刑,并处罚金或者没收财产: (一)为实施恐怖活动准备凶器、危险物品或者其他工具的; (二)组织恐怖活动培训或者积极参加恐怖活动培训的; (三)为实施恐怖活动与境外恐怖活动组织或者人员联络的; (四)为实施恐怖活动进行策划或者其他准备的。 有前款行为,同时构成其他犯罪的,依照处罚较重的规定定罪处罚。 〔根据2015年8月29日通过的刑法修正案(九)增加,自2015年11月1日起施行。〕

1997年刑法条文 (阴影部分为历次修改删去的内容,楷体部分为说明文字)	1997年以来历次修改后的刑法条文 (黑体部分为历次修改增加或修改的内容,楷体部分为说明文字)
〔刑法修正案(九)增加本条规定。〕	**第一百二十条之三　以制作、散发宣扬恐怖主义、极端主义的图书、音频视频资料或者其他物品,或者通过讲授、发布信息等方式宣扬恐怖主义、极端主义的,或者煽动实施恐怖活动的,处五年以下有期徒刑、拘役、管制或者剥夺政治权利,并处罚金;情节严重的,处五年以上有期徒刑,并处罚金或者没收财产。** 〔根据2015年8月29日通过的刑法修正案(九)增加,自2015年11月1日起施行。〕
〔刑法修正案(九)增加本条规定。〕	**第一百二十条之四　利用极端主义煽动、胁迫群众破坏国家法律确立的婚姻、司法、教育、社会管理等制度实施的,处三年以下有期徒刑、拘役或者管制,并处罚金;情节严重的,处三年以上七年以下有期徒刑,并处罚金;情节特别严重的,处七年以上有期徒刑,并处罚金或者没收财产。** 〔根据2015年8月29日通过的刑法修正案(九)增加,自2015年11月1日起施行。〕

1997年刑法条文 (阴影部分为历次修改删去的内容，楷体部分为说明文字)	1997年以来历次修改后的刑法条文 (黑体部分为历次修改增加或修改的内容，楷体部分为说明文字)
〔刑法修正案(九)增加本条规定。〕	**第一百二十条之五　以暴力、胁迫等方式强制他人在公共场所穿着、佩戴宣扬恐怖主义、极端主义服饰、标志的,处三年以下有期徒刑、拘役或者管制,并处罚金。** 〔根据2015年8月29日通过的刑法修正案(九)增加,自2015年11月1日起施行。〕
〔刑法修正案(九)增加本条规定。〕	**第一百二十条之六　明知是宣扬恐怖主义、极端主义的图书、音频视频资料或者其他物品而非法持有,情节严重的,处三年以下有期徒刑、拘役或者管制,并处或者单处罚金。** 〔根据2015年8月29日通过的刑法修正案(九)增加,自2015年11月1日起施行。〕
第一百二十一条　以暴力、胁迫或者其他方法劫持航空器的,处十年以上有期徒刑或者无期徒刑;致人重伤、死亡或者使航空器遭受严重破坏的,处死刑。	第一百二十一条　以暴力、胁迫或者其他方法劫持航空器的,处十年以上有期徒刑或者无期徒刑;致人重伤、死亡或者使航空器遭受严重破坏的,处死刑。

——刑法历次修改条文对照表（含十一个刑法修正案）——

1997年刑法条文 (阴影部分为历次修改删去的内容，楷体部分为说明文字)	1997年以来历次 修改后的刑法条文 (黑体部分为历次修改增加或修改的内容，楷体部分为说明文字)
第一百二十二条 以暴力、胁迫或者其他方法劫持船只、汽车的，处五年以上十年以下有期徒刑；造成严重后果的，处十年以上有期徒刑或者无期徒刑。	第一百二十二条 以暴力、胁迫或者其他方法劫持船只、汽车的，处五年以上十年以下有期徒刑；造成严重后果的，处十年以上有期徒刑或者无期徒刑。
第一百二十三条 对飞行中的航空器上的人员使用暴力，危及飞行安全，尚未造成严重后果的，处五年以下有期徒刑或者拘役；造成严重后果的，处五年以上有期徒刑。	第一百二十三条 对飞行中的航空器上的人员使用暴力，危及飞行安全，尚未造成严重后果的，处五年以下有期徒刑或者拘役；造成严重后果的，处五年以上有期徒刑。
第一百二十四条 破坏广播电视设施、公用电信设施，危害公共安全的，处三年以上七年以下有期徒刑；造成严重后果的，处七年以上有期徒刑。 过失犯前款罪的，处三年以上七年以下有期徒刑；情节较轻的，处三年以下有期徒刑或者拘役。	第一百二十四条 破坏广播电视设施、公用电信设施，危害公共安全的，处三年以上七年以下有期徒刑；造成严重后果的，处七年以上有期徒刑。 过失犯前款罪的，处三年以上七年以下有期徒刑；情节较轻的，处三年以下有期徒刑或者拘役。

1997年刑法条文 (阴影部分为历次修改删去的内容,楷体部分为说明文字)	1997年以来历次 修改后的刑法条文 (黑体部分为历次修改增加或修改的内容,楷体部分为说明文字)
第一百二十五条　非法制造、买卖、运输、邮寄、储存枪支、弹药、爆炸物的,处三年以上十年以下有期徒刑;情节严重的,处十年以上有期徒刑、无期徒刑或者死刑。 　　非法买卖、运输核材料的,依照前款的规定处罚。 　　单位犯前两款罪的,对单位判处罚金,并对其直接负责的主管人员和其他直接责任人员,依照第一款的规定处罚。	第一百二十五条　非法制造、买卖、运输、邮寄、储存枪支、弹药、爆炸物的,处三年以上十年以下有期徒刑;情节严重的,处十年以上有期徒刑、无期徒刑或者死刑。 　　非法**制造**、买卖、运输、**储存毒害性、放射性、传染病病原体等物质,危害公共安全**的,依照前款的规定处罚。 　　单位犯前两款罪的,对单位判处罚金,并对其直接负责的主管人员和其他直接责任人员,依照第一款的规定处罚。 　　〔根据2001年12月29日通过的刑法修正案(三)修改,修改的内容自2001年12月29日起施行。〕

1997年刑法条文 (阴影部分为历次修改删去的内容,楷体部分为说明文字)	1997年以来历次修改后的刑法条文 (黑体部分为历次修改增加或修改的内容,楷体部分为说明文字)
第一百二十六条 依法被指定、确定的枪支制造企业、销售企业,违反枪支管理规定,有下列行为之一的,对单位判处罚金,并对其直接负责的主管人员和其他直接责任人员,处五年以下有期徒刑;情节严重的,处五年以上十年以下有期徒刑;情节特别严重的,处十年以上有期徒刑或者无期徒刑: (一)以非法销售为目的,超过限额或者不按照规定的品种制造、配售枪支的; (二)以非法销售为目的,制造无号、重号、假号的枪支的; (三)非法销售枪支或者在境内销售为出口制造的枪支的。	第一百二十六条 依法被指定、确定的枪支制造企业、销售企业,违反枪支管理规定,有下列行为之一的,对单位判处罚金,并对其直接负责的主管人员和其他直接责任人员,处五年以下有期徒刑;情节严重的,处五年以上十年以下有期徒刑;情节特别严重的,处十年以上有期徒刑或者无期徒刑: (一)以非法销售为目的,超过限额或者不按照规定的品种制造、配售枪支的; (二)以非法销售为目的,制造无号、重号、假号的枪支的; (三)非法销售枪支或者在境内销售为出口制造的枪支的。

1997年刑法条文 (阴影部分为历次修改删去的内容,楷体部分为说明文字)	1997年以来历次修改后的刑法条文 (黑体部分为历次修改增加或修改的内容,楷体部分为说明文字)
第一百二十七条 盗窃、抢夺枪支、弹药、爆炸物的,处三年以上十年以下有期徒刑;情节严重的,处十年以上有期徒刑、无期徒刑或者死刑。 抢劫枪支、弹药、爆炸物或者盗窃、抢夺国家机关、军警人员、民兵的枪支、弹药、爆炸物的,处十年以上有期徒刑、无期徒刑或者死刑。	第一百二十七条 盗窃、抢夺枪支、弹药、爆炸物的,**或者盗窃、抢夺毒害性、放射性、传染病病原体等物质,危害公共安全的,**处三年以上十年以下有期徒刑;情节严重的,处十年以上有期徒刑、无期徒刑或者死刑。 抢劫枪支、弹药、爆炸物的,**或者抢劫毒害性、放射性、传染病病原体等物质,危害公共安全的,**或者盗窃、抢夺国家机关、军警人员、民兵的枪支、弹药、爆炸物的,处十年以上有期徒刑、无期徒刑或者死刑。 〔根据2001年12月29日通过的刑法修正案(三)修改,修改的内容自2001年12月29日起施行。〕

——刑法历次修改条文对照表（含十一个刑法修正案）——

1997年刑法条文 (阴影部分为历次修改删去的内容，楷体部分为说明文字)	1997年以来历次修改后的刑法条文 (黑体部分为历次修改增加或修改的内容，楷体部分为说明文字)
第一百二十八条 违反枪支管理规定，非法持有、私藏枪支、弹药的，处三年以下有期徒刑、拘役或者管制；情节严重的，处三年以上七年以下有期徒刑。 依法配备公务用枪的人员，非法出租、出借枪支的，依照前款的规定处罚。 依法配置枪支的人员，非法出租、出借枪支，造成严重后果的，依照第一款的规定处罚。 单位犯第二款、第三款罪的，对单位判处罚金，并对其直接负责的主管人员和其他直接责任人员，依照第一款的规定处罚。	第一百二十八条 违反枪支管理规定，非法持有、私藏枪支、弹药的，处三年以下有期徒刑、拘役或者管制；情节严重的，处三年以上七年以下有期徒刑。 依法配备公务用枪的人员，非法出租、出借枪支的，依照前款的规定处罚。 依法配置枪支的人员，非法出租、出借枪支，造成严重后果的，依照第一款的规定处罚。 单位犯第二款、第三款罪的，对单位判处罚金，并对其直接负责的主管人员和其他直接责任人员，依照第一款的规定处罚。
第一百二十九条 依法配备公务用枪的人员，丢失枪支不及时报告，造成严重后果的，处三年以下有期徒刑或者拘役。	第一百二十九条 依法配备公务用枪的人员，丢失枪支不及时报告，造成严重后果的，处三年以下有期徒刑或者拘役。

1997年刑法条文 (阴影部分为历次修改删去的内容,楷体部分为说明文字)	1997年以来历次修改后的刑法条文 (黑体部分为历次修改增加或修改的内容,楷体部分为说明文字)
第一百三十条 非法携带枪支、弹药、管制刀具或者爆炸性、易燃性、放射性、毒害性、腐蚀性物品,进入公共场所或者公共交通工具,危及公共安全,情节严重的,处三年以下有期徒刑、拘役或者管制。	第一百三十条 非法携带枪支、弹药、管制刀具或者爆炸性、易燃性、放射性、毒害性、腐蚀性物品,进入公共场所或者公共交通工具,危及公共安全,情节严重的,处三年以下有期徒刑、拘役或者管制。
第一百三十一条 航空人员违反规章制度,致使发生重大飞行事故,造成严重后果的,处三年以下有期徒刑或者拘役;造成飞机坠毁或者人员死亡的,处三年以上七年以下有期徒刑。	第一百三十一条 航空人员违反规章制度,致使发生重大飞行事故,造成严重后果的,处三年以下有期徒刑或者拘役;造成飞机坠毁或者人员死亡的,处三年以上七年以下有期徒刑。
第一百三十二条 铁路职工违反规章制度,致使发生铁路运营安全事故,造成严重后果的,处三年以下有期徒刑或者拘役;造成特别严重后果的,处三年以上七年以下有期徒刑。	第一百三十二条 铁路职工违反规章制度,致使发生铁路运营安全事故,造成严重后果的,处三年以下有期徒刑或者拘役;造成特别严重后果的,处三年以上七年以下有期徒刑。

——刑法历次修改条文对照表（含十一个刑法修正案）——

1997年刑法条文 (阴影部分为历次修改删去的内容,楷体部分为说明文字)	1997年以来历次 修改后的刑法条文 (黑体部分为历次修改增加或修改的内容,楷体部分为说明文字)
第一百三十三条　违反交通运输管理法规,因而发生重大事故,致人重伤、死亡或者使公私财产遭受重大损失的,处三年以下有期徒刑或者拘役;交通运输肇事后逃逸或者有其他特别恶劣情节的,处三年以上七年以下有期徒刑;因逃逸致人死亡的,处七年以上有期徒刑。	第一百三十三条　违反交通运输管理法规,因而发生重大事故,致人重伤、死亡或者使公私财产遭受重大损失的,处三年以下有期徒刑或者拘役;交通运输肇事后逃逸或者有其他特别恶劣情节的,处三年以上七年以下有期徒刑;因逃逸致人死亡的,处七年以上有期徒刑。

1997年刑法条文 (阴影部分为历次修改删去的内容，楷体部分为说明文字)	1997年以来历次修改后的刑法条文 (黑体部分为历次修改增加或修改的内容，楷体部分为说明文字)
〔刑法修正案(八)增加本条规定，刑法修正案(九)作了修改。〕	第一百三十三条之一 在道路上驾驶机动车，有下列情形之一的，处拘役，并处罚金： (一)追逐竞驶，情节恶劣的； (二)醉酒驾驶机动车的； (三)从事校车业务或者旅客运输，严重超过额定乘员载客，或者严重超过规定时速行驶的； (四)违反危险化学品安全管理规定运输危险化学品，危及公共安全的。 机动车所有人、管理人对前款第三项、第四项行为负有直接责任的，依照前款的规定处罚。 有前两款行为，同时构成其他犯罪的，依照处罚较重的规定定罪处罚。 〔根据2015年8月29日通过的刑法修正案(九)修改，修改的内容自2015年11月1日起施行。〕

1997年刑法条文 (阴影部分为历次修改删去的内容,楷体部分为说明文字)	1997年以来历次 修改后的刑法条文 (黑体部分为历次修改增加或修改的内容,楷体部分为说明文字)
	刑法修正案(八)增加的第一百三十三条之一 在道路上驾驶机动车追逐竞驶,情节恶劣的,或者在道路上醉酒驾驶机动车的,处拘役,并处罚金。 有前款行为,同时构成其他犯罪的,依照处罚较重的规定定罪处罚。 〔根据2011年2月25日通过的刑法修正案(八)增加,自2011年5月1日起施行。〕

1997年刑法条文 (阴影部分为历次修改删去的内容,楷体部分为说明文字)	1997年以来历次 修改后的刑法条文 (黑体部分为历次修改增加或修改的内容,楷体部分为说明文字)
〔刑法修正案(十一)增加本条规定。〕	第一百三十三条之二 对行驶中的公共交通工具的驾驶人员使用暴力或者抢控驾驶操纵装置,干扰公共交通工具正常行驶,危及公共安全的,处一年以下有期徒刑、拘役或者管制,并处或者单处罚金。 前款规定的驾驶人员在行驶的公共交通工具上擅离职守,与他人互殴或者殴打他人,危及公共安全的,依照前款的规定处罚。 有前两款行为,同时构成其他犯罪的,依照处罚较重的规定定罪处罚。 〔根据2020年12月26日通过的刑法修正案(十一)增加,自2021年3月1日起施行。〕

1997年刑法条文 (阴影部分为历次修改删去的内容，楷体部分为说明文字)	1997年以来历次修改后的刑法条文 (黑体部分为历次修改增加或修改的内容，楷体部分为说明文字)
第一百三十四条 工厂、矿山、林场、建筑企业或者其他企业、事业单位的职工，由于不服管理、违反规章制度，或者强令工人违章冒险作业，因而发生重大伤亡事故或者造成其他严重后果的，处三年以下有期徒刑或者拘役；情节特别恶劣的，处三年以上七年以下有期徒刑。 〔本条经刑法修正案（六）、刑法修正案（十一）两次修改。〕	第一百三十四条 在生产、作业中违反有关安全管理的规定，因而发生重大伤亡事故或者造成其他严重后果的，处三年以下有期徒刑或者拘役；情节特别恶劣的，处三年以上七年以下有期徒刑。 强令**他人**违章冒险作业，**或者明知存在重大事故隐患而不排除，仍冒险组织作业**，因而发生重大伤亡事故或者造成其他严重后果的，**处五年以下有期徒刑或者拘役；情节特别恶劣的，处五年以上有期徒刑。** 〔根据2020年12月26日通过的刑法修正案（十一）第二次修改，修改的内容自2021年3月1日起施行。〕

1997年刑法条文 (阴影部分为历次修改删去的内容,楷体部分为说明文字)	1997年以来历次 修改后的刑法条文 (黑体部分为历次修改增加或修改的内容,楷体部分为说明文字)
	刑法修正案(六)修改后的第一百三十四条 在生产、作业中违反有关安全管理的规定,因而发生重大伤亡事故或者造成其他严重后果的,处三年以下有期徒刑或者拘役;情节特别恶劣的,处三年以上七年以下有期徒刑。 　　强令他人违章冒险作业,因而发生重大伤亡事故或者造成其他严重后果的,处五年以下有期徒刑或者拘役;情节特别恶劣的,处五年以上有期徒刑。 　　〔根据2006年6月29日通过的刑法修正案(六)第一次修改,修改的内容自2006年6月29日起施行。〕

1997年刑法条文 (阴影部分为历次修改删去的内容，楷体部分为说明文字)	1997年以来历次修改后的刑法条文 (黑体部分为历次修改增加或修改的内容，楷体部分为说明文字)
〔刑法修正案（十一）增加本条规定。〕	第一百三十四条之一　在生产、作业中违反有关安全管理的规定，有下列情形之一，具有发生重大伤亡事故或者其他严重后果的现实危险的，处一年以下有期徒刑、拘役或者管制： （一）关闭、破坏直接关系生产安全的监控、报警、防护、救生设备、设施，或者篡改、隐瞒、销毁其相关数据、信息的； （二）因存在重大事故隐患被依法责令停产停业、停止施工、停止使用有关设备、设施、场所或者立即采取排除危险的整改措施，而拒不执行的； （三）涉及安全生产的事项未经依法批准或者许可，擅自从事矿山开采、金属冶炼、建筑施工，以及危险物品生产、经营、储存等高度危险的生产作业活动的。 〔根据2020年12月26日通过的刑法修正案（十一）增加，自2021年3月1日起施行。〕

1997年刑法条文 (阴影部分为历次修改删去的内容，楷体部分为说明文字)	1997年以来历次修改后的刑法条文 (黑体部分为历次修改增加或修改的内容，楷体部分为说明文字)
第一百三十五条　工厂、矿山、林场、建筑企业或者其他企业、事业单位的劳动安全设施不符合国家规定，经有关部门或者单位职工提出后，对事故隐患仍不采取措施，因而发生重大伤亡事故或者造成其他严重后果的，对直接责任人员，处三年以下有期徒刑或者拘役；情节特别恶劣的，处三年以上七年以下有期徒刑。	第一百三十五条　**安全生产设施或者安全生产条件**不符合国家规定，因而发生重大伤亡事故或者造成其他严重后果的，对**直接负责的主管人员和其他直接责任人员**，处三年以下有期徒刑或者拘役；情节特别恶劣的，处三年以上七年以下有期徒刑。 〔根据2006年6月29日通过的刑法修正案（六）修改，修改的内容自2006年6月29日起施行。〕
〔刑法修正案（六）增加本条规定。〕	第一百三十五条之一　**举办大型群众性活动违反安全管理规定，因而发生重大伤亡事故或者造成其他严重后果的，对直接负责的主管人员和其他直接责任人员，处三年以下有期徒刑或者拘役；情节特别恶劣的，处三年以上七年以下有期徒刑。** 〔根据2006年6月29日通过的刑法修正案（六）增加，自2006年6月29日起施行。〕

——刑法历次修改条文对照表（含十一个刑法修正案）——

1997年刑法条文 (阴影部分为历次修改删去的内容，楷体部分为说明文字)	1997年以来历次修改后的刑法条文 (黑体部分为历次修改增加或修改的内容，楷体部分为说明文字)
第一百三十六条 违反爆炸性、易燃性、放射性、毒害性、腐蚀性物品的管理规定，在生产、储存、运输、使用中发生重大事故，造成严重后果的，处三年以下有期徒刑或者拘役；后果特别严重的，处三年以上七年以下有期徒刑。	第一百三十六条 违反爆炸性、易燃性、放射性、毒害性、腐蚀性物品的管理规定，在生产、储存、运输、使用中发生重大事故，造成严重后果的，处三年以下有期徒刑或者拘役；后果特别严重的，处三年以上七年以下有期徒刑。
第一百三十七条 建设单位、设计单位、施工单位、工程监理单位违反国家规定，降低工程质量标准，造成重大安全事故的，对直接责任人员，处五年以下有期徒刑或者拘役，并处罚金；后果特别严重的，处五年以上十年以下有期徒刑，并处罚金。	第一百三十七条 建设单位、设计单位、施工单位、工程监理单位违反国家规定，降低工程质量标准，造成重大安全事故的，对直接责任人员，处五年以下有期徒刑或者拘役，并处罚金；后果特别严重的，处五年以上十年以下有期徒刑，并处罚金。
第一百三十八条 明知校舍或者教育教学设施有危险，而不采取措施或者不及时报告，致使发生重大伤亡事故的，对直接责任人员，处三年以下有期徒刑或者拘役；后果特别严重的，处三年以上七年以下有期徒刑。	第一百三十八条 明知校舍或者教育教学设施有危险，而不采取措施或者不及时报告，致使发生重大伤亡事故的，对直接责任人员，处三年以下有期徒刑或者拘役；后果特别严重的，处三年以上七年以下有期徒刑。

1997年刑法条文 (阴影部分为历次修改删去的内容,楷体部分为说明文字)	1997年以来历次修改后的刑法条文 (黑体部分为历次修改增加或修改的内容,楷体部分为说明文字)
第一百三十九条 违反消防管理法规,经消防监督机构通知采取改正措施而拒绝执行,造成严重后果的,对直接责任人员,处三年以下有期徒刑或者拘役;后果特别严重的,处三年以上七年以下有期徒刑。	第一百三十九条 违反消防管理法规,经消防监督机构通知采取改正措施而拒绝执行,造成严重后果的,对直接责任人员,处三年以下有期徒刑或者拘役;后果特别严重的,处三年以上七年以下有期徒刑。
〔刑法修正案(六)增加本条规定。〕	**第一百三十九条之一 在安全事故发生后,负有报告职责的人员不报或者谎报事故情况,贻误事故抢救,情节严重的,处三年以下有期徒刑或者拘役;情节特别严重的,处三年以上七年以下有期徒刑。** 〔根据2006年6月29日通过的刑法修正案(六)增加,自2006年6月29日起施行。〕

· 83 ·

1997年刑法条文 (阴影部分为历次修改删去的内容,楷体部分为说明文字)	1997年以来历次修改后的刑法条文 (黑体部分为历次修改增加或修改的内容,楷体部分为说明文字)
第三章 破坏社会主义市场经济秩序罪 第一节 生产、销售伪劣商品罪	**第三章 破坏社会主义市场经济秩序罪** 第一节 生产、销售伪劣商品罪
第一百四十条 生产者、销售者在产品中掺杂、掺假,以假充真,以次充好或者以不合格产品冒充合格产品,销售金额五万元以上不满二十万元的,处二年以下有期徒刑或者拘役,并处或者单处销售金额百分之五十以上二倍以下罚金;销售金额二十万元以上不满五十万元的,处二年以上七年以下有期徒刑,并处销售金额百分之五十以上二倍以下罚金;销售金额五十万元以上不满二百万元的,处七年以上有期徒刑,并处销售金额百分之五十以上二倍以下罚金;销售金额二百万元以上的,处十五年有期徒刑或者无期徒刑,并处销售金额百分之五十以上二倍以下罚金或者没收财产。	**第一百四十条** 生产者、销售者在产品中掺杂、掺假,以假充真,以次充好或者以不合格产品冒充合格产品,销售金额五万元以上不满二十万元的,处二年以下有期徒刑或者拘役,并处或者单处销售金额百分之五十以上二倍以下罚金;销售金额二十万元以上不满五十万元的,处二年以上七年以下有期徒刑,并处销售金额百分之五十以上二倍以下罚金;销售金额五十万元以上不满二百万元的,处七年以上有期徒刑,并处销售金额百分之五十以上二倍以下罚金;销售金额二百万元以上的,处十五年有期徒刑或者无期徒刑,并处销售金额百分之五十以上二倍以下罚金或者没收财产。

1997年刑法条文 (阴影部分为历次修改删去的内容，楷体部分为说明文字)	1997年以来历次修改后的刑法条文 (黑体部分为历次修改增加或修改的内容，楷体部分为说明文字)
第一百四十一条　生产、销售假药，足以严重危害人体健康的，处三年以下有期徒刑或者拘役，并处或者单处销售金额百分之五十以上二倍以下罚金；对人体健康造成严重危害的，处三年以上十年以下有期徒刑，并处销售金额百分之五十以上二倍以下罚金；致人死亡或者对人体健康造成特别严重危害的，处十年以上有期徒刑、无期徒刑或者死刑，并处销售金额百分之五十以上二倍以下罚金或者没收财产。 本条所称假药，是指依照《中华人民共和国药品管理法》的规定属于假药和按假药处理的药品、非药品。 〔本条经刑法修正案（八）、刑法修正案（十一）两次修改。〕	第一百四十一条　生产、销售假药的，处三年以下有期徒刑或者拘役，并处罚金；对人体健康造成严重危害**或者有其他严重情节**的，处三年以上十年以下有期徒刑，并处罚金；致人死亡或者**有其他特别严重情节**的，处十年以上有期徒刑、无期徒刑或者死刑，并处罚金或者没收财产。 **药品使用单位的人员明知是假药而提供给他人使用的，依照前款的规定处罚。** 〔根据2020年12月26日通过的刑法修正案（十一）第二次修改，修改的内容自2021年3月1日起施行。〕

1997年刑法条文 （阴影部分为历次修改删去的内容，楷体部分为说明文字）	1997年以来历次 修改后的刑法条文 （黑体部分为历次修改增加或修改的内容，楷体部分为说明文字）
	刑法修正案（八）修改后的第一百四十一条 生产、销售假药的，处三年以下有期徒刑或者拘役，并处罚金；对人体健康造成严重危害或者有其他严重情节的，处三年以上十年以下有期徒刑，并处罚金；致人死亡或者有其他特别严重情节的，处十年以上有期徒刑、无期徒刑或者死刑，并处罚金或者没收财产。 本条所称假药，是指依照《中华人民共和国药品管理法》的规定属于假药和按假药处理的药品、非药品。 〔根据2011年2月25日通过的刑法修正案（八）第一次修改，修改的内容自2011年5月1日起施行。〕

1997年刑法条文 (阴影部分为历次修改删去的内容，楷体部分为说明文字)	1997年以来历次修改后的刑法条文 (黑体部分为历次修改增加或修改的内容，楷体部分为说明文字)
第一百四十二条　生产、销售劣药，对人体健康造成严重危害的，处三年以上十年以下有期徒刑，并处销售金额百分之五十以上二倍以下罚金；后果特别严重的，处十年以上有期徒刑或者无期徒刑，并处销售金额百分之五十以上二倍以下罚金或者没收财产。 本条所称劣药，是指依照《中华人民共和国药品管理法》的规定属于劣药的药品。	第一百四十二条　生产、销售劣药，对人体健康造成严重危害的，处三年以上十年以下有期徒刑，并处罚金；后果特别严重的，处十年以上有期徒刑或者无期徒刑，并处罚金或者没收财产。 **药品使用单位的人员明知是劣药而提供给他人使用的，依照前款的规定处罚。** 〔根据2020年12月26日通过的刑法修正案(十一)修改，修改的内容自2021年3月1日起施行。〕

1997 年刑法条文 (阴影部分为历次修改删去的内容,楷体部分为说明文字)	1997 年以来历次 修改后的刑法条文 (黑体部分为历次修改增加或修改的内容,楷体部分为说明文字)
〔刑法修正案(十一)增加本条规定。〕	**第一百四十二条之一 违反药品管理法规,有下列情形之一,足以严重危害人体健康的,处三年以下有期徒刑或者拘役,并处或者单处罚金;对人体健康造成严重危害或者有其他严重情节的,处三年以上七年以下有期徒刑,并处罚金:** **(一)生产、销售国务院药品监督管理部门禁止使用的药品的;** **(二)未取得药品相关批准证明文件生产、进口药品或者明知是上述药品而销售的;** **(三)药品申请注册中提供虚假的证明、数据、资料、样品或者采取其他欺骗手段的;** **(四)编造生产、检验记录的。** **有前款行为,同时又构成本法第一百四十一条、第一百四十二条规定之罪或者其他犯罪的,依照处罚较重的规定定罪处罚。** 〔根据 2020 年 12 月 26 日通过的刑法修正案(十一)增加,自 2021 年 3 月 1 日起施行。〕

1997年刑法条文 (阴影部分为历次修改删去的内容,楷体部分为说明文字)	1997年以来历次修改后的刑法条文 (黑体部分为历次修改增加或修改的内容,楷体部分为说明文字)
第一百四十三条 生产、销售不符合卫生标准的食品,足以造成严重食物中毒事故或者其他严重食源性疾患的,处三年以下有期徒刑或者拘役,并处或者单处销售金额百分之五十以上二倍以下罚金;对人体健康造成严重危害的,处三年以上七年以下有期徒刑,并处销售金额百分之五十以上二倍以下罚金;后果特别严重的,处七年以上有期徒刑或者无期徒刑,并处销售金额百分之五十以上二倍以下罚金或者没收财产。	第一百四十三条 生产、销售不符合**食品安全**标准的食品,足以造成严重食物中毒事故或者其他严重食源性**疾病**的,处三年以下有期徒刑或者拘役,并处罚金;对人体健康造成严重危害**或者有其他严重情节**的,处三年以上七年以下有期徒刑,并处罚金;后果特别严重的,处七年以上有期徒刑或者无期徒刑,并处罚金或者没收财产。 〔根据2011年2月25日通过的刑法修正案(八)修改,修改的内容自2011年5月1日起施行。〕

1997年刑法条文 (阴影部分为历次修改删去的内容,楷体部分为说明文字)	1997年以来历次修改后的刑法条文 (黑体部分为历次修改增加或修改的内容,楷体部分为说明文字)
第一百四十四条　在生产、销售的食品中掺入有毒、有害的非食品原料的,或者销售明知掺有有毒、有害的非食品原料的食品的,处五年以下有期徒刑或者拘役,并处或者单处销售金额百分之五十以上二倍以下罚金;造成严重食物中毒事故或者其他严重食源性疾患,对人体健康造成严重危害的,处五年以上十年以下有期徒刑,并处销售金额百分之五十以上二倍以下罚金;致人死亡或者对人体健康造成特别严重危害的,依照本法第一百四十一条的规定处罚。	第一百四十四条　在生产、销售的食品中掺入有毒、有害的非食品原料的,或者销售明知掺有有毒、有害的非食品原料的食品的,处五年以下有期徒刑,并处罚金;对人体健康造成严重危害**或者有其他严重情节**的,处五年以上十年以下有期徒刑,并处罚金;致人死亡或者**有其他特别严重情节**的,依照本法第一百四十一条的规定处罚。 〔根据2011年2月25日通过的刑法修正案(八)修改,修改的内容自2011年5月1日起施行。〕

1997年刑法条文 (阴影部分为历次修改删去的内容,楷体部分为说明文字)	1997年以来历次修改后的刑法条文 (黑体部分为历次修改增加或修改的内容,楷体部分为说明文字)
第一百四十五条 生产不符合保障人体健康的国家标准、行业标准的医疗器械、医用卫生材料,或者销售明知是不符合保障人体健康的国家标准、行业标准的医疗器械、医用卫生材料,对人体健康造成严重危害的,处五年以下有期徒刑,并处销售金额百分之五十以上二倍以下罚金;后果特别严重的,处五年以上十年以下有期徒刑,并处销售金额百分之五十以上二倍以下罚金,其中情节特别恶劣的,处十年以上有期徒刑或者无期徒刑,并处销售金额百分之五十以上二倍以下罚金或者没收财产。	第一百四十五条 生产不符合保障人体健康的国家标准、行业标准的医疗器械、医用卫生材料,或者销售明知是不符合保障人体健康的国家标准、行业标准的医疗器械、医用卫生材料,**足以严重危害**人体健康的,处三年以下有期徒刑或者拘役,并处销售金额百分之五十以上二倍以下罚金;**对人体健康造成严重危害**的,处三年以上十年以下有期徒刑,并处销售金额百分之五十以上二倍以下罚金;**后果特别严重**的,处十年以上有期徒刑或者无期徒刑,并处销售金额百分之五十以上二倍以下罚金或者没收财产。 〔根据2002年12月28日通过的刑法修正案(四)修改,修改的内容自2002年12月28日起施行。〕

——刑法历次修改条文对照表（含十一个刑法修正案）——

1997年刑法条文 (阴影部分为历次修改删去的内容，楷体部分为说明文字)	1997年以来历次 修改后的刑法条文 (黑体部分为历次修改增加或修改的内容，楷体部分为说明文字)
第一百四十六条 生产不符合保障人身、财产安全的国家标准、行业标准的电器、压力容器、易燃易爆产品或者其他不符合保障人身、财产安全的国家标准、行业标准的产品，或者销售明知是以上不符合保障人身、财产安全的国家标准、行业标准的产品，造成严重后果的，处五年以下有期徒刑，并处销售金额百分之五十以上二倍以下罚金；后果特别严重的，处五年以上有期徒刑，并处销售金额百分之五十以上二倍以下罚金。	第一百四十六条 生产不符合保障人身、财产安全的国家标准、行业标准的电器、压力容器、易燃易爆产品或者其他不符合保障人身、财产安全的国家标准、行业标准的产品，或者销售明知是以上不符合保障人身、财产安全的国家标准、行业标准的产品，造成严重后果的，处五年以下有期徒刑，并处销售金额百分之五十以上二倍以下罚金；后果特别严重的，处五年以上有期徒刑，并处销售金额百分之五十以上二倍以下罚金。

· 92 ·

1997年刑法条文 (阴影部分为历次修改删去的内容，楷体部分为说明文字)	1997年以来历次修改后的刑法条文 (黑体部分为历次修改增加或修改的内容，楷体部分为说明文字)
第一百四十七条 生产假农药、假兽药、假化肥，销售明知是假的或者失去使用效能的农药、兽药、化肥、种子，或者生产者、销售者以不合格的农药、兽药、化肥、种子冒充合格的农药、兽药、化肥、种子，使生产遭受较大损失的，处三年以下有期徒刑或者拘役，并处或者单处销售金额百分之五十以上二倍以下罚金；使生产遭受重大损失的，处三年以上七年以下有期徒刑，并处销售金额百分之五十以上二倍以下罚金；使生产遭受特别重大损失的，处七年以上有期徒刑或者无期徒刑，并处销售金额百分之五十以上二倍以下罚金或者没收财产。	第一百四十七条 生产假农药、假兽药、假化肥，销售明知是假的或者失去使用效能的农药、兽药、化肥、种子，或者生产者、销售者以不合格的农药、兽药、化肥、种子冒充合格的农药、兽药、化肥、种子，使生产遭受较大损失的，处三年以下有期徒刑或者拘役，并处或者单处销售金额百分之五十以上二倍以下罚金；使生产遭受重大损失的，处三年以上七年以下有期徒刑，并处销售金额百分之五十以上二倍以下罚金；使生产遭受特别重大损失的，处七年以上有期徒刑或者无期徒刑，并处销售金额百分之五十以上二倍以下罚金或者没收财产。
第一百四十八条 生产不符合卫生标准的化妆品，或者销售明知是不符合卫生标准的化妆品，造成严重后果的，处三年以下有期徒刑或者拘役，并处或者单处销售金额百分之五十以上二倍以下罚金。	第一百四十八条 生产不符合卫生标准的化妆品，或者销售明知是不符合卫生标准的化妆品，造成严重后果的，处三年以下有期徒刑或者拘役，并处或者单处销售金额百分之五十以上二倍以下罚金。

1997年刑法条文 (阴影部分为历次修改删去的内容，楷体部分为说明文字)	1997年以来历次修改后的刑法条文 (黑体部分为历次修改增加或修改的内容，楷体部分为说明文字)
第一百四十九条　生产、销售本节第一百四十一条至第一百四十八条所列产品，不构成各该条规定的犯罪，但是销售金额在五万元以上的，依照本节第一百四十条的规定定罪处罚。 　　生产、销售本节第一百四十一条至第一百四十八条所列产品，构成各该条规定的犯罪，同时又构成本节第一百四十条规定之罪的，依照处罚较重的规定定罪处罚。	第一百四十九条　生产、销售本节第一百四十一条至第一百四十八条所列产品，不构成各该条规定的犯罪，但是销售金额在五万元以上的，依照本节第一百四十条的规定定罪处罚。 　　生产、销售本节第一百四十一条至第一百四十八条所列产品，构成各该条规定的犯罪，同时又构成本节第一百四十条规定之罪的，依照处罚较重的规定定罪处罚。
第一百五十条　单位犯本节第一百四十条至第一百四十八条规定之罪的，对单位判处罚金，并对其直接负责的主管人员和其他直接责任人员，依照各该条的规定处罚。	第一百五十条　单位犯本节第一百四十条至第一百四十八条规定之罪的，对单位判处罚金，并对其直接负责的主管人员和其他直接责任人员，依照各该条的规定处罚。

1997年刑法条文 (阴影部分为历次修改删去的内容,楷体部分为说明文字)	1997年以来历次修改后的刑法条文 (黑体部分为历次修改增加或修改的内容,楷体部分为说明文字)
第二节　走私罪	第二节　走私罪
第一百五十一条　走私武器、弹药、核材料或者伪造的货币的,处七年以上有期徒刑,并处罚金或者没收财产;情节较轻的,处三年以上七年以下有期徒刑,并处罚金。 走私国家禁止出口的文物、黄金、白银和其他贵重金属或者国家禁止进出口的珍贵动物及其制品的,处五年以上有期徒刑,并处罚金;情节较轻的,处五年以下有期徒刑,并处罚金。 走私国家禁止进出口的珍稀植物及其制品的,处五年以下有期徒刑,并处或者单处罚金;情节严重的,处五年以上有期徒刑,并处罚金。 犯第一款、第二款罪,情节特别严重的,处无期徒刑或者死刑,并处没收财产。 单位犯本条规定之罪的,对单位判处罚金,并对其直接负责的主管人员和其他直接责任人员,依照本条各款的规定处罚。 〔本条经刑法修正案(七)、刑法修正案(八)、刑法修正案(九)三次修改。〕	第一百五十一条　走私武器、弹药、核材料或者伪造的货币的,处七年以上有期徒刑,并处罚金或者没收财产;**情节特别严重的,处无期徒刑,并处没收财产**;情节较轻的,处三年以上七年以下有期徒刑,并处罚金。 走私国家禁止出口的文物、黄金、白银和其他贵重金属或者国家禁止进出口的珍贵动物及其制品的,处五年以上**十年以下有期徒刑,并处罚金;情节特别严重的,处十年以上有期徒刑或者无期徒刑,并处没收财产**;情节较轻的,处五年以下有期徒刑,并处罚金。 走私珍稀植物及其制品**等国家禁止进出口的其他货物、物品**的,处五年以下有期徒刑**或者拘役**,并处或者单处罚金;情节严重的,处五年以上有期徒刑,并处罚金。 单位犯本条规定之罪的,对单位判处罚金,并对其直接负责的主管人员和其他直接责任人员,依照本条各款的规定处罚。 〔根据2015年8月29日通过的刑法修正案(九)第三次修改,修改的内容自2015年11月1日起施行。〕

1997年刑法条文 (阴影部分为历次修改删去的内容,楷体部分为说明文字)	1997年以来历次修改后的刑法条文 (黑体部分为历次修改增加或修改的内容,楷体部分为说明文字)
	刑法修正案(八)修改后的第一百五十一条 走私武器、弹药、核材料或者伪造的货币的,处七年以上有期徒刑,并处罚金或者没收财产;情节特别严重的,处无期徒刑或者死刑,并处没收财产;情节较轻的,处三年以上七年以下有期徒刑,并处罚金。 走私国家禁止出口的文物、黄金、白银和其他贵重金属或者国家禁止进出口的珍贵动物及其制品的,处五年以上十年以下有期徒刑,并处罚金;情节特别严重的,处十年以上有期徒刑或者无期徒刑,并处没收财产;情节较轻的,处五年以下有期徒刑,并处罚金。 走私珍稀植物及其制品等国家禁止进出口的其他货物、物品的,处五年以下有期徒刑或者拘役,并处或者单处罚金;情节严重的,处五年以上有期徒刑,并处罚金。 单位犯本条规定之罪的,对单位判处罚金,并对其直接负责的主管人员和其他直接责任人员,依照本条各款的规定处罚。 〔根据2011年2月25日通过的刑法修正案(八)第二次修改,修改的内容自2011年5月1日起施行。〕

1997年刑法条文 (阴影部分为历次修改删去的内容，楷体部分为说明文字)	1997年以来历次 修改后的刑法条文 (黑体部分为历次修改增加或修改的内容，楷体部分为说明文字)
	刑法修正案(七)修改后的第一百五十一条 走私武器、弹药、核材料或者伪造的货币的，处七年以上有期徒刑，并处罚金或者没收财产；情节较轻的，处三年以上七年以下有期徒刑，并处罚金。 走私国家禁止出口的文物、黄金、白银和其他贵重金属或者国家禁止进出口的珍贵动物及其制品的，处五年以上有期徒刑，并处罚金；情节较轻的，处五年以下有期徒刑，并处罚金。 走私珍稀植物及其制品等国家禁止进出口的其他货物、物品的，处五年以下有期徒刑或者拘役，并处或者单处罚金；情节严重的，处五年以上有期徒刑，并处罚金。 犯第一款、第二款罪，情节特别严重的，处无期徒刑或者死刑，并处没收财产。 单位犯本条规定之罪的，对单位判处罚金，并对其直接负责的主管人员和其他直接责任人员，依照本条各款的规定处罚。 〔根据2009年2月28日通过的刑法修正案(七)第一次修改，修改的内容自2009年2月28日起施行。〕

1997年刑法条文 (阴影部分为历次修改删去的内容,楷体部分为说明文字)	1997年以来历次修改后的刑法条文 (黑体部分为历次修改增加或修改的内容,楷体部分为说明文字)
第一百五十二条 以牟利或者传播为目的,走私淫秽的影片、录像带、录音带、图片、书刊或者其他淫秽物品的,处三年以上十年以下有期徒刑,并处罚金;情节严重的,处十年以上有期徒刑或者无期徒刑,并处罚金或者没收财产;情节较轻的,处三年以下有期徒刑、拘役或者管制,并处罚金。 　　单位犯前款罪的,对单位判处罚金,并对其直接负责的主管人员和其他直接责任人员,依照前款的规定处罚。	第一百五十二条 以牟利或者传播为目的,走私淫秽的影片、录像带、录音带、图片、书刊或者其他淫秽物品的,处三年以上十年以下有期徒刑,并处罚金;情节严重的,处十年以上有期徒刑或者无期徒刑,并处罚金或者没收财产;情节较轻的,处三年以下有期徒刑、拘役或者管制,并处罚金。 　　**逃避海关监管将境外固体废物、液态废物和气态废物运输进境,情节严重的,处五年以下有期徒刑,并处或者单处罚金;情节特别严重的,处五年以上有期徒刑,并处罚金。** 　　单位犯前**两**款罪的,对单位判处罚金,并对其直接负责的主管人员和其他直接责任人员,依照前**两**款的规定处罚。 　　〔根据2002年12月28日通过的刑法修正案(四)修改,修改的内容自2002年12月28日起施行。〕

1997年刑法条文 (阴影部分为历次修改删去的内容，楷体部分为说明文字)	1997年以来历次修改后的刑法条文 (黑体部分为历次修改增加或修改的内容，楷体部分为说明文字)
第一百五十三条 走私本法第一百五十一条、第一百五十二条、第三百四十七条规定以外的货物、物品的，根据情节轻重，分别依照下列规定处罚： （一）走私货物、物品偷逃应缴税额在五十万元以上的，处十年以上有期徒刑或者无期徒刑，并处偷逃应缴税额一倍以上五倍以下罚金或者没收财产；情节特别严重的，依照本法第一百五十一条第四款的规定处罚。 （二）走私货物、物品偷逃应缴税额在十五万元以上不满五十万元的，处三年以上十年以下有期徒刑，并处偷逃应缴税额一倍以上五倍以下罚金；情节特别严重的，处十年以上有期徒刑或者无期徒刑，并处偷逃应缴税额一倍以上五倍以下罚金或者没收财产。 （三）走私货物、物品偷逃应缴税额在五万元以上不满十五万元的，处三年以下有期徒刑或者拘役，并处偷逃应缴税额一倍以上五倍以下罚金。	第一百五十三条 走私本法第一百五十一条、第一百五十二条、第三百四十七条规定以外的货物、物品的，根据情节轻重，分别依照下列规定处罚： （一）走私货物、物品偷逃应缴税额**较大或者一年内曾因走私被给予二次行政处罚后又走私**的，处三年以下有期徒刑或者拘役，并处偷逃应缴税额一倍以上五倍以下罚金。 （二）走私货物、物品偷逃应缴税额**巨大或者有其他严重情节**的，处三年以上十年以下有期徒刑，并处偷逃应缴税额一倍以上五倍以下罚金。 （三）走私货物、物品偷逃应缴税额**特别巨大或者有其他特别严重情节**的，处十年以上有期徒刑或者无期徒刑，并处偷逃应缴税额一倍以上五倍以下罚金或者没收财产。

1997年刑法条文 (阴影部分为历次修改删去的内容,楷体部分为说明文字)	1997年以来历次 修改后的刑法条文 (黑体部分为历次修改增加或修改的内容,楷体部分为说明文字)
单位犯前款罪的,对单位判处罚金,并对其直接负责的主管人员和其他直接责任人员,处三年以下有期徒刑或者拘役;情节严重的,处三年以上十年以下有期徒刑;情节特别严重的,处十年以上有期徒刑。 对多次走私未经处理的,按照累计走私货物、物品的偷逃应缴税额处罚。	单位犯前款罪的,对单位判处罚金,并对其直接负责的主管人员和其他直接责任人员,处三年以下有期徒刑或者拘役;情节严重的,处三年以上十年以下有期徒刑;情节特别严重的,处十年以上有期徒刑。 对多次走私未经处理的,按照累计走私货物、物品的偷逃应缴税额处罚。 〔根据2011年2月25日通过的刑法修正案(八)修改,修改的内容自2011年5月1日起施行。〕
第一百五十四条 下列走私行为,根据本节规定构成犯罪的,依照本法第一百五十三条的规定定罪处罚: (一)未经海关许可并且未补缴应缴税额,擅自将批准进口的来料加工、来件装配、补偿贸易的原材料、零件、制成品、设备等保税货物,在境内销售牟利的; (二)未经海关许可并且未补缴应缴税额,擅自将特定减税、免税进口的货物、物品,在境内销售牟利的。	第一百五十四条 下列走私行为,根据本节规定构成犯罪的,依照本法第一百五十三条的规定定罪处罚: (一)未经海关许可并且未补缴应缴税额,擅自将批准进口的来料加工、来件装配、补偿贸易的原材料、零件、制成品、设备等保税货物,在境内销售牟利的; (二)未经海关许可并且未补缴应缴税额,擅自将特定减税、免税进口的货物、物品,在境内销售牟利的。

1997 年刑法条文 (阴影部分为历次修改删去的内容，楷体部分为说明文字)	1997 年以来历次修改后的刑法条文 (黑体部分为历次修改增加或修改的内容，楷体部分为说明文字)
第一百五十五条　下列行为，以走私罪论处，依照本节的有关规定处罚： （一）直接向走私人非法收购国家禁止进口物品的，或者直接向走私人非法收购走私进口的其他货物、物品，数额较大的； （二）在内海、领海运输、收购、贩卖国家禁止进出口物品的，或者运输、收购、贩卖国家限制进出口货物、物品，数额较大，没有合法证明的； （三）逃避海关监管将境外固体废物运输进境的。	第一百五十五条　下列行为，以走私罪论处，依照本节的有关规定处罚： （一）直接向走私人非法收购国家禁止进口物品的，或者直接向走私人非法收购走私进口的其他货物、物品，数额较大的； （二）在内海、领海、**界河**、**界湖**运输、收购、贩卖国家禁止进出口物品的，或者运输、收购、贩卖国家限制进出口货物、物品，数额较大，没有合法证明的。 〔根据 2002 年 12 月 28 日通过的刑法修正案（四）修改，修改的内容自 2002 年 12 月 28 日起施行。〕
第一百五十六条　与走私罪犯通谋，为其提供贷款、资金、帐号、发票、证明，或者为其提供运输、保管、邮寄或者其他方便的，以走私罪的共犯论处。	第一百五十六条　与走私罪犯通谋，为其提供贷款、资金、帐号、发票、证明，或者为其提供运输、保管、邮寄或者其他方便的，以走私罪的共犯论处。

——刑法历次修改条文对照表（含十一个刑法修正案）——

1997年刑法条文 （阴影部分为历次修改删去的内容，楷体部分为说明文字）	1997年以来历次 修改后的刑法条文 （黑体部分为历次修改增加或修改的内容，楷体部分为说明文字）
第一百五十七条　武装掩护走私的，依照本法第一百五十一条第一款、第四款的规定从重处罚。 　　以暴力、威胁方法抗拒缉私的，以走私罪和本法第二百七十七条规定的阻碍国家机关工作人员依法执行职务罪，依照数罪并罚的规定处罚。	第一百五十七条　武装掩护走私的，依照本法第一百五十一条第一款的规定从重处罚。 　　以暴力、威胁方法抗拒缉私的，以走私罪和本法第二百七十七条规定的阻碍国家机关工作人员依法执行职务罪，依照数罪并罚的规定处罚。 　　〔根据2011年2月25日通过的刑法修正案（八）修改，修改的内容自2011年5月1日起施行。〕

1997年刑法条文 (阴影部分为历次修改删去的内容，楷体部分为说明文字)	1997年以来历次修改后的刑法条文 (黑体部分为历次修改增加或修改的内容，楷体部分为说明文字)
第三节　妨害对公司、企业的管理秩序罪	第三节　妨害对公司、企业的管理秩序罪
第一百五十八条　申请公司登记使用虚假证明文件或者采取其他欺诈手段虚报注册资本，欺骗公司登记主管部门，取得公司登记，虚报注册资本数额巨大、后果严重或者有其他严重情节的，处三年以下有期徒刑或者拘役，并处或者单处虚报注册资本金额百分之一以上百分之五以下罚金。 单位犯前款罪的，对单位判处罚金，并对其直接负责的主管人员和其他直接责任人员，处三年以下有期徒刑或者拘役。	第一百五十八条　申请公司登记使用虚假证明文件或者采取其他欺诈手段虚报注册资本，欺骗公司登记主管部门，取得公司登记，虚报注册资本数额巨大、后果严重或者有其他严重情节的，处三年以下有期徒刑或者拘役，并处或者单处虚报注册资本金额百分之一以上百分之五以下罚金。 单位犯前款罪的，对单位判处罚金，并对其直接负责的主管人员和其他直接责任人员，处三年以下有期徒刑或者拘役。

1997年刑法条文 (阴影部分为历次修改删去的内容,楷体部分为说明文字)	1997年以来历次修改后的刑法条文 (黑体部分为历次修改增加或修改的内容,楷体部分为说明文字)
第一百五十九条 公司发起人、股东违反公司法的规定未交付货币、实物或者未转移财产权,虚假出资,或者在公司成立后又抽逃其出资,数额巨大、后果严重或者有其他严重情节的,处五年以下有期徒刑或者拘役,并处或者单处虚假出资金额或者抽逃出资金额百分之二以上百分之十以下罚金。 　　单位犯前款罪的,对单位判处罚金,并对其直接负责的主管人员和其他直接责任人员,处五年以下有期徒刑或者拘役。	第一百五十九条 公司发起人、股东违反公司法的规定未交付货币、实物或者未转移财产权,虚假出资,或者在公司成立后又抽逃其出资,数额巨大、后果严重或者有其他严重情节的,处五年以下有期徒刑或者拘役,并处或者单处虚假出资金额或者抽逃出资金额百分之二以上百分之十以下罚金。 　　单位犯前款罪的,对单位判处罚金,并对其直接负责的主管人员和其他直接责任人员,处五年以下有期徒刑或者拘役。

1997年刑法条文 (阴影部分为历次修改删去的内容，楷体部分为说明文字)	1997年以来历次 修改后的刑法条文 (黑体部分为历次修改增加或修改的内容，楷体部分为说明文字)
第一百六十条 在招股说明书、认股书、公司、企业债券募集办法中隐瞒重要事实或者编造重大虚假内容，发行股票或者公司、企业债券，数额巨大、后果严重或者有其他严重情节的，处五年以下有期徒刑或者拘役，并处或者单处非法募集资金金额百分之一以上百分之五以下罚金。 单位犯前款罪的，对单位判处罚金，并对其直接负责的主管人员和其他直接责任人员，处五年以下有期徒刑或者拘役。	第一百六十条 在招股说明书、认股书、公司、企业债券募集办法**等发行文件**中隐瞒重要事实或者编造重大虚假内容，发行股票或者公司、企业债券、**存托凭证或者国务院依法认定的其他证券**，数额巨大、后果严重或者有其他严重情节的，处五年以下有期徒刑或者拘役，并处或者单处罚金；**数额特别巨大、后果特别严重或者有其他特别严重情节的，处五年以上有期徒刑，并处罚金。** **控股股东、实际控制人组织、指使实施前款行为的，处五年以下有期徒刑或者拘役，并处或者单处非法募集资金金额百分之二十以上一倍以下罚金；数额特别巨大、后果特别严重或者有其他特别严重情节的，处五年以上有期徒刑，并处非法募集资金金额百分之二十以上一倍以下罚金。** 单位犯前**两**款罪的，对单位判处**非法募集资金金额百分之二十以上一倍以下**罚金，并对其直接负责的主管人员和其他直接责任人员，**依照第一款的规定处罚**。 〔根据2020年12月26日通过的刑法修正案（十一）修改，修改的内容自2021年3月1日起施行。〕

——刑法历次修改条文对照表（含十一个刑法修正案）——

1997年刑法条文 (阴影部分为历次修改删去的内容，楷体部分为说明文字)	1997年以来历次修改后的刑法条文 (黑体部分为历次修改增加或修改的内容，楷体部分为说明文字)
第一百六十一条　公司向股东和社会公众提供虚假的或者隐瞒重要事实的财务会计报告，严重损害股东或者其他人利益的，对其直接负责的主管人员和其他直接责任人员，处三年以下有期徒刑或者拘役，并处或者单处二万元以上二十万元以下罚金。〔本条经刑法修正案（六）、刑法修正案（十一）两次修改。〕	第一百六十一条　**依法负有信息披露义务的**公司、**企业**向股东和社会公众提供虚假的或者隐瞒重要事实的财务会计报告，**或者对依法应当披露的其他重要信息不按照规定披露**，严重损害股东或者其他人利益，**或者有其他严重情节的**，对其直接负责的主管人员和其他直接责任人员，处**五年**以下有期徒刑或者拘役，并处或者单处罚金；**情节特别严重的，处五年以上十年以下有期徒刑，并处罚金。** **前款规定的公司、企业的控股股东、实际控制人实施或者组织、指使实施前款行为的，或者隐瞒相关事项导致前款规定的情形发生的，依照前款的规定处罚。** **犯前款罪的控股股东、实际控制人是单位的，对单位判处罚金，并对其直接负责的主管人员和其他直接责任人员，依照第一款的规定处罚。** 〔根据2020年12月26日通过的刑法修正案（十一）第二次修改，修改的内容自2021年3月1日起施行。〕

1997年刑法条文 (阴影部分为历次修改删去的内容,楷体部分为说明文字)	1997年以来历次修改后的刑法条文 (黑体部分为历次修改增加或修改的内容,楷体部分为说明文字)
	刑法修正案(六)修改后的第一百六十一条 依法负有信息披露义务的公司、企业向股东和社会公众提供虚假的或者隐瞒重要事实的财务会计报告,或者对依法应当披露的其他重要信息不按照规定披露,严重损害股东或者其他人利益,或者有其他严重情节的,对其直接负责的主管人员和其他直接责任人员,处三年以下有期徒刑或者拘役,并处或者单处二万元以上二十万元以下罚金。 〔根据2006年6月29日通过的刑法修正案(六)第一次修改,修改的内容自2006年6月29日起施行。〕
第一百六十二条 公司、企业进行清算时,隐匿财产,对资产负债表或者财产清单作虚伪记载或者在未清偿债务前分配公司、企业财产,严重损害债权人或者其他人利益的,对其直接负责的主管人员和其他直接责任人员,处五年以下有期徒刑或者拘役,并处或者单处二万元以上二十万元以下罚金。	**第一百六十二条** 公司、企业进行清算时,隐匿财产,对资产负债表或者财产清单作虚伪记载或者在未清偿债务前分配公司、企业财产,严重损害债权人或者其他人利益的,对其直接负责的主管人员和其他直接责任人员,处五年以下有期徒刑或者拘役,并处或者单处二万元以上二十万元以下罚金。

1997年刑法条文 (阴影部分为历次修改删去的内容,楷体部分为说明文字)	1997年以来历次 修改后的刑法条文 (黑体部分为历次修改增加或修改的内容,楷体部分为说明文字)
〔刑法修正案增加本条规定。〕	第一百六十二条之一　隐匿或者故意销毁依法应当保存的会计凭证、会计帐簿、财务会计报告,情节严重的,处五年以下有期徒刑或者拘役,并处或者单处二万元以上二十万元以下罚金。 单位犯前款罪的,对单位判处罚金,并对其直接负责的主管人员和其他直接责任人员,依照前款的规定处罚。 〔根据1999年12月25日通过的刑法修正案增加,自1999年12月25日起施行。〕
〔刑法修正案(六)增加本条规定。〕	第一百六十二条之二　公司、企业通过隐匿财产、承担虚构的债务或者以其他方法转移、处分财产,实施虚假破产,严重损害债权人或者其他人利益的,对其直接负责的主管人员和其他直接责任人员,处五年以下有期徒刑或者拘役,并处或者单处二万元以上二十万元以下罚金。 〔根据2006年6月29日通过的刑法修正案(六)增加,自2006年6月29日起施行。〕

1997年刑法条文 (阴影部分为历次修改删去的内容,楷体部分为说明文字)	1997年以来历次修改后的刑法条文 (黑体部分为历次修改增加或修改的内容,楷体部分为说明文字)
第一百六十三条　公司、企业的工作人员利用职务上的便利,索取他人财物或者非法收受他人财物,为他人谋取利益,数额较大的,处五年以下有期徒刑或者拘役;数额巨大的,处五年以上有期徒刑,可以并处没收财产。 　　公司、企业的工作人员在经济往来中,违反国家规定,收受各种名义的回扣、手续费,归个人所有的,依照前款的规定处罚。 　　国有公司、企业中从事公务的人员和国有公司、企业委派到非国有公司、企业从事公务的人员有前两款行为的,依照本法第三百八十五条、第三百八十六条的规定定罪处罚。 　　〔本条经刑法修正案(六)、刑法修正案(十一)两次修改。〕	第一百六十三条　公司、企业**或者其他单位**的工作人员,利用职务上的便利,索取他人财物或者非法收受他人财物,为他人谋取利益,数额较大的,处三年以下有期徒刑或者拘役,**并处罚金**;数额巨大**或者有其他严重情节**的,处三年以上十年以下有期徒刑,**并处罚金**;**数额特别巨大或者有其他特别严重情节的,处十年以上有期徒刑或者无期徒刑,并处罚金**。 　　公司、企业**或者其他单位**的工作人员在经济往来中,**利用职务上的便利,**违反国家规定,收受各种名义的回扣、手续费,归个人所有的,依照前款的规定处罚。 　　国有公司、企业**或者其他国有单位**中从事公务的人员和国有公司、企业**或者其他国有单位**委派到非国有公司、企业**以及其他单位**从事公务的人员有前两款行为的,依照本法第三百八十五条、第三百八十六条的规定定罪处罚。 　　〔根据2020年12月26日通过的刑法修正案(十一)第二次修改,修改的内容自2021年3月1日起施行。〕

——刑法历次修改条文对照表（含十一个刑法修正案）——

1997年刑法条文 (阴影部分为历次修改删去的内容,楷体部分为说明文字)	1997年以来历次 修改后的刑法条文 (黑体部分为历次修改增加或修改的内容,楷体部分为说明文字)
	刑法修正案(六)修改后的第一百六十三条 公司、企业或者其他单位的工作人员利用职务上的便利,索取他人财物或者非法收受他人财物,为他人谋取利益,数额较大的,处五年以下有期徒刑或者拘役;数额巨大的,处五年以上有期徒刑,可以并处没收财产。 　　公司、企业或者其他单位的工作人员在经济往来中,利用职务上的便利,违反国家规定,收受各种名义的回扣、手续费,归个人所有的,依照前款的规定处罚。 　　国有公司、企业或者其他国有单位中从事公务的人员和国有公司、企业或者其他国有单位委派到非国有公司、企业以及其他单位从事公务的人员有前两款行为的,依照本法第三百八十五条、第三百八十六条的规定定罪处罚。 　　〔根据2006年6月29日通过的刑法修正案(六)第一次修改,修改的内容自2006年6月29日起施行。〕

· 110 ·

1997年刑法条文 (阴影部分为历次修改删去的内容,楷体部分为说明文字)	1997年以来历次修改后的刑法条文 (黑体部分为历次修改增加或修改的内容,楷体部分为说明文字)
第一百六十四条 为谋取不正当利益,给予公司、企业的工作人员以财物,数额较大的,处三年以下有期徒刑或者拘役;数额巨大的,处三年以上十年以下有期徒刑,并处罚金。 单位犯前款罪的,对单位判处罚金,并对其直接负责的主管人员和其他直接责任人员,依照前款的规定处罚。 行贿人在被追诉前主动交待行贿行为的,可以减轻处罚或者免除处罚。 〔本条经刑法修正案(六)、刑法修正案(八)、刑法修正案(九)三次修改。〕	第一百六十四条 为谋取不正当利益,给予公司、企业**或者其他单位**的工作人员以财物,数额较大的,处三年以下有期徒刑或者拘役,**并处罚金**;数额巨大的,处三年以上十年以下有期徒刑,并处罚金。 **为谋取不正当商业利益,给予外国公职人员或者国际公共组织官员以财物的,依照前款的规定处罚。** 单位犯前**两**款罪的,对单位判处罚金,并对其直接负责的主管人员和其他直接责任人员,依照**第一**款的规定处罚。 行贿人在被追诉前主动交待行贿行为的,可以减轻处罚或者免除处罚。 〔根据2015年8月29日通过的刑法修正案(九)第三次修改,修改的内容自2015年11月1日起施行。〕

1997年刑法条文 (阴影部分为历次修改删去的内容，楷体部分为说明文字)	1997年以来历次 修改后的刑法条文 (黑体部分为历次修改增加或修改的内容，楷体部分为说明文字)
	刑法修正案(八)修改后的第一百六十四条 为谋取不正当利益，给予公司、企业或者其他单位的工作人员以财物，数额较大的，处三年以下有期徒刑或者拘役；数额巨大的，处三年以上十年以下有期徒刑，并处罚金。 **为谋取不正当商业利益，给予外国公职人员或者国际公共组织官员以财物的，依照前款的规定处罚。** 单位犯前两款罪的，对单位判处罚金，并对其直接负责的主管人员和其他直接责任人员，依照第一款的规定处罚。 行贿人在被追诉前主动交待行贿行为的，可以减轻处罚或者免除处罚。 〔根据2011年2月25日通过的刑法修正案(八)第二次修改，修改的内容自2011年5月1日起施行。〕

1997年刑法条文 (阴影部分为历次修改删去的内容,楷体部分为说明文字)	1997年以来历次修改后的刑法条文 (黑体部分为历次修改增加或修改的内容,楷体部分为说明文字)
	刑法修正案(六)修改后的第一百六十四条 为谋取不正当利益,给予公司、企业或者其他单位的工作人员以财物,数额较大的,处三年以下有期徒刑或者拘役;数额巨大的,处三年以上十年以下有期徒刑,并处罚金。 单位犯前款罪的,对单位判处罚金,并对其直接负责的主管人员和其他直接责任人员,依照前款的规定处罚。 行贿人在被追诉前主动交待行贿行为的,可以减轻处罚或者免除处罚。 〔根据2006年6月29日通过的刑法修正案(六)第一次修改,修改的内容自2006年6月29日起施行。〕
第一百六十五条 国有公司、企业的董事、经理利用职务便利,自己经营或者为他人经营与其所任职公司、企业同类的营业,获取非法利益,数额巨大的,处三年以下有期徒刑或者拘役,并处或者单处罚金;数额特别巨大的,处三年以上七年以下有期徒刑,并处罚金。	**第一百六十五条** 国有公司、企业的董事、经理利用职务便利,自己经营或者为他人经营与其所任职公司、企业同类的营业,获取非法利益,数额巨大的,处三年以下有期徒刑或者拘役,并处或者单处罚金;数额特别巨大的,处三年以上七年以下有期徒刑,并处罚金。

· 113 ·

——刑法历次修改条文对照表（含十一个刑法修正案）——

1997年刑法条文 (阴影部分为历次修改删去的内容，楷体部分为说明文字)	1997年以来历次 修改后的刑法条文 (黑体部分为历次修改增加或修改的内容，楷体部分为说明文字)
第一百六十六条 国有公司、企业、事业单位的工作人员，利用职务便利，有下列情形之一，使国家利益遭受重大损失的，处三年以下有期徒刑或者拘役，并处或者单处罚金；致使国家利益遭受特别重大损失的，处三年以上七年以下有期徒刑，并处罚金： （一）将本单位的盈利业务交由自己的亲友进行经营的； （二）以明显高于市场的价格向自己的亲友经营管理的单位采购商品或者以明显低于市场的价格向自己的亲友经营管理的单位销售商品的； （三）向自己的亲友经营管理的单位采购不合格商品的。	第一百六十六条 国有公司、企业、事业单位的工作人员，利用职务便利，有下列情形之一，使国家利益遭受重大损失的，处三年以下有期徒刑或者拘役，并处或者单处罚金；致使国家利益遭受特别重大损失的，处三年以上七年以下有期徒刑，并处罚金： （一）将本单位的盈利业务交由自己的亲友进行经营的； （二）以明显高于市场的价格向自己的亲友经营管理的单位采购商品或者以明显低于市场的价格向自己的亲友经营管理的单位销售商品的； （三）向自己的亲友经营管理的单位采购不合格商品的。
第一百六十七条 国有公司、企业、事业单位直接负责的主管人员，在签订、履行合同过程中，因严重不负责任被诈骗，致使国家利益遭受重大损失的，处三年以下有期徒刑或者拘役；致使国家利益遭受特别重大损失的，处三年以上七年以下有期徒刑。	第一百六十七条 国有公司、企业、事业单位直接负责的主管人员，在签订、履行合同过程中，因严重不负责任被诈骗，致使国家利益遭受重大损失的，处三年以下有期徒刑或者拘役；致使国家利益遭受特别重大损失的，处三年以上七年以下有期徒刑。

1997年刑法条文 (阴影部分为历次修改删去的内容，楷体部分为说明文字)	1997年以来历次 修改后的刑法条文 (黑体部分为历次修改增加或修改的内容，楷体部分为说明文字)
〔《全国人民代表大会常务委员会关于惩治骗购外汇、逃汇和非法买卖外汇犯罪的决定》增加本条规定。〕	七、金融机构、从事对外贸易经营活动的公司、企业的工作人员严重不负责任，造成大量外汇被骗购或者逃汇，致使国家利益遭受重大损失的，依照刑法第一百六十七条的规定定罪处罚。 〔根据1998年12月29日通过的《关于惩治骗购外汇、逃汇和非法买卖外汇犯罪的决定》增加，自1998年12月29日起施行。〕

——刑法历次修改条文对照表（含十一个刑法修正案）——

1997年刑法条文 （阴影部分为历次修改删去的内容，楷体部分为说明文字）	1997年以来历次 修改后的刑法条文 （黑体部分为历次修改增加或修改的内容，楷体部分为说明文字）
第一百六十八条　国有公司、企业直接负责的主管人员，徇私舞弊，造成国有公司、企业破产或者严重亏损，致使国家利益遭受重大损失的，处三年以下有期徒刑或者拘役。	第一百六十八条　国有公司、企业的工作人员，由于严重不负责任或者滥用职权，造成国有公司、企业破产或者严重损失，致使国家利益遭受重大损失的，处三年以下有期徒刑或者拘役；致使国家利益遭受特别重大损失的，处三年以上七年以下有期徒刑。 　　国有事业单位的工作人员有前款行为，致使国家利益遭受重大损失的，依照前款的规定处罚。 　　国有公司、企业、事业单位的工作人员，徇私舞弊，犯前两款罪的，依照第一款的规定从重处罚。 　　〔根据1999年12月25日通过的刑法修正案修改，修改的内容自1999年12月25日起施行。〕

116

1997年刑法条文 (阴影部分为历次修改删去的内容,楷体部分为说明文字)	1997年以来历次 修改后的刑法条文 (黑体部分为历次修改增加或修改的内容,楷体部分为说明文字)
第一百六十九条　国有公司、企业或者其上级主管部门直接负责的主管人员,徇私舞弊,将国有资产低价折股或者低价出售,致使国家利益遭受重大损失的,处三年以下有期徒刑或者拘役;致使国家利益遭受特别重大损失的,处三年以上七年以下有期徒刑。	第一百六十九条　国有公司、企业或者其上级主管部门直接负责的主管人员,徇私舞弊,将国有资产低价折股或者低价出售,致使国家利益遭受重大损失的,处三年以下有期徒刑或者拘役;致使国家利益遭受特别重大损失的,处三年以上七年以下有期徒刑。

1997年刑法条文 (阴影部分为历次修改删去的内容，楷体部分为说明文字)	1997年以来历次修改后的刑法条文 (黑体部分为历次修改增加或修改的内容，楷体部分为说明文字)
〔刑法修正案(六)增加本条规定。〕	第一百六十九条之一　上市公司的董事、监事、高级管理人员违背对公司的忠实义务，利用职务便利，操纵上市公司从事下列行为之一，致使上市公司利益遭受重大损失的，处三年以下有期徒刑或者拘役，并处或者单处罚金；致使上市公司利益遭受特别重大损失的，处三年以上七年以下有期徒刑，并处罚金： (一)无偿向其他单位或者个人提供资金、商品、服务或者其他资产的； (二)以明显不公平的条件，提供或者接受资金、商品、服务或者其他资产的； (三)向明显不具有清偿能力的单位或者个人提供资金、商品、服务或者其他资产的； (四)为明显不具有清偿能力的单位或者个人提供担保，或者无正当理由为其他单位或者个人提供担保的； (五)无正当理由放弃债权、承担债务的； (六)采用其他方式损害上市公司利益的。

1997年刑法条文 (阴影部分为历次修改删去的内容，楷体部分为说明文字)	1997年以来历次修改后的刑法条文 (黑体部分为历次修改增加或修改的内容，楷体部分为说明文字)
	上市公司的控股股东或者实际控制人，指使上市公司董事、监事、高级管理人员实施前款行为的，依照前款的规定处罚。 　　**犯前款罪的上市公司的控股股东或者实际控制人是单位的，对单位判处罚金，并对其直接负责的主管人员和其他直接责任人员，依照第一款的规定处罚。** 〔根据2006年6月29日通过的刑法修正案（六）增加，自2006年6月29日起施行。〕
第四节　破坏金融管理秩序罪	第四节　破坏金融管理秩序罪
第一百七十条　伪造货币的，处三年以上十年以下有期徒刑，并处五万元以上五十万元以下罚金；有下列情形之一的，处十年以上有期徒刑、无期徒刑或者死刑，并处五万元以上五十万元以下罚金或者没收财产： 　　（一）伪造货币集团的首要分子； 　　（二）伪造货币数额特别巨大的； 　　（三）有其他特别严重情节的。	第一百七十条　伪造货币的，处三年以上十年以下有期徒刑，并处罚金；有下列情形之一的，处十年以上有期徒刑**或者无**期徒刑，并处罚金或者没收财产： 　　（一）伪造货币集团的首要分子； 　　（二）伪造货币数额特别巨大的； 　　（三）有其他特别严重情节的。 〔根据2015年8月29日通过的刑法修正案（九）修改，修改的内容自2015年11月1日起施行。〕

——刑法历次修改条文对照表（含十一个刑法修正案）——

1997年刑法条文 (阴影部分为历次修改删去的内容，楷体部分为说明文字)	1997年以来历次修改后的刑法条文 (黑体部分为历次修改增加或修改的内容，楷体部分为说明文字)
第一百七十一条 出售、购买伪造的货币或者明知是伪造的货币而运输，数额较大的，处三年以下有期徒刑或者拘役，并处二万元以上二十万元以下罚金；数额巨大的，处三年以上十年以下有期徒刑，并处五万元以上五十万元以下罚金；数额特别巨大的，处十年以上有期徒刑或者无期徒刑，并处五万元以上五十万元以下罚金或者没收财产。 银行或者其他金融机构的工作人员购买伪造的货币或者利用职务上的便利，以伪造的货币换取货币的，处三年以上十年以下有期徒刑，并处二万元以上二十万元以下罚金；数额巨大或者有其他严重情节的，处十年以上有期徒刑或者无期徒刑，并处二万元以上二十万元以下罚金或者没收财产；情节较轻的，处三年以下有期徒刑或者拘役，并处或者单处一万元以上十万元以下罚金。 伪造货币并出售或者运输伪造的货币的，依照本法第一百七十条的规定定罪从重处罚。	第一百七十一条 出售、购买伪造的货币或者明知是伪造的货币而运输，数额较大的，处三年以下有期徒刑或者拘役，并处二万元以上二十万元以下罚金；数额巨大的，处三年以上十年以下有期徒刑，并处五万元以上五十万元以下罚金；数额特别巨大的，处十年以上有期徒刑或者无期徒刑，并处五万元以上五十万元以下罚金或者没收财产。 银行或者其他金融机构的工作人员购买伪造的货币或者利用职务上的便利，以伪造的货币换取货币的，处三年以上十年以下有期徒刑，并处二万元以上二十万元以下罚金；数额巨大或者有其他严重情节的，处十年以上有期徒刑或者无期徒刑，并处二万元以上二十万元以下罚金或者没收财产；情节较轻的，处三年以下有期徒刑或者拘役，并处或者单处一万元以上十万元以下罚金。 伪造货币并出售或者运输伪造的货币的，依照本法第一百七十条的规定定罪从重处罚。

1997年刑法条文 (阴影部分为历次修改删去的内容,楷体部分为说明文字)	1997年以来历次修改后的刑法条文 (黑体部分为历次修改增加或修改的内容,楷体部分为说明文字)
第一百七十二条 明知是伪造的货币而持有、使用,数额较大的,处三年以下有期徒刑或者拘役,并处或者单处一万元以上十万元以下罚金;数额巨大的,处三年以上十年以下有期徒刑,并处二万元以上二十万元以下罚金;数额特别巨大的,处十年以上有期徒刑,并处五万元以上五十万元以下罚金或者没收财产。	第一百七十二条 明知是伪造的货币而持有、使用,数额较大的,处三年以下有期徒刑或者拘役,并处或者单处一万元以上十万元以下罚金;数额巨大的,处三年以上十年以下有期徒刑,并处二万元以上二十万元以下罚金;数额特别巨大的,处十年以上有期徒刑,并处五万元以上五十万元以下罚金或者没收财产。
第一百七十三条 变造货币,数额较大的,处三年以下有期徒刑或者拘役,并处或者单处一万元以上十万元以下罚金;数额巨大的,处三年以上十年以下有期徒刑,并处二万元以上二十万元以下罚金。	第一百七十三条 变造货币,数额较大的,处三年以下有期徒刑或者拘役,并处或者单处一万元以上十万元以下罚金;数额巨大的,处三年以上十年以下有期徒刑,并处二万元以上二十万元以下罚金。

1997年刑法条文 (阴影部分为历次修改删去的内容，楷体部分为说明文字)	1997年以来历次修改后的刑法条文 (黑体部分为历次修改增加或修改的内容，楷体部分为说明文字)
第一百七十四条　未经中国人民银行批准，擅自设立商业银行或者其他金融机构的，处三年以下有期徒刑或者拘役，并处或者单处二万元以上二十万元以下罚金；情节严重的，处三年以上十年以下有期徒刑，并处五万元以上五十万元以下罚金。 　　伪造、变造、转让商业银行或者其他金融机构经营许可证的，依照前款的规定处罚。 　　单位犯前两款罪的，对单位判处罚金，并对其直接负责的主管人员和其他直接责任人员，依照第一款的规定处罚。	第一百七十四条　未经国家有关主管部门批准，擅自设立商业银行、**证券交易所、期货交易所、证券公司、期货经纪公司、保险公司**或者其他金融机构的，处三年以下有期徒刑或者拘役，并处或者单处二万元以上二十万元以下罚金；情节严重的，处三年以上十年以下有期徒刑，并处五万元以上五十万元以下罚金。 　　伪造、变造、转让商业银行、**证券交易所、期货交易所、证券公司、期货经纪公司、保险公司**或者其他金融机构的经营许可证**或者批准文件**的，依照前款的规定处罚。 　　单位犯前两款罪的，对单位判处罚金，并对其直接负责的主管人员和其他直接责任人员，依照第一款的规定处罚。 　　〔根据1999年12月25日通过的刑法修正案修改，修改的内容自1999年12月25日起施行。〕

1997年刑法条文 (阴影部分为历次修改删去的内容,楷体部分为说明文字)	1997年以来历次修改后的刑法条文 (黑体部分为历次修改增加或修改的内容,楷体部分为说明文字)
第一百七十五条 以转贷牟利为目的,套取金融机构信贷资金高利转贷他人,违法所得数额较大的,处三年以下有期徒刑或者拘役,并处违法所得一倍以上五倍以下罚金;数额巨大的,处三年以上七年以下有期徒刑,并处违法所得一倍以上五倍以下罚金。 单位犯前款罪的,对单位判处罚金,并对其直接负责的主管人员和其他直接责任人员,处三年以下有期徒刑或者拘役。	第一百七十五条 以转贷牟利为目的,套取金融机构信贷资金高利转贷他人,违法所得数额较大的,处三年以下有期徒刑或者拘役,并处违法所得一倍以上五倍以下罚金;数额巨大的,处三年以上七年以下有期徒刑,并处违法所得一倍以上五倍以下罚金。 单位犯前款罪的,对单位判处罚金,并对其直接负责的主管人员和其他直接责任人员,处三年以下有期徒刑或者拘役。

1997年刑法条文 (阴影部分为历次修改删去的内容,楷体部分为说明文字)	1997年以来历次修改后的刑法条文 (黑体部分为历次修改增加或修改的内容,楷体部分为说明文字)
〔刑法修正案(六)增加本条规定,刑法修正案(十一)作了修改。〕	**第一百七十五条之一 以欺骗手段取得银行或者其他金融机构贷款、票据承兑、信用证、保函等,给银行或者其他金融机构造成重大损失的,处三年以下有期徒刑或者拘役,并处或者单处罚金;给银行或者其他金融机构造成特别重大损失或者有其他特别严重情节的,处三年以上七年以下有期徒刑,并处罚金。** **单位犯前款罪的,对单位判处罚金,并对其直接负责的主管人员和其他直接责任人员,依照前款的规定处罚。** 〔根据2020年12月26日通过的刑法修正案(十一)修改,修改的内容自2021年3月1日起施行。〕

1997年刑法条文 (阴影部分为历次修改删去的内容，楷体部分为说明文字)	1997年以来历次修改后的刑法条文 (黑体部分为历次修改增加或修改的内容，楷体部分为说明文字)
	刑法修正案(六)增加的第一百七十五条之一 以欺骗手段取得银行或者其他金融机构贷款、票据承兑、信用证、保函等，给银行或者其他金融机构造成重大损失或者有其他严重情节的，处三年以下有期徒刑或者拘役，并处或者单处罚金；给银行或者其他金融机构造成特别重大损失或者有其他特别严重情节的，处三年以上七年以下有期徒刑，并处罚金。 单位犯前款罪的，对单位判处罚金，并对其直接负责的主管人员和其他直接责任人员，依照前款的规定处罚。 〔根据2006年6月29日通过的刑法修正案(六)增加，自2006年6月29日起施行。〕

1997年刑法条文 (阴影部分为历次修改删去的内容，楷体部分为说明文字)	1997年以来历次修改后的刑法条文 (黑体部分为历次修改增加或修改的内容，楷体部分为说明文字)
第一百七十六条　非法吸收公众存款或者变相吸收公众存款，扰乱金融秩序的，处三年以下有期徒刑或者拘役，并处或者单处二万元以上二十万元以下罚金；数额巨大或者有其他严重情节的，处三年以上十年以下有期徒刑，并处五万元以上五十万元以下罚金。 　　单位犯前款罪的，对单位判处罚金，并对其直接负责的主管人员和其他直接责任人员，依照前款的规定处罚。	第一百七十六条　非法吸收公众存款或者变相吸收公众存款，扰乱金融秩序的，处三年以下有期徒刑或者拘役，并处或者单处罚金；数额巨大或者有其他严重情节的，处三年以上十年以下有期徒刑，并处罚金；**数额特别巨大或者有其他特别严重情节的，处十年以上有期徒刑，并处罚金**。 　　单位犯前款罪的，对单位判处罚金，并对其直接负责的主管人员和其他直接责任人员，依照前款的规定处罚。 　　**有前两款行为，在提起公诉前积极退赃退赔，减少损害结果发生的，可以从轻或者减轻处罚**。 〔根据2020年12月26日通过的刑法修正案(十一)修改，修改的内容自2021年3月1日起施行。〕

1997年刑法条文 (阴影部分为历次修改删去的内容,楷体部分为说明文字)	1997年以来历次修改后的刑法条文 (黑体部分为历次修改增加或修改的内容,楷体部分为说明文字)
第一百七十七条　有下列情形之一,伪造、变造金融票证的,处五年以下有期徒刑或者拘役,并处或者单处二万元以上二十万元以下罚金;情节严重的,处五年以上十年以下有期徒刑,并处五万元以上五十万元以下罚金;情节特别严重的,处十年以上有期徒刑或者无期徒刑,并处五万元以上五十万元以下罚金或者没收财产: (一)伪造、变造汇票、本票、支票的; (二)伪造、变造委托收款凭证、汇款凭证、银行存单等其他银行结算凭证的; (三)伪造、变造信用证或者附随的单据、文件的; (四)伪造信用卡的。 单位犯前款罪的,对单位判处罚金,并对其直接负责的主管人员和其他直接责任人员,依照前款的规定处罚。	第一百七十七条　有下列情形之一,伪造、变造金融票证的,处五年以下有期徒刑或者拘役,并处或者单处二万元以上二十万元以下罚金;情节严重的,处五年以上十年以下有期徒刑,并处五万元以上五十万元以下罚金;情节特别严重的,处十年以上有期徒刑或者无期徒刑,并处五万元以上五十万元以下罚金或者没收财产: (一)伪造、变造汇票、本票、支票的; (二)伪造、变造委托收款凭证、汇款凭证、银行存单等其他银行结算凭证的; (三)伪造、变造信用证或者附随的单据、文件的; (四)伪造信用卡的。 单位犯前款罪的,对单位判处罚金,并对其直接负责的主管人员和其他直接责任人员,依照前款的规定处罚。

——刑法历次修改条文对照表（含十一个刑法修正案）——

1997年刑法条文 (阴影部分为历次修改删去的内容，楷体部分为说明文字)	1997年以来历次修改后的刑法条文 (黑体部分为历次修改增加或修改的内容，楷体部分为说明文字)
〔刑法修正案(五)增加本条规定。〕	第一百七十七条之一　有下列情形之一，妨害信用卡管理的，处三年以下有期徒刑或者拘役，并处或者单处一万元以上十万元以下罚金；数量巨大或者有其他严重情节的，处三年以上十年以下有期徒刑，并处二万元以上二十万元以下罚金： （一）明知是伪造的信用卡而持有、运输的，或者明知是伪造的空白信用卡而持有、运输，数量较大的； （二）非法持有他人信用卡，数量较大的； （三）使用虚假的身份证明骗领信用卡的； （四）出售、购买、为他人提供伪造的信用卡或者以虚假的身份证明骗领的信用卡的。 窃取、收买或者非法提供他人信用卡信息资料的，依照前款规定处罚。 银行或者其他金融机构的工作人员利用职务上的便利，犯第二款罪的，从重处罚。 〔根据2005年2月28日通过的刑法修正案(五)增加，自2005年2月28日起施行。〕

1997 年刑法条文 (阴影部分为历次修改删去的内容,楷体部分为说明文字)	1997 年以来历次修改后的刑法条文 (黑体部分为历次修改增加或修改的内容,楷体部分为说明文字)
第一百七十八条 伪造、变造国库券或者国家发行的其他有价证券,数额较大的,处三年以下有期徒刑或者拘役,并处或者单处二万元以上二十万元以下罚金;数额巨大的,处三年以上十年以下有期徒刑,并处五万元以上五十万元以下罚金;数额特别巨大的,处十年以上有期徒刑或者无期徒刑,并处五万元以上五十万元以下罚金或者没收财产。 　　伪造、变造股票或者公司、企业债券,数额较大的,处三年以下有期徒刑或者拘役,并处或者单处一万元以上十万元以下罚金;数额巨大的,处三年以上十年以下有期徒刑,并处二万元以上二十万元以下罚金。 　　单位犯前两款罪的,对单位判处罚金,并对其直接负责的主管人员和其他直接责任人员,依照前两款的规定处罚。	第一百七十八条 伪造、变造国库券或者国家发行的其他有价证券,数额较大的,处三年以下有期徒刑或者拘役,并处或者单处二万元以上二十万元以下罚金;数额巨大的,处三年以上十年以下有期徒刑,并处五万元以上五十万元以下罚金;数额特别巨大的,处十年以上有期徒刑或者无期徒刑,并处五万元以上五十万元以下罚金或者没收财产。 　　伪造、变造股票或者公司、企业债券,数额较大的,处三年以下有期徒刑或者拘役,并处或者单处一万元以上十万元以下罚金;数额巨大的,处三年以上十年以下有期徒刑,并处二万元以上二十万元以下罚金。 　　单位犯前两款罪的,对单位判处罚金,并对其直接负责的主管人员和其他直接责任人员,依照前两款的规定处罚。

—— 刑法历次修改条文对照表（含十一个刑法修正案）——

1997年刑法条文 (阴影部分为历次修改删去的内容,楷体部分为说明文字)	1997年以来历次修改后的刑法条文 (黑体部分为历次修改增加或修改的内容,楷体部分为说明文字)
第一百七十九条　未经国家有关主管部门批准,擅自发行股票或者公司、企业债券,数额巨大、后果严重或者有其他严重情节的,处五年以下有期徒刑或者拘役,并处或者单处非法募集资金金额百分之一以上百分之五以下罚金。 　　单位犯前款罪的,对单位判处罚金,并对其直接负责的主管人员和其他直接责任人员,处五年以下有期徒刑或者拘役。	第一百七十九条　未经国家有关主管部门批准,擅自发行股票或者公司、企业债券,数额巨大、后果严重或者有其他严重情节的,处五年以下有期徒刑或者拘役,并处或者单处非法募集资金金额百分之一以上百分之五以下罚金。 　　单位犯前款罪的,对单位判处罚金,并对其直接负责的主管人员和其他直接责任人员,处五年以下有期徒刑或者拘役。

1997年刑法条文 (阴影部分为历次修改删去的内容，楷体部分为说明文字)	1997年以来历次修改后的刑法条文 (黑体部分为历次修改增加或修改的内容，楷体部分为说明文字)
第一百八十条　证券交易内幕信息的知情人员或者非法获取证券交易内幕信息的人员，在涉及证券的发行、交易或者其他对证券的价格有重大影响的信息尚未公开前，买入或者卖出该证券，或者泄露该信息，情节严重的，处五年以下有期徒刑或者拘役，并处或者单处违法所得一倍以上五倍以下罚金；情节特别严重的，处五年以上十年以下有期徒刑，并处违法所得一倍以上五倍以下罚金。 　　单位犯前款罪的，对单位判处罚金，并对其直接负责的主管人员和其他直接责任人员，处五年以下有期徒刑或者拘役。 　　内幕信息的范围，依照法律、行政法规的规定确定。 　　知情人员的范围，依照法律、行政法规的规定确定。 　　〔本条经刑法修正案、刑法修正案(七)两次修改。〕	第一百八十条　证券、**期货**交易内幕信息的知情人员或者非法获取证券、**期货**交易内幕信息的人员，在涉及证券的发行，**证券、期货**交易或者其他对证券、**期货交易**价格有重大影响的信息尚未公开前，买入或者卖出该证券，**或者从事与该内幕信息有关的期货交易**，或者泄露该信息，**或者明示、暗示他人从事上述交易活动**，情节严重的，处五年以下有期徒刑或者拘役，并处或者单处违法所得一倍以上五倍以下罚金；情节特别严重的，处五年以上十年以下有期徒刑，并处违法所得一倍以上五倍以下罚金。 　　单位犯前款罪的，对单位判处罚金，并对其直接负责的主管人员和其他直接责任人员，处五年以下有期徒刑或者拘役。 　　内幕信息、知情人员的范围，依照法律、行政法规的规定确定。

1997年刑法条文 (阴影部分为历次修改删去的内容,楷体部分为说明文字)	1997年以来历次修改后的刑法条文 (黑体部分为历次修改增加或修改的内容,楷体部分为说明文字)
	证券交易所、期货交易所、证券公司、期货经纪公司、基金管理公司、商业银行、保险公司等金融机构的从业人员以及有关监管部门或者行业协会的工作人员,利用因职务便利获取的内幕信息以外的其他未公开的信息,违反规定,从事与该信息相关的证券、期货交易活动,或者明示、暗示他人从事相关交易活动,情节严重的,依照第一款的规定处罚。 　　〔根据2009年2月28日通过的刑法修正案(七)第二次修改,修改的内容自2009年2月28日起施行。〕

1997年刑法条文 (阴影部分为历次修改删去的内容，楷体部分为说明文字)	1997年以来历次 修改后的刑法条文 (黑体部分为历次修改增加或修改的内容，楷体部分为说明文字)
	刑法修正案修改后的第一百八十条　证券、期货交易内幕信息的知情人员或者非法获取证券、期货交易内幕信息的人员，在涉及证券的发行，证券、期货交易或者其他对证券、期货交易价格有重大影响的信息尚未公开前，买入或者卖出该证券，或者从事与该内幕信息有关的期货交易，或者泄露该信息，情节严重的，处五年以下有期徒刑或者拘役，并处或者单处违法所得一倍以上五倍以下罚金；情节特别严重的，处五年以上十年以下有期徒刑，并处违法所得一倍以上五倍以下罚金。 　　单位犯前款罪的，对单位判处罚金，并对其直接负责的主管人员和其他直接责任人员，处五年以下有期徒刑或者拘役。 　　内幕信息、知情人员的范围，依照法律、行政法规的规定确定。 　　〔根据1999年12月25日通过的刑法修正案第一次修改，修改的内容自1999年12月25日起施行。〕

1997年刑法条文 (阴影部分为历次修改删去的内容,楷体部分为说明文字)	1997年以来历次修改后的刑法条文 (黑体部分为历次修改增加或修改的内容,楷体部分为说明文字)
第一百八十一条 编造并且传播影响证券交易的虚假信息,扰乱证券交易市场,造成严重后果的,处五年以下有期徒刑或者拘役,并处或者单处一万元以上十万元以下罚金。 证券交易所、证券公司的从业人员,证券业协会或者证券管理部门的工作人员,故意提供虚假信息或者伪造、变造、销毁交易记录,诱骗投资者买卖证券,造成严重后果的,处五年以下有期徒刑或者拘役,并处或者单处一万元以上十万元以下罚金;情节特别恶劣的,处五年以上十年以下有期徒刑,并处二万元以上二十万元以下罚金。 单位犯前两款罪的,对单位判处罚金,并对其直接负责的主管人员和其他直接责任人员,处五年以下有期徒刑或者拘役。	第一百八十一条 编造并且传播影响证券、**期货**交易的虚假信息,扰乱证券、**期货**交易市场,造成严重后果的,处五年以下有期徒刑或者拘役,并处或者单处一万元以上十万元以下罚金。 证券交易所、**期货交易所**、证券公司、**期货经纪公司**的从业人员,证券业协会、**期货业协会**或者证券**期货监督**管理部门的工作人员,故意提供虚假信息或者伪造、变造、销毁交易记录,诱骗投资者买卖证券、**期货合约**,造成严重后果的,处五年以下有期徒刑或者拘役,并处或者单处一万元以上十万元以下罚金;情节特别恶劣的,处五年以上十年以下有期徒刑,并处二万元以上二十万元以下罚金。 单位犯前两款罪的,对单位判处罚金,并对其直接负责的主管人员和其他直接责任人员,处五年以下有期徒刑或者拘役。 〔根据1999年12月25日通过的刑法修正案修改,修改的内容自1999年12月25日起施行。〕

1997年刑法条文 (阴影部分为历次修改删去的内容,楷体部分为说明文字)	1997年以来历次修改后的刑法条文 (黑体部分为历次修改增加或修改的内容,楷体部分为说明文字)
第一百八十二条 有下列情形之一,操纵证券交易价格,获取不正当利益或者转嫁风险,情节严重的,处五年以下有期徒刑或者拘役,并处或者单处违法所得一倍以上五倍以下罚金: (一)单独或者合谋,集中资金优势、持股优势或者利用信息优势联合或者连续买卖,操纵证券交易价格的; (二)与他人串通,以事先约定的时间、价格和方式相互进行证券交易或者相互买卖并不持有的证券,影响证券交易价格或者证券交易量的; (三)以自己为交易对象,进行不转移证券所有权的自买自卖,影响证券交易价格或者证券交易量的; (四)以其他方法操纵证券交易价格的。 单位犯前款罪的,对单位判处罚金,并对其直接负责的主管人员和其他直接责任人员,处五年以下有期徒刑或者拘役。 〔本条经刑法修正案、刑法修正案(六)、刑法修正案(十一)三次修改。〕	第一百八十二条 有下列情形之一,操纵证券、**期货市场**,影响证券、**期货交易价格或者证券、期货交易量**,情节严重的,处五年以下有期徒刑或者拘役,并处或者单处罚金;**情节特别严重的,处五年以上十年以下有期徒刑,并处罚金**: (一)单独或者合谋,集中资金优势、持股**或者持仓**优势或者利用信息优势联合或者连续买卖的; (二)与他人串通,以事先约定的时间、价格和方式相互进行证券、**期货**交易的; (三)**在自己实际控制的帐户之间进行证券交易**,或者以自己为交易对象,自买自卖**期货合约**的; (四)**不以成交为目的,频繁或者大量申报买入、卖出证券、期货合约并撤销申报的**; (五)**利用虚假或者不确定的重大信息,诱导投资者进行证券、期货交易的**; (六)**对证券、证券发行人、期货交易标的公开作出评价、预测或者投资建议,同时进行反向证券交易或者相关期货交易的**; (七)以其他方法操纵证券、**期货市场**的。

——刑法历次修改条文对照表（含十一个刑法修正案）——

1997 年刑法条文 (阴影部分为历次修改删去的内容,楷体部分为说明文字)	1997 年以来历次 修改后的刑法条文 (黑体部分为历次修改增加或修改的内容,楷体部分为说明文字)
	单位犯前款罪的,对单位判处罚金,并对其直接负责的主管人员和其他直接责任人员,**依照前款的规定处罚**。 〔根据 2020 年 12 月 26 日通过的刑法修正案(十一)第三次修改,修改的内容自 2021 年 3 月 1 日起施行。〕

1997年刑法条文 (阴影部分为历次修改删去的内容,楷体部分为说明文字)	1997年以来历次修改后的刑法条文 (黑体部分为历次修改增加或修改的内容,楷体部分为说明文字)
	刑法修正案(六)修改后的第一百八十二条 有下列情形之一,操纵证券、期货市场,情节严重的,处五年以下有期徒刑或者拘役,并处或者单处罚金;情节特别严重的,处五年以上十年以下有期徒刑,并处罚金: (一)单独或者合谋,集中资金优势、持股或者持仓优势或者利用信息优势联合或者连续买卖,操纵证券、期货交易价格或者证券、期货交易量的; (二)与他人串通,以事先约定的时间、价格和方式相互进行证券、期货交易,影响证券、期货交易价格或者证券、期货交易量的; (三)在自己实际控制的帐户之间进行证券交易,或者以自己为交易对象,自买自卖期货合约,影响证券、期货交易价格或者证券、期货交易量的; (四)以其他方法操纵证券、期货市场的。 单位犯前款罪的,对单位判处罚金,并对其直接负责的主管人员和其他直接责任人员,依照前款的规定处罚。 〔根据2006年6月29日通过的刑法修正案(六)第二次修改,修改的内容自2006年6月29日起施行。〕

——刑法历次修改条文对照表（含十一个刑法修正案）——

1997年刑法条文 (阴影部分为历次修改删去的内容，楷体部分为说明文字)	1997年以来历次修改后的刑法条文 (黑体部分为历次修改增加或修改的内容，楷体部分为说明文字)
	刑法修正案修改后的第一百八十二条　有下列情形之一，操纵证券、期货交易价格，获取不正当利益或者转嫁风险，情节严重的，处五年以下有期徒刑或者拘役，并处或者单处违法所得一倍以上五倍以下罚金： 　　（一）单独或者合谋，集中资金优势、持股或者持仓优势或者利用信息优势联合或者连续买卖，操纵证券、期货交易价格的； 　　（二）与他人串通，以事先约定的时间、价格和方式相互进行证券、期货交易，或者相互买卖并不持有的证券，影响证券、期货交易价格或者证券、期货交易量的； 　　（三）以自己为交易对象，进行不转移证券所有权的自买自卖，或者以自己为交易对象，自买自卖期货合约，影响证券、期货交易价格或者证券、期货交易量的； 　　（四）以其他方法操纵证券、期货交易价格的。 　　单位犯前款罪的，对单位判处罚金，并对其直接负责的主管人员和其他直接责任人员，处五年以下有期徒刑或者拘役。 　　〔根据1999年12月25日通过的刑法修正案第一次修改，修改的内容自1999年12月25日起施行。〕

——刑法历次修改条文对照表——

1997年刑法条文 (阴影部分为历次修改删去的内容,楷体部分为说明文字)	1997年以来历次修改后的刑法条文 (黑体部分为历次修改增加或修改的内容,楷体部分为说明文字)
第一百八十三条　保险公司的工作人员利用职务上的便利,故意编造未曾发生的保险事故进行虚假理赔,骗取保险金归自己所有的,依照本法第二百七十一条的规定定罪处罚。 　　国有保险公司工作人员和国有保险公司委派到非国有保险公司从事公务的人员有前款行为的,依照本法第三百八十二条、第三百八十三条的规定定罪处罚。	第一百八十三条　保险公司的工作人员利用职务上的便利,故意编造未曾发生的保险事故进行虚假理赔,骗取保险金归自己所有的,依照本法第二百七十一条的规定定罪处罚。 　　国有保险公司工作人员和国有保险公司委派到非国有保险公司从事公务的人员有前款行为的,依照本法第三百八十二条、第三百八十三条的规定定罪处罚。
第一百八十四条　银行或者其他金融机构的工作人员在金融业务活动中索取他人财物或者非法收受他人财物,为他人谋取利益的,或者违反国家规定,收受各种名义的回扣、手续费,归个人所有的,依照本法第一百六十三条的规定定罪处罚。 　　国有金融机构工作人员和国有金融机构委派到非国有金融机构从事公务的人员有前款行为的,依照本法第三百八十五条、第三百八十六条的规定定罪处罚。	第一百八十四条　银行或者其他金融机构的工作人员在金融业务活动中索取他人财物或者非法收受他人财物,为他人谋取利益的,或者违反国家规定,收受各种名义的回扣、手续费,归个人所有的,依照本法第一百六十三条的规定定罪处罚。 　　国有金融机构工作人员和国有金融机构委派到非国有金融机构从事公务的人员有前款行为的,依照本法第三百八十五条、第三百八十六条的规定定罪处罚。

1997年刑法条文 (阴影部分为历次修改删去的内容，楷体部分为说明文字)	1997年以来历次修改后的刑法条文 (黑体部分为历次修改增加或修改的内容，楷体部分为说明文字)
第一百八十五条　银行或者其他金融机构的工作人员利用职务上的便利，挪用本单位或者客户资金的，依照本法第二百七十二条的规定定罪处罚。 　　国有金融机构工作人员和国有金融机构委派到非国有金融机构从事公务的人员有前款行为的，依照本法第三百八十四条的规定定罪处罚。	第一百八十五条　**商业银行、证券交易所、期货交易所、证券公司、期货经纪公司、保险公司**或者其他金融机构的工作人员利用职务上的便利，挪用本单位或者客户资金的，依照本法第二百七十二条的规定定罪处罚。 　　**国有商业银行、证券交易所、期货交易所、证券公司、期货经纪公司、保险公司或者其他**国有金融机构**的**工作人员和**国有商业银行、证券交易所、期货交易所、证券公司、期货经纪公司、保险公司或者其他**国有金融机构委派到**前款规定中的**非国有机构从事公务的人员有前款行为的，依照本法第三百八十四条的规定定罪处罚。 　　〔根据1999年12月25日通过的刑法修正案修改，修改的内容自1999年12月25日起施行。〕

1997年刑法条文 (阴影部分为历次修改删去的内容,楷体部分为说明文字)	1997年以来历次修改后的刑法条文 (黑体部分为历次修改增加或修改的内容,楷体部分为说明文字)
〔刑法修正案(六)增加本条规定。〕	第一百八十五条之一 商业银行、证券交易所、期货交易所、证券公司、期货经纪公司、保险公司或者其他金融机构,违背受托义务,擅自运用客户资金或者其他委托、信托的财产,情节严重的,对单位判处罚金,并对其直接负责的主管人员和其他直接责任人员,处三年以下有期徒刑或者拘役,并处三万元以上三十万元以下罚金;情节特别严重的,处三年以上十年以下有期徒刑,并处五万元以上五十万元以下罚金。 社会保障基金管理机构、住房公积金管理机构等公众资金管理机构,以及保险公司、保险资产管理公司、证券投资基金管理公司,违反国家规定运用资金的,对其直接负责的主管人员和其他直接责任人员,依照前款的规定处罚。 〔根据2006年6月29日通过的刑法修正案(六)增加,自2006年6月29日起施行。〕

刑法历次修改条文对照表（含十一个刑法修正案）

1997年刑法条文 (阴影部分为历次修改删去的内容，楷体部分为说明文字)	1997年以来历次修改后的刑法条文 (黑体部分为历次修改增加或修改的内容，楷体部分为说明文字)
第一百八十六条　银行或者其他金融机构的工作人员违反法律、行政法规规定，向关系人发放信用贷款或者发放担保贷款的条件优于其他借款人同类贷款的条件，造成较大损失的，处五年以下有期徒刑或者拘役，并处一万元以上十万元以下罚金；造成重大损失的，处五年以上有期徒刑，并处二万元以上二十万元以下罚金。 　　银行或者其他金融机构的工作人员违反法律、行政法规规定，向关系人以外的其他人发放贷款，造成重大损失的，处五年以下有期徒刑或者拘役，并处一万元以上十万元以下罚金；造成特别重大损失的，处五年以上有期徒刑，并处二万元以上二十万元以下罚金。 　　单位犯前两款罪的，对单位判处罚金，并对其直接负责的主管人员和其他直接责任人员，依照前两款的规定处罚。 　　关系人的范围，依照《中华人民共和国商业银行法》和有关金融法规确定。	第一百八十六条　银行或者其他金融机构的工作人员违反**国家**规定发放贷款，**数额巨大或者**造成**重大**损失的，处五年以下有期徒刑或者拘役，并处一万元以上十万元以下罚金；**数额特别巨大或者**造成**特别**重大损失的，处五年以上有期徒刑，并处二万元以上二十万元以下罚金。 　　银行或者其他金融机构的工作人员违反**国家**规定，向关系人发放贷款的，**依照前款的规定从重处罚。** 　　单位犯前两款罪的，对单位判处罚金，并对其直接负责的主管人员和其他直接责任人员，依照前两款的规定处罚。 　　关系人的范围，依照《中华人民共和国商业银行法》和有关金融法规确定。 　　〔根据2006年6月29日通过的刑法修正案（六）修改，修改的内容自2006年6月29日起施行。〕

——刑法历次修改条文对照表——

1997年刑法条文 (阴影部分为历次修改删去的内容,楷体部分为说明文字)	1997年以来历次修改后的刑法条文 (黑体部分为历次修改增加或修改的内容,楷体部分为说明文字)
第一百八十七条 银行或者其他金融机构的工作人员以牟利为目的,采取吸收客户资金不入帐的方式,将资金用于非法拆借、发放贷款,造成重大损失的,处五年以下有期徒刑或者拘役,并处二万元以上二十万元以下罚金;造成特别重大损失的,处五年以上有期徒刑,并处五万元以上五十万元以下罚金。 　　单位犯前款罪的,对单位判处罚金,并对其直接负责的主管人员和其他直接责任人员,依照前款的规定处罚。	第一百八十七条 银行或者其他金融机构的工作人员吸收客户资金不入帐,**数额巨大或者**造成重大损失的,处五年以下有期徒刑或者拘役,并处二万元以上二十万元以下罚金;**数额特别巨大或者**造成特别重大损失的,处五年以上有期徒刑,并处五万元以上五十万元以下罚金。 　　单位犯前款罪的,对单位判处罚金,并对其直接负责的主管人员和其他直接责任人员,依照前款的规定处罚。 　　〔根据2006年6月29日通过的刑法修正案(六)修改,修改的内容自2006年6月29日起施行。〕

·143·

——刑法历次修改条文对照表(含十一个刑法修正案)——

1997年刑法条文 (阴影部分为历次修改删去的内容,楷体部分为说明文字)	1997年以来历次修改后的刑法条文 (黑体部分为历次修改增加或修改的内容,楷体部分为说明文字)
第一百八十八条 银行或者其他金融机构的工作人员违反规定,为他人出具信用证或者其他保函、票据、存单、资信证明,造成较大损失的,处五年以下有期徒刑或者拘役;造成重大损失的,处五年以上有期徒刑。 单位犯前款罪的,对单位判处罚金,并对其直接负责的主管人员和其他直接责任人员,依照前款的规定处罚。	第一百八十八条 银行或者其他金融机构的工作人员违反规定,为他人出具信用证或者其他保函、票据、存单、资信证明,**情节严重**的,处五年以下有期徒刑或者拘役;**情节特别严重**的,处五年以上有期徒刑。 单位犯前款罪的,对单位判处罚金,并对其直接负责的主管人员和其他直接责任人员,依照前款的规定处罚。 〔根据2006年6月29日通过的刑法修正案(六)修改,修改的内容自2006年6月29日起施行。〕
第一百八十九条 银行或者其他金融机构的工作人员在票据业务中,对违反票据法规定的票据予以承兑、付款或者保证,造成重大损失的,处五年以下有期徒刑或者拘役;造成特别重大损失的,处五年以上有期徒刑。 单位犯前款罪的,对单位判处罚金,并对其直接负责的主管人员和其他直接责任人员,依照前款的规定处罚。	第一百八十九条 银行或者其他金融机构的工作人员在票据业务中,对违反票据法规定的票据予以承兑、付款或者保证,造成重大损失的,处五年以下有期徒刑或者拘役;造成特别重大损失的,处五年以上有期徒刑。 单位犯前款罪的,对单位判处罚金,并对其直接负责的主管人员和其他直接责任人员,依照前款的规定处罚。

1997 年刑法条文 (阴影部分为历次修改删去的内容,楷体部分为说明文字)	1997 年以来历次修改后的刑法条文 (黑体部分为历次修改增加或修改的内容,楷体部分为说明文字)
第一百九十条　_{国有}公司、企业或者其他_{国有}单位,违反国家规定,擅自将外汇存放境外,或者将境内的外汇非法转移到境外,_{情节严重}的,对单位判处罚金,并对其直接负责的主管人员和其他直接责任人员,处五年以下有期徒刑或者拘役。	第一百九十条　公司、企业或者其他单位,违反国家规定,擅自将外汇存放境外,或者将境内的外汇非法转移到境外,**数额较大**的,对单位判处**逃汇数额百分之五以上百分之三十以下罚金**,并对其直接负责的主管人员和其他直接责任人员,处五年以下有期徒刑或者拘役;**数额巨大或者有其他严重情节**的,对单位判处逃汇数额百分之五以上百分之三十以下罚金,并对其直接负责的主管人员和其他直接责任人员处**五年以上有期徒刑**。 〔根据1998年12月29日通过的《全国人民代表大会常务委员会关于惩治骗购外汇、逃汇和非法买卖外汇犯罪的决定》修改,修改的内容自1998年12月29日起施行。〕

1997年刑法条文 (阴影部分为历次修改删去的内容，楷体部分为说明文字)	1997年以来历次修改后的刑法条文 (黑体部分为历次修改增加或修改的内容，楷体部分为说明文字)
第一百九十一条　明知是毒品犯罪、黑社会性质的组织犯罪、走私犯罪的违法所得及其产生的收益,为掩饰、隐瞒其来源和性质,有下列行为之一的,没收实施以上犯罪的违法所得及其产生的收益,处五年以下有期徒刑或者拘役,并处或者单处洗钱数额百分之五以上百分之二十以下罚金;情节严重的,处五年以上十年以下有期徒刑,并处洗钱数额百分之五以上百分之二十以下罚金: （一）提供资金帐户的; （二）协助将财产转换为现金或者金融票据的; （三）通过转帐或者其他结算方式协助资金转移的; （四）协助将资金汇往境外的; （五）以其他方法掩饰、隐瞒犯罪的违法所得及其收益来源和性质的。 单位犯前款罪的,对单位判处罚金,并对其直接负责的主管人员和其他直接责任人员,处五年以下有期徒刑或者拘役。 〔本条经刑法修正案（三）、刑法修正案（六）、刑法修正案（十一）三次修改。〕	第一百九十一条　为掩饰、隐瞒毒品犯罪、黑社会性质的组织犯罪、**恐怖活动犯罪**、走私犯罪、**贪污贿赂犯罪、破坏金融管理秩序犯罪、金融诈骗犯罪**的所得及其产生的收益的来源和性质,有下列行为之一的,没收实施以上犯罪的所得及其产生的收益,处五年以下有期徒刑或者拘役,并处或者单处罚金;情节严重的,处五年以上十年以下有期徒刑,并处罚金: （一）提供资金帐户的; （二）将财产转换为现金、金融票据、**有价证券**的; （三）通过转帐或者其他支付结算方式**转移**资金的; （四）**跨境转移资产的**; （五）以其他方法掩饰、隐瞒犯罪所得及其收益**的来源和性质的**。 单位犯前款罪的,对单位判处罚金,并对其直接负责的主管人员和其他直接责任人员,**依照前款的规定处罚**。 〔根据2020年12月26日通过的刑法修正案（十一）第三次修改,修改的内容自2021年3月1日起施行。〕

1997年刑法条文 (阴影部分为历次修改删去的内容,楷体部分为说明文字)	1997年以来历次修改后的刑法条文 (黑体部分为历次修改增加或修改的内容,楷体部分为说明文字)
	刑法修正案(六)修改后的第一百九十一条 明知是毒品犯罪、黑社会性质的组织犯罪、恐怖活动犯罪、走私犯罪、贪污贿赂犯罪、破坏金融管理秩序犯罪、金融诈骗犯罪的所得及其产生的收益,为掩饰、隐瞒其来源和性质,有下列行为之一的,没收实施以上犯罪的所得及其产生的收益,处五年以下有期徒刑或者拘役,并处或者单处洗钱数额百分之五以上百分之二十以下罚金;情节严重的,处五年以上十年以下有期徒刑,并处洗钱数额百分之五以上百分之二十以下罚金: (一)提供资金帐户的; (二)协助将财产转换为现金、金融票据、有价证券的; (三)通过转帐或者其他结算方式协助资金转移的; (四)协助将资金汇往境外的; (五)以其他方法掩饰、隐瞒犯罪所得及其收益的来源和性质的。 单位犯前款罪的,对单位判处罚金,并对其直接负责的主管人员和其他直接责任人员,处五年以下有期徒刑或者拘役;情节严重的,处五年以上十年以下有期徒刑。 〔根据2006年6月29日通过的刑法修正案(六)第二次修改,修改的内容自2006年6月29日起施行。〕

1997年刑法条文 (阴影部分为历次修改删去的内容，楷体部分为说明文字)	1997年以来历次修改后的刑法条文 (黑体部分为历次修改增加或修改的内容，楷体部分为说明文字)
	刑法修正案(三)修改后的第一百九十一条 明知是毒品犯罪、黑社会性质的组织犯罪、恐怖活动犯罪、走私犯罪的违法所得及其产生的收益，为掩饰、隐瞒其来源和性质，有下列行为之一的，没收实施以上犯罪的违法所得及其产生的收益，处五年以下有期徒刑或者拘役，并处或者单处洗钱数额百分之五以上百分之二十以下罚金；情节严重的，处五年以上十年以下有期徒刑，并处洗钱数额百分之五以上百分之二十以下罚金： （一）提供资金帐户的； （二）协助将财产转换为现金或者金融票据的； （三）通过转帐或者其他结算方式协助资金转移的； （四）协助将资金汇往境外的； （五）以其他方法掩饰、隐瞒犯罪的违法所得及其收益的来源和性质的。 单位犯前款罪的，对单位判处罚金，并对其直接负责的主管人员和其他直接责任人员，处五年以下有期徒刑或者拘役。 〔根据2001年12月29日通过的刑法修正案(三)第一次修改，修改的内容自2001年12月29日起施行。〕

1997年刑法条文 (阴影部分为历次修改删去的内容，楷体部分为说明文字)	1997年以来历次修改后的刑法条文 (黑体部分为历次修改增加或修改的内容，楷体部分为说明文字)
〔《全国人民代表大会常务委员会关于惩治骗购外汇、逃汇和非法买卖外汇犯罪的决定》增加本条规定。〕	一、有下列情形之一，骗购外汇，数额较大的，处五年以下有期徒刑或者拘役，并处骗购外汇数额百分之五以上百分之三十以下罚金；数额巨大或者有其他严重情节的，处五年以上十年以下有期徒刑，并处骗购外汇数额百分之五以上百分之三十以下罚金；数额特别巨大或者有其他特别严重情节的，处十年以上有期徒刑或者无期徒刑，并处骗购外汇数额百分之五以上百分之三十以下罚金或者没收财产： （一）使用伪造、变造的海关签发的报关单、进口证明、外汇管理部门核准件等凭证和单据的； （二）重复使用海关签发的报关单、进口证明、外汇管理部门核准件等凭证和单据的； （三）以其他方式骗购外汇的。 伪造、变造海关签发的报关单、进口证明、外汇管理部门核准件等凭证和单据，并用于骗购外汇的，依照前款的规定从重处罚。

1997年刑法条文 (阴影部分为历次修改删去的内容,楷体部分为说明文字)	1997年以来历次 修改后的刑法条文 (黑体部分为历次修改增加或修改的内容,楷体部分为说明文字)
	明知用于骗购外汇而提供人民币资金的,以共犯论处。 **单位犯前三款罪的,对单位依照第一款的规定判处罚金,并对其直接负责的主管人员和其他直接责任人员,处五年以下有期徒刑或者拘役;数额巨大或者有其他严重情节的,处五年以上十年以下有期徒刑;数额特别巨大或者有其他特别严重情节的,处十年以上有期徒刑或者无期徒刑。** 〔根据1998年12月29日通过的《全国人民代表大会常务委员会关于惩治骗购外汇、逃汇和非法买卖外汇犯罪的决定》增加,自1998年12月29日起施行。〕

1997年刑法条文 (阴影部分为历次修改删去的内容,楷体部分为说明文字)	1997年以来历次 修改后的刑法条文 (黑体部分为历次修改增加或修改的内容,楷体部分为说明文字)
〔《全国人民代表大会常务委员会关于惩治骗购外汇、逃汇和非法买卖外汇犯罪的决定》增加本条规定。〕	五、海关、外汇管理部门以及金融机构、从事对外贸易经营活动的公司、企业或者其他单位的工作人员与骗购外汇或者逃汇的行为人通谋,为其提供购买外汇的有关凭证或者其他便利的,或者明知是伪造、变造的凭证和单据而售汇、付汇的,以共犯论,依照本决定从重处罚。 〔根据1998年12月29日通过的《全国人民代表大会常务委员会关于惩治骗购外汇、逃汇和非法买卖外汇犯罪的决定》增加,自1998年12月29日起施行。〕

1997年刑法条文 (阴影部分为历次修改删去的内容,楷体部分为说明文字)	1997年以来历次 修改后的刑法条文 (黑体部分为历次修改增加或修改的内容,楷体部分为说明文字)
第五节　金融诈骗罪	第五节　金融诈骗罪
第一百九十二条　以非法占有为目的,使用诈骗方法非法集资,数额较大的,处五年以下有期徒刑或者拘役,并处二万元以上二十万元以下罚金;数额巨大或者有其他严重情节的,处五年以上十年以下有期徒刑,并处五万元以上五十万元以下罚金;数额特别巨大或者有其他特别严重情节的,处十年以上有期徒刑或者无期徒刑,并处五万元以上五十万元以下罚金或者没收财产。	第一百九十二条　以非法占有为目的,使用诈骗方法非法集资,数额较大的,处**三年以上七年**以下有期徒刑,并处罚金;数额巨大或者有其他严重情节的,处**七年**以上有期徒刑或者无期徒刑,并处罚金或者没收财产。 　　**单位犯前款罪的,对单位判处罚金,并对其直接负责的主管人员和其他直接责任人员,依照前款的规定处罚。** 　　〔根据2020年12月26日通过的刑法修正案(十一)修改,修改的内容自2021年3月1日起施行。〕

1997年刑法条文 (阴影部分为历次修改删去的内容，楷体部分为说明文字)	1997年以来历次修改后的刑法条文 (黑体部分为历次修改增加或修改的内容，楷体部分为说明文字)
第一百九十三条　有下列情形之一，以非法占有为目的，诈骗银行或者其他金融机构的贷款，数额较大的，处五年以下有期徒刑或者拘役，并处二万元以上二十万元以下罚金；数额巨大或者有其他严重情节的，处五年以上十年以下有期徒刑，并处五万元以上五十万元以下罚金；数额特别巨大或者有其他特别严重情节的，处十年以上有期徒刑或者无期徒刑，并处五万元以上五十万元以下罚金或者没收财产： （一）编造引进资金、项目等虚假理由的； （二）使用虚假的经济合同的； （三）使用虚假的证明文件的； （四）使用虚假的产权证明作担保或者超出抵押物价值重复担保的； （五）以其他方法诈骗贷款的。	第一百九十三条　有下列情形之一，以非法占有为目的，诈骗银行或者其他金融机构的贷款，数额较大的，处五年以下有期徒刑或者拘役，并处二万元以上二十万元以下罚金；数额巨大或者有其他严重情节的，处五年以上十年以下有期徒刑，并处五万元以上五十万元以下罚金；数额特别巨大或者有其他特别严重情节的，处十年以上有期徒刑或者无期徒刑，并处五万元以上五十万元以下罚金或者没收财产： （一）编造引进资金、项目等虚假理由的； （二）使用虚假的经济合同的； （三）使用虚假的证明文件的； （四）使用虚假的产权证明作担保或者超出抵押物价值重复担保的； （五）以其他方法诈骗贷款的。

——刑法历次修改条文对照表（含十一个刑法修正案）——

1997年刑法条文 (阴影部分为历次修改删去的内容,楷体部分为说明文字)	1997年以来历次修改后的刑法条文 (黑体部分为历次修改增加或修改的内容,楷体部分为说明文字)
第一百九十四条　有下列情形之一,进行金融票据诈骗活动,数额较大的,处五年以下有期徒刑或者拘役,并处二万元以上二十万元以下罚金;数额巨大或者有其他严重情节的,处五年以上十年以下有期徒刑,并处五万元以上五十万元以下罚金;数额特别巨大或者有其他特别严重情节的,处十年以上有期徒刑或者无期徒刑,并处五万元以上五十万元以下罚金或者没收财产: 　　(一)明知是伪造、变造的汇票、本票、支票而使用的; 　　(二)明知是作废的汇票、本票、支票而使用的; 　　(三)冒用他人的汇票、本票、支票的; 　　(四)签发空头支票或者与其预留印鉴不符的支票,骗取财物的; 　　(五)汇票、本票的出票人签发无资金保证的汇票、本票或者在出票时作虚假记载,骗取财物的。 　　使用伪造、变造的委托收款凭证、汇款凭证、银行存单等其他银行结算凭证的,依照前款的规定处罚。	第一百九十四条　有下列情形之一,进行金融票据诈骗活动,数额较大的,处五年以下有期徒刑或者拘役,并处二万元以上二十万元以下罚金;数额巨大或者有其他严重情节的,处五年以上十年以下有期徒刑,并处五万元以上五十万元以下罚金;数额特别巨大或者有其他特别严重情节的,处十年以上有期徒刑或者无期徒刑,并处五万元以上五十万元以下罚金或者没收财产: 　　(一)明知是伪造、变造的汇票、本票、支票而使用的; 　　(二)明知是作废的汇票、本票、支票而使用的; 　　(三)冒用他人的汇票、本票、支票的; 　　(四)签发空头支票或者与其预留印鉴不符的支票,骗取财物的; 　　(五)汇票、本票的出票人签发无资金保证的汇票、本票或者在出票时作虚假记载,骗取财物的。 　　使用伪造、变造的委托收款凭证、汇款凭证、银行存单等其他银行结算凭证的,依照前款的规定处罚。

1997年刑法条文 (阴影部分为历次修改删去的内容,楷体部分为说明文字)	1997年以来历次修改后的刑法条文 (黑体部分为历次修改增加或修改的内容,楷体部分为说明文字)
第一百九十五条 有下列情形之一,进行信用证诈骗活动的,处五年以下有期徒刑或者拘役,并处二万元以上二十万元以下罚金;数额巨大或者有其他严重情节的,处五年以上十年以下有期徒刑,并处五万元以上五十万元以下罚金;数额特别巨大或者有其他特别严重情节的,处十年以上有期徒刑或者无期徒刑,并处五万元以上五十万元以下罚金或者没收财产: （一）使用伪造、变造的信用证或者附随的单据、文件的; （二）使用作废的信用证的; （三）骗取信用证的; （四）以其他方法进行信用证诈骗活动的。	第一百九十五条 有下列情形之一,进行信用证诈骗活动的,处五年以下有期徒刑或者拘役,并处二万元以上二十万元以下罚金;数额巨大或者有其他严重情节的,处五年以上十年以下有期徒刑,并处五万元以上五十万元以下罚金;数额特别巨大或者有其他特别严重情节的,处十年以上有期徒刑或者无期徒刑,并处五万元以上五十万元以下罚金或者没收财产: （一）使用伪造、变造的信用证或者附随的单据、文件的; （二）使用作废的信用证的; （三）骗取信用证的; （四）以其他方法进行信用证诈骗活动的。

1997年刑法条文 (阴影部分为历次修改删去的内容,楷体部分为说明文字)	1997年以来历次修改后的刑法条文 (黑体部分为历次修改增加或修改的内容,楷体部分为说明文字)
第一百九十六条 有下列情形之一,进行信用卡诈骗活动,数额较大的,处五年以下有期徒刑或者拘役,并处二万元以上二十万元以下罚金;数额巨大或者有其他严重情节的,处五年以上十年以下有期徒刑,并处五万元以上五十万元以下罚金;数额特别巨大或者有其他特别严重情节的,处十年以上有期徒刑或者无期徒刑,并处五万元以上五十万元以下罚金或者没收财产: (一)使用伪造的信用卡的; (二)使用作废的信用卡的; (三)冒用他人信用卡的; (四)恶意透支的。 前款所称恶意透支,是指持卡人以非法占有为目的,超过规定限额或者规定期限透支,并且经发卡银行催收后仍不归还的行为。 盗窃信用卡并使用的,依照本法第二百六十四条的规定定罪处罚。	第一百九十六条 有下列情形之一,进行信用卡诈骗活动,数额较大的,处五年以下有期徒刑或者拘役,并处二万元以上二十万元以下罚金;数额巨大或者有其他严重情节的,处五年以上十年以下有期徒刑,并处五万元以上五十万元以下罚金;数额特别巨大或者有其他特别严重情节的,处十年以上有期徒刑或者无期徒刑,并处五万元以上五十万元以下罚金或者没收财产: (一)使用伪造的信用卡,**或者使用以虚假的身份证明骗领的信用卡**的; (二)使用作废的信用卡的; (三)冒用他人信用卡的; (四)恶意透支的。 前款所称恶意透支,是指持卡人以非法占有为目的,超过规定限额或者规定期限透支,并且经发卡银行催收后仍不归还的行为。 盗窃信用卡并使用的,依照本法第二百六十四条的规定定罪处罚。

1997年刑法条文 (阴影部分为历次修改删去的内容,楷体部分为说明文字)	1997年以来历次修改后的刑法条文 (黑体部分为历次修改增加或修改的内容,楷体部分为说明文字)
	〔根据2005年2月28日通过的刑法修正案(五)修改,修改的内容自2005年2月28日起施行。〕
第一百九十七条　使用伪造、变造的国库券或者国家发行的其他有价证券,进行诈骗活动,数额较大的,处五年以下有期徒刑或者拘役,并处二万元以上二十万元以下罚金;数额巨大或者有其他严重情节的,处五年以上十年以下有期徒刑,并处五万元以上五十万元以下罚金;数额特别巨大或者有其他特别严重情节的,处十年以上有期徒刑或者无期徒刑,并处五万元以上五十万元以下罚金或者没收财产。	第一百九十七条　使用伪造、变造的国库券或者国家发行的其他有价证券,进行诈骗活动,数额较大的,处五年以下有期徒刑或者拘役,并处二万元以上二十万元以下罚金;数额巨大或者有其他严重情节的,处五年以上十年以下有期徒刑,并处五万元以上五十万元以下罚金;数额特别巨大或者有其他特别严重情节的,处十年以上有期徒刑或者无期徒刑,并处五万元以上五十万元以下罚金或者没收财产。

1997年刑法条文 (阴影部分为历次修改删去的内容，楷体部分为说明文字)	1997年以来历次 修改后的刑法条文 (黑体部分为历次修改增加或修改的内容，楷体部分为说明文字)
第一百九十八条　有下列情形之一，进行保险诈骗活动，数额较大的，处五年以下有期徒刑或者拘役，并处一万元以上十万元以下罚金；数额巨大或者有其他严重情节的，处五年以上十年以下有期徒刑，并处二万元以上二十万元以下罚金；数额特别巨大或者有其他特别严重情节的，处十年以上有期徒刑，并处二万元以上二十万元以下罚金或者没收财产： 　　（一）投保人故意虚构保险标的，骗取保险金的； 　　（二）投保人、被保险人或者受益人对发生的保险事故编造虚假的原因或者夸大损失的程度，骗取保险金的； 　　（三）投保人、被保险人或者受益人编造未曾发生的保险事故，骗取保险金的； 　　（四）投保人、被保险人故意造成财产损失的保险事故，骗取保险金的； 　　（五）投保人、受益人故意造成被保险人死亡、伤残或者疾病，骗取保险金的。	**第一百九十八条**　有下列情形之一，进行保险诈骗活动，数额较大的，处五年以下有期徒刑或者拘役，并处一万元以上十万元以下罚金；数额巨大或者有其他严重情节的，处五年以上十年以下有期徒刑，并处二万元以上二十万元以下罚金；数额特别巨大或者有其他特别严重情节的，处十年以上有期徒刑，并处二万元以上二十万元以下罚金或者没收财产： 　　（一）投保人故意虚构保险标的，骗取保险金的； 　　（二）投保人、被保险人或者受益人对发生的保险事故编造虚假的原因或者夸大损失的程度，骗取保险金的； 　　（三）投保人、被保险人或者受益人编造未曾发生的保险事故，骗取保险金的； 　　（四）投保人、被保险人故意造成财产损失的保险事故，骗取保险金的； 　　（五）投保人、受益人故意造成被保险人死亡、伤残或者疾病，骗取保险金的。

1997 年刑法条文 (阴影部分为历次修改删去的内容，楷体部分为说明文字)	1997 年以来历次修改后的刑法条文 (黑体部分为历次修改增加或修改的内容，楷体部分为说明文字)
有前款第四项、第五项所列行为，同时构成其他犯罪的，依照数罪并罚的规定处罚。 　　单位犯第一款罪的，对单位判处罚金，并对其直接负责的主管人员和其他直接责任人员，处五年以下有期徒刑或者拘役；数额巨大或者有其他严重情节的，处五年以上十年以下有期徒刑；数额特别巨大或者有其他特别严重情节的，处十年以上有期徒刑。 　　保险事故的鉴定人、证明人、财产评估人故意提供虚假的证明文件，为他人诈骗提供条件的，以保险诈骗的共犯论处。	有前款第四项、第五项所列行为，同时构成其他犯罪的，依照数罪并罚的规定处罚。 　　单位犯第一款罪的，对单位判处罚金，并对其直接负责的主管人员和其他直接责任人员，处五年以下有期徒刑或者拘役；数额巨大或者有其他严重情节的，处五年以上十年以下有期徒刑；数额特别巨大或者有其他特别严重情节的，处十年以上有期徒刑。 　　保险事故的鉴定人、证明人、财产评估人故意提供虚假的证明文件，为他人诈骗提供条件的，以保险诈骗的共犯论处。
第一百九十九条　**犯本节第一百九十二条、第一百九十四条、第一百九十五条规定之罪，数额特别巨大并且给国家和人民利益造成特别重大损失的，处无期徒刑或者死刑，并处没收财产。** 　　〔本条经刑法修正案(八)修改，刑法修正案(九)删去。〕	第一百九十九条　（删去） 　　〔根据 2015 年 8 月 29 日通过的刑法修正案(九)删去，删去的内容自 2015 年 11 月 1 日起施行。〕

1997年刑法条文 (阴影部分为历次修改删去的内容，楷体部分为说明文字)	1997年以来历次 修改后的刑法条文 (黑体部分为历次修改增加或修改的内容，楷体部分为说明文字)
	刑法修正案(八)修改后的第一百九十九条　犯本节第一百九十二条规定之罪，数额特别巨大并且给国家和人民利益造成特别重大损失的，处无期徒刑或者死刑，并处没收财产。 〔根据2011年2月25日通过的刑法修正案(八)修改，修改的内容自2011年5月1日起施行。〕
第二百条　单位犯本节第一百九十二条、第一百九十四条、第一百九十五条规定之罪的，对单位判处罚金，并对其直接负责的主管人员和其他直接责任人员，处五年以下有期徒刑或者拘役；数额巨大或者有其他严重情节的，处五年以上十年以下有期徒刑；数额特别巨大或者有其他特别严重情节的，处十年以上有期徒刑或者无期徒刑。 〔本条经刑法修正案(六)、刑法修正案(十一)两次修改。〕	第二百条　单位犯本节第一百九十四条、第一百九十五条规定之罪的，对单位判处罚金，并对其直接负责的主管人员和其他直接责任人员，处五年以下有期徒刑或者拘役，**可以并处罚金**；数额巨大或者有其他严重情节的，处五年以上十年以下有期徒刑，**并处罚金**；数额特别巨大或者有其他特别严重情节的，处十年以上有期徒刑或者无期徒刑，**并处罚金**。 〔根据2020年12月26日通过的刑法修正案(十一)第二次修改，修改的内容自2021年3月1日起施行。〕

1997年刑法条文 (阴影部分为历次修改删去的内容，楷体部分为说明文字)	1997年以来历次修改后的刑法条文 (黑体部分为历次修改增加或修改的内容，楷体部分为说明文字)
	刑法修正案(八)修改后的第二百条 单位犯本节第一百九十二条、第一百九十四条、第一百九十五条规定之罪的，对单位判处罚金，并对其直接负责的主管人员和其他直接责任人员，**处五年以下有期徒刑或者拘役，可以并处罚金；数额巨大或者有其他严重情节的，处五年以上十年以下有期徒刑，并处罚金；数额特别巨大或者有其他特别严重情节的，处十年以上有期徒刑或者无期徒刑，并处罚金**。 〔根据2011年2月25日通过的刑法修正案(八)第一次修改，修改的内容自2011年5月1日起施行。〕

——刑法历次修改条文对照表（含十一个刑法修正案）——

1997年刑法条文 (阴影部分为历次修改删去的内容，楷体部分为说明文字)	1997年以来历次修改后的刑法条文 (黑体部分为历次修改增加或修改的内容，楷体部分为说明文字)
第六节　危害税收征管罪	第六节　危害税收征管罪
第二百零一条　纳税人采取伪造、变造、隐匿、擅自销毁帐簿、记帐凭证，在帐簿上多列支出或者不列、少列收入，经税务机关通知申报而拒不申报或者进行虚假的纳税申报的手段，不缴或者少缴应纳税款，偷税数额占应纳税额的百分之十以上不满百分之三十并且偷税数额在一万元以上不满十万元的，或者因偷税被税务机关给予二次行政处罚又偷税的，处三年以下有期徒刑或者拘役，并处偷税数额一倍以上五倍以下罚金；偷税数额占应纳税额的百分之三十以上并且偷税数额在十万元以上的，处三年以上七年以下有期徒刑，并处偷税数额一倍以上五倍以下罚金。 　　扣缴义务人采取前款所列手段，不缴或者少缴已扣、已收税款，数额占应缴税额的百分之十以上并且数额在一万元以上的，依照前款的规定处罚。 　　对多次犯有前两款行为，未经处理的，按照累计数额计算。	第二百零一条　纳税人采取**欺骗、隐瞒手段进行**虚假纳税申报或者不申报，**逃避缴纳税款数额较大并且**占应纳税额百分之十以上的，处三年以下有期徒刑或者拘役，并处罚金；数额**巨大并且**占应纳税额百分之三十以上的，处三年以上七年以下有期徒刑，并处罚金。 　　扣缴义务人采取前款所列手段，不缴或者少缴已扣、已收税款，数额**较大**的，依照前款的规定处罚。 　　对多次实施前两款行为，未经处理的，按照累计数额计算。 　　**有第一款行为，经税务机关依法下达追缴通知后，补缴应纳税款，缴纳滞纳金，已受行政处罚的，不予追究刑事责任；但是，五年内因逃避缴纳税款受过刑事处罚或者被税务机关给予二次以上行政处罚的除外。** 〔根据2009年2月28日通过的刑法修正案（七）修改，修改的内容自2009年2月28日起施行。〕

· 162 ·

1997 年刑法条文 (阴影部分为历次修改删去的内容,楷体部分为说明文字)	1997 年以来历次修改后的刑法条文 (黑体部分为历次修改增加或修改的内容,楷体部分为说明文字)
第二百零二条 以暴力、威胁方法拒不缴纳税款的,处三年以下有期徒刑或者拘役,并处拒缴税款一倍以上五倍以下罚金;情节严重的,处三年以上七年以下有期徒刑,并处拒缴税款一倍以上五倍以下罚金。	第二百零二条 以暴力、威胁方法拒不缴纳税款的,处三年以下有期徒刑或者拘役,并处拒缴税款一倍以上五倍以下罚金;情节严重的,处三年以上七年以下有期徒刑,并处拒缴税款一倍以上五倍以下罚金。
第二百零三条 纳税人欠缴应纳税款,采取转移或者隐匿财产的手段,致使税务机关无法追缴欠缴的税款,数额在一万元以上不满十万元的,处三年以下有期徒刑或者拘役,并处或者单处欠缴税款一倍以上五倍以下罚金;数额在十万元以上的,处三年以上七年以下有期徒刑,并处欠缴税款一倍以上五倍以下罚金。	第二百零三条 纳税人欠缴应纳税款,采取转移或者隐匿财产的手段,致使税务机关无法追缴欠缴的税款,数额在一万元以上不满十万元的,处三年以下有期徒刑或者拘役,并处或者单处欠缴税款一倍以上五倍以下罚金;数额在十万元以上的,处三年以上七年以下有期徒刑,并处欠缴税款一倍以上五倍以下罚金。

——刑法历次修改条文对照表（含十一个刑法修正案）——

1997年刑法条文 (阴影部分为历次修改删去的内容,楷体部分为说明文字)	1997年以来历次修改后的刑法条文 (黑体部分为历次修改增加或修改的内容,楷体部分为说明文字)
第二百零四条　以假报出口或者其他欺骗手段,骗取国家出口退税款,数额较大的,处五年以下有期徒刑或者拘役,并处骗取税款一倍以上五倍以下罚金;数额巨大或者有其他严重情节的,处五年以上十年以下有期徒刑,并处骗取税款一倍以上五倍以下罚金;数额特别巨大或者有其他特别严重情节的,处十年以上有期徒刑或者无期徒刑,并处骗取税款一倍以上五倍以下罚金或者没收财产。 　　纳税人缴纳税款后,采取前款规定的欺骗方法,骗取所缴纳的税款的,依照本法第二百零一条的规定定罪处罚;骗取税款超过所缴纳的税款部分,依照前款的规定处罚。	第二百零四条　以假报出口或者其他欺骗手段,骗取国家出口退税款,数额较大的,处五年以下有期徒刑或者拘役,并处骗取税款一倍以上五倍以下罚金;数额巨大或者有其他严重情节的,处五年以上十年以下有期徒刑,并处骗取税款一倍以上五倍以下罚金;数额特别巨大或者有其他特别严重情节的,处十年以上有期徒刑或者无期徒刑,并处骗取税款一倍以上五倍以下罚金或者没收财产。 　　纳税人缴纳税款后,采取前款规定的欺骗方法,骗取所缴纳的税款的,依照本法第二百零一条的规定定罪处罚;骗取税款超过所缴纳的税款部分,依照前款的规定处罚。

1997年刑法条文 (阴影部分为历次修改删去的内容，楷体部分为说明文字)	1997年以来历次 修改后的刑法条文 (黑体部分为历次修改增加或修改的内容，楷体部分为说明文字)
第二百零五条 虚开增值税专用发票或者虚开用于骗取出口退税、抵扣税款的其他发票的，处三年以下有期徒刑或者拘役，并处二万元以上二十万元以下罚金；虚开的税款数额较大或者有其他严重情节的，处三年以上十年以下有期徒刑，并处五万元以上五十万元以下罚金；虚开的税款数额巨大或者有其他特别严重情节的，处十年以上有期徒刑或者无期徒刑，并处五万元以上五十万元以下罚金或者没收财产。 ~~有前款行为骗取国家税款，数额特别巨大，情节特别严重，给国家利益造成特别重大损失的，处无期徒刑或者死刑，并处没收财产。~~ 单位犯本条规定之罪的，对单位判处罚金，并对其直接负责的主管人员和其他直接责任人员，处三年以下有期徒刑或者拘役；虚开的税款数额较大或者有其他严重情节的，处三年以上十年以下有期徒刑；虚开的税款数额巨大或者有其他特别严重情节的，处十年以上有期徒刑或者无期徒刑。	**第二百零五条** 虚开增值税专用发票或者虚开用于骗取出口退税、抵扣税款的其他发票的，处三年以下有期徒刑或者拘役，并处二万元以上二十万元以下罚金；虚开的税款数额较大或者有其他严重情节的，处三年以上十年以下有期徒刑，并处五万元以上五十万元以下罚金；虚开的税款数额巨大或者有其他特别严重情节的，处十年以上有期徒刑或者无期徒刑，并处五万元以上五十万元以下罚金或者没收财产。 单位犯本条规定之罪的，对单位判处罚金，并对其直接负责的主管人员和其他直接责任人员，处三年以下有期徒刑或者拘役；虚开的税款数额较大或者有其他严重情节的，处三年以上十年以下有期徒刑；虚开的税款数额巨大或者有其他特别严重情节的，处十年以上有期徒刑或者无期徒刑。

1997年刑法条文 (阴影部分为历次修改删去的内容，楷体部分为说明文字)	1997年以来历次修改后的刑法条文 (黑体部分为历次修改增加或修改的内容，楷体部分为说明文字)
虚开增值税专用发票或者虚开用于骗取出口退税、抵扣税款的其他发票，是指有为他人虚开、为自己虚开、让他人为自己虚开、介绍他人虚开行为之一的。	虚开增值税专用发票或者虚开用于骗取出口退税、抵扣税款的其他发票，是指有为他人虚开、为自己虚开、让他人为自己虚开、介绍他人虚开行为之一的。 〔根据2011年2月25日通过的刑法修正案(八)修改，修改的内容自2011年5月1日起施行。〕
〔刑法修正案(八)增加本条规定。〕	**第二百零五条之一　虚开本法第二百零五条规定以外的其他发票，情节严重的，处二年以下有期徒刑、拘役或者管制，并处罚金；情节特别严重的，处二年以上七年以下有期徒刑，并处罚金。** **单位犯前款罪的，对单位判处罚金，并对其直接负责的主管人员和其他直接责任人员，依照前款的规定处罚。** 〔根据2011年2月25日通过的刑法修正案(八)增加，自2011年5月1日起施行。〕

1997年刑法条文 (阴影部分为历次修改删去的内容,楷体部分为说明文字)	1997年以来历次修改后的刑法条文 (黑体部分为历次修改增加或修改的内容,楷体部分为说明文字)
第二百零六条 伪造或者出售伪造的增值税专用发票的,处三年以下有期徒刑、拘役或者管制,并处二万元以上二十万元以下罚金;数量较大或者有其他严重情节的,处三年以上十年以下有期徒刑,并处五万元以上五十万元以下罚金;数量巨大或者有其他特别严重情节的,处十年以上有期徒刑或者无期徒刑,并处五万元以上五十万元以下罚金或者没收财产。 伪造并出售伪造的增值税专用发票,数量特别巨大,情节特别严重,严重破坏经济秩序的,处无期徒刑或者死刑,并处没收财产。 单位犯本条规定之罪的,对单位判处罚金,并对其直接负责的主管人员和其他直接责任人员,处三年以下有期徒刑、拘役或者管制;数量较大或者有其他严重情节的,处三年以上十年以下有期徒刑;数量巨大或者有其他特别严重情节的,处十年以上有期徒刑或者无期徒刑。	第二百零六条 伪造或者出售伪造的增值税专用发票的,处三年以下有期徒刑、拘役或者管制,并处二万元以上二十万元以下罚金;数量较大或者有其他严重情节的,处三年以上十年以下有期徒刑,并处五万元以上五十万元以下罚金;数量巨大或者有其他特别严重情节的,处十年以上有期徒刑或者无期徒刑,并处五万元以上五十万元以下罚金或者没收财产。 单位犯本条规定之罪的,对单位判处罚金,并对其直接负责的主管人员和其他直接责任人员,处三年以下有期徒刑、拘役或者管制;数量较大或者有其他严重情节的,处三年以上十年以下有期徒刑;数量巨大或者有其他特别严重情节的,处十年以上有期徒刑或者无期徒刑。 〔根据2011年2月25日通过的刑法修正案(八)修改,修改的内容自2011年5月1日起施行。〕

——刑法历次修改条文对照表（含十一个刑法修正案）——

1997年刑法条文 (阴影部分为历次修改删去的内容，楷体部分为说明文字)	1997年以来历次修改后的刑法条文 (黑体部分为历次修改增加或修改的内容，楷体部分为说明文字)
第二百零七条　非法出售增值税专用发票的，处三年以下有期徒刑、拘役或者管制，并处二万元以上二十万元以下罚金；数量较大的，处三年以上十年以下有期徒刑，并处五万元以上五十万元以下罚金；数量巨大的，处十年以上有期徒刑或者无期徒刑，并处五万元以上五十万元以下罚金或者没收财产。	第二百零七条　非法出售增值税专用发票的，处三年以下有期徒刑、拘役或者管制，并处二万元以上二十万元以下罚金；数量较大的，处三年以上十年以下有期徒刑，并处五万元以上五十万元以下罚金；数量巨大的，处十年以上有期徒刑或者无期徒刑，并处五万元以上五十万元以下罚金或者没收财产。
第二百零八条　非法购买增值税专用发票或者购买伪造的增值税专用发票的，处五年以下有期徒刑或者拘役，并处或者单处二万元以上二十万元以下罚金。 　　非法购买增值税专用发票或者购买伪造的增值税专用发票又虚开或者出售的，分别依照本法第二百零五条、第二百零六条、第二百零七条的规定定罪处罚。	第二百零八条　非法购买增值税专用发票或者购买伪造的增值税专用发票的，处五年以下有期徒刑或者拘役，并处或者单处二万元以上二十万元以下罚金。 　　非法购买增值税专用发票或者购买伪造的增值税专用发票又虚开或者出售的，分别依照本法第二百零五条、第二百零六条、第二百零七条的规定定罪处罚。

· 168 ·

―――刑法历次修改条文对照表―――

1997年刑法条文 (阴影部分为历次修改删去的内容,楷体部分为说明文字)	1997年以来历次修改后的刑法条文 (黑体部分为历次修改增加或修改的内容,楷体部分为说明文字)
第二百零九条　伪造、擅自制造或者出售伪造、擅自制造的可以用于骗取出口退税、抵扣税款的其他发票的,处三年以下有期徒刑、拘役或者管制,并处二万元以上二十万元以下罚金;数量巨大的,处三年以上七年以下有期徒刑,并处五万元以上五十万元以下罚金;数量特别巨大的,处七年以上有期徒刑,并处五万元以上五十万元以下罚金或者没收财产。 　　伪造、擅自制造或者出售伪造、擅自制造的前款规定以外的其他发票的,处二年以下有期徒刑、拘役或者管制,并处或者单处一万元以上五万元以下罚金;情节严重的,处二年以上七年以下有期徒刑,并处五万元以上五十万元以下罚金。 　　非法出售可以用于骗取出口退税、抵扣税款的其他发票的,依照第一款的规定处罚。 　　非法出售第三款规定以外的其他发票的,依照第二款的规定处罚。	**第二百零九条**　伪造、擅自制造或者出售伪造、擅自制造的可以用于骗取出口退税、抵扣税款的其他发票的,处三年以下有期徒刑、拘役或者管制,并处二万元以上二十万元以下罚金;数量巨大的,处三年以上七年以下有期徒刑,并处五万元以上五十万元以下罚金;数量特别巨大的,处七年以上有期徒刑,并处五万元以上五十万元以下罚金或者没收财产。 　　伪造、擅自制造或者出售伪造、擅自制造的前款规定以外的其他发票的,处二年以下有期徒刑、拘役或者管制,并处或者单处一万元以上五万元以下罚金;情节严重的,处二年以上七年以下有期徒刑,并处五万元以上五十万元以下罚金。 　　非法出售可以用于骗取出口退税、抵扣税款的其他发票的,依照第一款的规定处罚。 　　非法出售第三款规定以外的其他发票的,依照第二款的规定处罚。

——刑法历次修改条文对照表（含十一个刑法修正案）——

1997年刑法条文 (阴影部分为历次修改删去的内容，楷体部分为说明文字)	1997年以来历次修改后的刑法条文 (黑体部分为历次修改增加或修改的内容，楷体部分为说明文字)
第二百一十条　盗窃增值税专用发票或者可以用于骗取出口退税、抵扣税款的其他发票的，依照本法第二百六十四条的规定定罪处罚。 使用欺骗手段骗取增值税专用发票或者可以用于骗取出口退税、抵扣税款的其他发票的，依照本法第二百六十六条的规定定罪处罚。	第二百一十条　盗窃增值税专用发票或者可以用于骗取出口退税、抵扣税款的其他发票的，依照本法第二百六十四条的规定定罪处罚。 使用欺骗手段骗取增值税专用发票或者可以用于骗取出口退税、抵扣税款的其他发票的，依照本法第二百六十六条的规定定罪处罚。
〔刑法修正案（八）增加本条规定。〕	**第二百一十条之一　明知是伪造的发票而持有，数量较大的，处二年以下有期徒刑、拘役或者管制，并处罚金；数量巨大的，处二年以上七年以下有期徒刑，并处罚金。** **单位犯前款罪的，对单位判处罚金，并对其直接负责的主管人员和其他直接责任人员，依照前款的规定处罚。** 〔根据2011年2月25日通过的刑法修正案（八）增加，自2011年5月1日起施行。〕

1997年刑法条文 (阴影部分为历次修改删去的内容，楷体部分为说明文字)	1997年以来历次 修改后的刑法条文 (黑体部分为历次修改增加或修改的内容，楷体部分为说明文字)
第二百一十一条　单位犯本节第二百零一条、第二百零三条、第二百零四条、第二百零七条、第二百零八条、第二百零九条规定之罪的，对单位判处罚金，并对其直接负责的主管人员和其他直接责任人员，依照各该条的规定处罚。	第二百一十一条　单位犯本节第二百零一条、第二百零三条、第二百零四条、第二百零七条、第二百零八条、第二百零九条规定之罪的，对单位判处罚金，并对其直接负责的主管人员和其他直接责任人员，依照各该条的规定处罚。
第二百一十二条　犯本节第二百零一条至第二百零五条规定之罪，被判处罚金、没收财产的，在执行前，应当先由税务机关追缴税款和所骗取的出口退税款。	第二百一十二条　犯本节第二百零一条至第二百零五条规定之罪，被判处罚金、没收财产的，在执行前，应当先由税务机关追缴税款和所骗取的出口退税款。
第七节　侵犯知识产权罪	第七节　侵犯知识产权罪
第二百一十三条　未经注册商标所有人许可，在同一种商品上使用与其注册商标相同的商标，情节严重的，处三年以下有期徒刑或者拘役，并处或者单处罚金；情节特别严重的，处三年以上七年以下有期徒刑，并处罚金。	第二百一十三条　未经注册商标所有人许可，在同一种商品、**服务**上使用与其注册商标相同的商标，情节严重的，处三年以下有期徒刑，并处或者单处罚金；情节特别严重的，处三年以上**十**年以下有期徒刑，并处罚金。 〔根据2020年12月26日通过的刑法修正案(十一)修改，修改的内容自2021年3月1日起施行。〕

——刑法历次修改条文对照表（含十一个刑法修正案）——

1997年刑法条文 (阴影部分为历次修改删去的内容，楷体部分为说明文字)	1997年以来历次修改后的刑法条文 (黑体部分为历次修改增加或修改的内容，楷体部分为说明文字)
第二百一十四条　销售明知是假冒注册商标的商品，销售金额数额较大的，处三年以下有期徒刑或者拘役，并处或者单处罚金；销售金额数额巨大的，处三年以上七年以下有期徒刑，并处罚金。	第二百一十四条　销售明知是假冒注册商标的商品，**违法所得数额较大或者有其他严重情节**的，处三年以下有期徒刑，并处或者单处罚金；**违法所得数额巨大或者有其他特别严重情节**的，处三年以上十年以下有期徒刑，并处罚金。 〔根据2020年12月26日通过的刑法修正案（十一）修改，修改的内容自2021年3月1日起施行。〕
第二百一十五条　伪造、擅自制造他人注册商标标识或者销售伪造、擅自制造的注册商标标识，情节严重的，处三年以下有期徒刑、拘役或者管制，并处或者单处罚金；情节特别严重的，处三年以上七年以下有期徒刑，并处罚金。	第二百一十五条　伪造、擅自制造他人注册商标标识或者销售伪造、擅自制造的注册商标标识，情节严重的，处三年以下有期徒刑，并处或者单处罚金；情节特别严重的，处三年以上**十**年以下有期徒刑，并处罚金。 〔根据2020年12月26日通过的刑法修正案（十一）修改，修改的内容自2021年3月1日起施行。〕
第二百一十六条　假冒他人专利，情节严重的，处三年以下有期徒刑或者拘役，并处或者单处罚金。	第二百一十六条　假冒他人专利，情节严重的，处三年以下有期徒刑或者拘役，并处或者单处罚金。

1997年刑法条文 (阴影部分为历次修改删去的内容，楷体部分为说明文字)	1997年以来历次 修改后的刑法条文 (黑体部分为历次修改增加或修改的内容，楷体部分为说明文字)
第二百一十七条　以营利为目的,有下列侵犯著作权情形之一,违法所得数额较大或者有其他严重情节的,处三年以下有期徒刑或者拘役,并处或者单处罚金;违法所得数额巨大或者有其他特别严重情节的,处三年以上七年以下有期徒刑,并处罚金: (一)未经著作权人许可,复制发行其文字作品、音乐、电影、电视、录像作品、计算机软件及其他作品的; (二)出版他人享有专有出版权的图书的; (三)未经录音录像制作者许可,复制发行其制作的录音录像的; (四)制作、出售假冒他人署名的美术作品的。	第二百一十七条　以营利为目的,有下列侵犯著作权**或者与著作权有关的权利的**情形之一,违法所得数额较大或者有其他严重情节的,处三年以下有期徒刑,并处或者单处罚金;违法所得数额巨大或者有其他特别严重情节的,处三年以上**十**年以下有期徒刑,并处罚金: (一)未经著作权人许可,复制发行、**通过信息网络向公众传播**其文字作品、音乐、**美术、视听**作品、计算机软件及**法律、行政法规规定**的其他作品的; (二)出版他人享有专有出版权的图书的; (三)未经录音录像制作者许可,复制发行、**通过信息网络向公众传播**其制作的录音录像的; (四)**未经表演者许可,复制发行录有其表演的录音录像制品,或者通过信息网络向公众传播其表演的**; (五)制作、出售假冒他人署名的美术作品的;

· 173 ·

1997年刑法条文 (阴影部分为历次修改删去的内容,楷体部分为说明文字)	1997年以来历次修改后的刑法条文 (黑体部分为历次修改增加或修改的内容,楷体部分为说明文字)
	(六)未经著作权人或者著作权有关的权利人许可,故意避开或者破坏权利人为其作品、录音录像制品等采取的保护著作权或者与著作权有关的权利的技术措施的。 〔根据2020年12月26日通过的刑法修正案(十一)修改,修改的内容自2021年3月1日起施行。〕
第二百一十八条 以营利为目的,销售明知是本法第二百一十七条规定的侵权复制品,违法所得数额巨大的,处三年以下有期徒刑或者拘役,并处或者单处罚金。	第二百一十八条 以营利为目的,销售明知是本法第二百一十七条规定的侵权复制品,违法所得数额巨大**或者有其他严重情节**的,处**五年**以下有期徒刑,并处或者单处罚金。 〔根据2020年12月26日通过的刑法修正案(十一)修改,修改的内容自2021年3月1日起施行。〕

1997年刑法条文 (阴影部分为历次修改删去的内容，楷体部分为说明文字)	1997年以来历次修改后的刑法条文 (黑体部分为历次修改增加或修改的内容，楷体部分为说明文字)
第二百一十九条　有下列侵犯商业秘密行为之一，给商业秘密的权利人造成重大损失的，处三年以下有期徒刑或者拘役，并处或者单处罚金；造成特别严重后果的，处三年以上七年以下有期徒刑，并处罚金： （一）以盗窃、利诱、胁迫或者其他不正当手段获取权利人的商业秘密的； （二）披露、使用或者允许他人使用以前项手段获取的权利人的商业秘密的； （三）违反约定或者违反权利人有关保守商业秘密的要求，披露、使用或者允许他人使用其所掌握的商业秘密的。 明知或者应知前款所列行为，获取、使用或者披露他人的商业秘密的，以侵犯商业秘密论。 本条所称商业秘密，是指不为公众所知悉，能为权利人带来经济利益，具有实用性并经权利人采取保密措施的技术信息和经营信息。 本条所称权利人，是指商业秘密的所有人和经商业秘密所有人许可的商业秘密使用人。	第二百一十九条　有下列侵犯商业秘密行为之一，**情节严重的**，处三年以下有期徒刑，并处或者单处罚金；**情节特别严重的**，处三年以上十年以下有期徒刑，并处罚金： （一）以盗窃、**贿赂**、**欺诈**、胁迫、**电子侵入**或者其他不正当手段获取权利人的商业秘密的； （二）披露、使用或者允许他人使用以前项手段获取的权利人的商业秘密的； （三）违反**保密义务**或者违反权利人有关保守商业秘密的要求，披露、使用或者允许他人使用其所掌握的商业秘密的。 明知前款所列行为，获取、披露、使用或者**允许他人使用该**商业秘密的，以侵犯商业秘密论。 本条所称权利人，是指商业秘密的所有人和经商业秘密所有人许可的商业秘密使用人。 〔根据2020年12月26日通过的刑法修正案（十一）修改，修改的内容自2021年3月1日起施行。〕

——刑法历次修改条文对照表（含十一个刑法修正案）——

1997年刑法条文 (阴影部分为历次修改删去的内容，楷体部分为说明文字)	1997年以来历次修改后的刑法条文 (黑体部分为历次修改增加或修改的内容，楷体部分为说明文字)
〔刑法修正案（十一）增加本条规定。〕	**第二百一十九条之一　为境外的机构、组织、人员窃取、刺探、收买、非法提供商业秘密的，处五年以下有期徒刑，并处或者单处罚金；情节严重的，处五年以上有期徒刑，并处罚金。** 〔根据2020年12月26日通过的刑法修正案（十一）增加，自2021年3月1日起施行。〕
第二百二十条　单位犯本节第二百一十三条至第二百一十九条规定之罪的，对单位判处罚金，并对其直接负责的主管人员和其他直接责任人员，依照本节各该条的规定处罚。	第二百二十条　单位犯本节第二百一十三条至第二百一十九条**之一**规定之罪的，对单位判处罚金，并对其直接负责的主管人员和其他直接责任人员，依照本节各该条的规定处罚。 〔根据2020年12月26日通过的刑法修正案（十一）修改，修改的内容自2021年3月1日起施行。〕
第八节　扰乱市场秩序罪	第八节　扰乱市场秩序罪
第二百二十一条　捏造并散布虚伪事实，损害他人的商业信誉、商品声誉，给他人造成重大损失或者有其他严重情节的，处二年以下有期徒刑或者拘役，并处或者单处罚金。	第二百二十一条　捏造并散布虚伪事实，损害他人的商业信誉、商品声誉，给他人造成重大损失或者有其他严重情节的，处二年以下有期徒刑或者拘役，并处或者单处罚金。

1997年刑法条文 (阴影部分为历次修改删去的内容,楷体部分为说明文字)	1997年以来历次修改后的刑法条文 (黑体部分为历次修改增加或修改的内容,楷体部分为说明文字)
第二百二十二条 广告主、广告经营者、广告发布者违反国家规定,利用广告对商品或者服务作虚假宣传,情节严重的,处二年以下有期徒刑或者拘役,并处或者单处罚金。	第二百二十二条 广告主、广告经营者、广告发布者违反国家规定,利用广告对商品或者服务作虚假宣传,情节严重的,处二年以下有期徒刑或者拘役,并处或者单处罚金。
第二百二十三条 投标人相互串通投标报价,损害招标人或者其他投标人利益,情节严重的,处三年以下有期徒刑或者拘役,并处或者单处罚金。 投标人与招标人串通投标,损害国家、集体、公民的合法利益的,依照前款的规定处罚。	第二百二十三条 投标人相互串通投标报价,损害招标人或者其他投标人利益,情节严重的,处三年以下有期徒刑或者拘役,并处或者单处罚金。 投标人与招标人串通投标,损害国家、集体、公民的合法利益的,依照前款的规定处罚。

——刑法历次修改条文对照表（含十一个刑法修正案）——

1997年刑法条文 (阴影部分为历次修改删去的内容，楷体部分为说明文字)	1997年以来历次 修改后的刑法条文 (黑体部分为历次修改增加或修改的内容，楷体部分为说明文字)
第二百二十四条　有下列情形之一，以非法占有为目的，在签订、履行合同过程中，骗取对方当事人财物，数额较大的，处三年以下有期徒刑或者拘役，并处或者单处罚金；数额巨大或者有其他严重情节的，处三年以上十年以下有期徒刑，并处罚金；数额特别巨大或者有其他特别严重情节的，处十年以上有期徒刑或者无期徒刑，并处罚金或者没收财产： 　　（一）以虚构的单位或者冒用他人名义签订合同的； 　　（二）以伪造、变造、作废的票据或者其他虚假的产权证明作担保的； 　　（三）没有实际履行能力，以先履行小额合同或者部分履行合同的方法，诱骗对方当事人继续签订和履行合同的； 　　（四）收受对方当事人给付的货物、货款、预付款或者担保财产后逃匿的； 　　（五）以其他方法骗取对方当事人财物的。	第二百二十四条　有下列情形之一，以非法占有为目的，在签订、履行合同过程中，骗取对方当事人财物，数额较大的，处三年以下有期徒刑或者拘役，并处或者单处罚金；数额巨大或者有其他严重情节的，处三年以上十年以下有期徒刑，并处罚金；数额特别巨大或者有其他特别严重情节的，处十年以上有期徒刑或者无期徒刑，并处罚金或者没收财产： 　　（一）以虚构的单位或者冒用他人名义签订合同的； 　　（二）以伪造、变造、作废的票据或者其他虚假的产权证明作担保的； 　　（三）没有实际履行能力，以先履行小额合同或者部分履行合同的方法，诱骗对方当事人继续签订和履行合同的； 　　（四）收受对方当事人给付的货物、货款、预付款或者担保财产后逃匿的； 　　（五）以其他方法骗取对方当事人财物的。

1997年刑法条文 (阴影部分为历次修改删去的内容，楷体部分为说明文字)	1997年以来历次 修改后的刑法条文 (黑体部分为历次修改增加或修改的内容，楷体部分为说明文字)
〔刑法修正案（七）增加本条规定。〕	**第二百二十四条之一　组织、领导以推销商品、提供服务等经营活动为名，要求参加者以缴纳费用或者购买商品、服务等方式获得加入资格，并按照一定顺序组成层级，直接或者间接以发展人员的数量作为计酬或者返利依据，引诱、胁迫参加者继续发展他人参加，骗取财物，扰乱经济社会秩序的传销活动的，处五年以下有期徒刑或者拘役，并处罚金；情节严重的，处五年以上有期徒刑，并处罚金。** 〔根据2009年2月28日通过的刑法修正案（七）增加，自2009年2月28日起施行。〕

1997年刑法条文 (阴影部分为历次修改删去的内容，楷体部分为说明文字)	1997年以来历次修改后的刑法条文 (黑体部分为历次修改增加或修改的内容，楷体部分为说明文字)
第二百二十五条 违反国家规定，有下列非法经营行为之一，扰乱市场秩序，情节严重的，处五年以下有期徒刑或者拘役，并处或者单处违法所得一倍以上五倍以下罚金；情节特别严重的，处五年以上有期徒刑，并处违法所得一倍以上五倍以下罚金或者没收财产： （一）未经许可经营法律、行政法规规定的专营、专卖物品或者其他限制买卖的物品的； （二）买卖进出口许可证、进出口原产地证明以及其他法律、行政法规规定的经营许可证或者批准文件的； （三）其他严重扰乱市场秩序的非法经营行为。 〔本条经刑法修正案、刑法修正案（七）两次修改。〕	第二百二十五条 违反国家规定，有下列非法经营行为之一，扰乱市场秩序，情节严重的，处五年以下有期徒刑或者拘役，并处或者单处违法所得一倍以上五倍以下罚金；情节特别严重的，处五年以上有期徒刑，并处违法所得一倍以上五倍以下罚金或者没收财产： （一）未经许可经营法律、行政法规规定的专营、专卖物品或者其他限制买卖的物品的； （二）买卖进出口许可证、进出口原产地证明以及其他法律、行政法规规定的经营许可证或者批准文件的； **（三）未经国家有关主管部门批准非法经营证券、期货、保险业务的，或者非法从事资金支付结算业务的；** （四）其他严重扰乱市场秩序的非法经营行为。 〔根据2009年2月28日通过的刑法修正案（七）第二次修改，修改的内容自2009年2月28日起施行。〕

——刑法历次修改条文对照表——

1997年刑法条文 (阴影部分为历次修改删去的内容,楷体部分为说明文字)	1997年以来历次修改后的刑法条文 (黑体部分为历次修改增加或修改的内容,楷体部分为说明文字)
	刑法修正案修改后的第二百二十五条　违反国家规定,有下列非法经营行为之一,扰乱市场秩序,情节严重的,处五年以下有期徒刑或者拘役,并处或者单处违法所得一倍以上五倍以下罚金;情节特别严重的,处五年以上有期徒刑,并处违法所得一倍以上五倍以下罚金或者没收财产: 　　(一)未经许可经营法律、行政法规规定的专营、专卖物品或者其他限制买卖的物品的; 　　(二)买卖进出口许可证、进出口原产地证明以及其他法律、行政法规规定的经营许可证或者批准文件的; 　　**(三)未经国家有关主管部门批准,非法经营证券、期货或者保险业务的;** 　　(四)其他严重扰乱市场秩序的非法经营行为。 〔根据1999年12月25日通过的刑法修正案第一次修改,修改的内容自1999年12月25日起施行。〕
〔《全国人民代表大会常务委员会关于惩治骗购外汇、逃汇和非法买卖外汇犯罪的决定》增加本条规定。〕	**四、在国家规定的交易场所以外非法买卖外汇,扰乱市场秩序,情节严重的,依照刑法第二百二十五条的规定定罪处罚。** 〔根据1998年12月29日通过的《全国人民代表大会常务委员会关于惩治骗购外汇、逃汇和非法买卖外汇犯罪的决定》增加,自1998年12月29日起施行。〕

——刑法历次修改条文对照表（含十一个刑法修正案）——

1997年刑法条文 (阴影部分为历次修改删去的内容，楷体部分为说明文字)	1997年以来历次 修改后的刑法条文 (黑体部分为历次修改增加或修改的内容，楷体部分为说明文字)
第二百二十六条　以暴力、威胁手段强买强卖商品、强迫他人提供服务或者强迫他人接受服务，情节严重的，处三年以下有期徒刑或者拘役，并处或者单处罚金。	第二百二十六条　以暴力、威胁手段，**实施下列行为之一**，情节严重的，处三年以下有期徒刑或者拘役，并处或者单处罚金；**情节特别严重的，处三年以上七年以下有期徒刑，并处罚金：** （一）强买强卖商品的； （二）强迫他人提供或者接受服务的； （三）强迫他人参与或者退出投标、拍卖的； （四）强迫他人转让或者收购公司、企业的股份、债券或者其他资产的； （五）强迫他人参与或者退出特定的经营活动的。 〔根据2011年2月25日通过的刑法修正案（八）修改，修改的内容自2011年5月1日起施行。〕

1997年刑法条文 (阴影部分为历次修改删去的内容,楷体部分为说明文字)	1997年以来历次修改后的刑法条文 (黑体部分为历次修改增加或修改的内容,楷体部分为说明文字)
第二百二十七条　伪造或者倒卖伪造的车票、船票、邮票或者其他有价票证,数额较大的,处二年以下有期徒刑、拘役或者管制,并处或者单处票证价额一倍以上五倍以下罚金;数额巨大的,处二年以上七年以下有期徒刑,并处票证价额一倍以上五倍以下罚金。 　　倒卖车票、船票,情节严重的,处三年以下有期徒刑、拘役或者管制,并处或者单处票证价额一倍以上五倍以下罚金。	第二百二十七条　伪造或者倒卖伪造的车票、船票、邮票或者其他有价票证,数额较大的,处二年以下有期徒刑、拘役或者管制,并处或者单处票证价额一倍以上五倍以下罚金;数额巨大的,处二年以上七年以下有期徒刑,并处票证价额一倍以上五倍以下罚金。 　　倒卖车票、船票,情节严重的,处三年以下有期徒刑、拘役或者管制,并处或者单处票证价额一倍以上五倍以下罚金。
第二百二十八条　以牟利为目的,违反土地管理法规,非法转让、倒卖土地使用权,情节严重的,处三年以下有期徒刑或者拘役,并处或者单处非法转让、倒卖土地使用权价额百分之五以上百分之二十以下罚金;情节特别严重的,处三年以上七年以下有期徒刑,并处非法转让、倒卖土地使用权价额百分之五以上百分之二十以下罚金。	第二百二十八条　以牟利为目的,违反土地管理法规,非法转让、倒卖土地使用权,情节严重的,处三年以下有期徒刑或者拘役,并处或者单处非法转让、倒卖土地使用权价额百分之五以上百分之二十以下罚金;情节特别严重的,处三年以上七年以下有期徒刑,并处非法转让、倒卖土地使用权价额百分之五以上百分之二十以下罚金。

1997年刑法条文 (阴影部分为历次修改删去的内容，楷体部分为说明文字)	1997年以来历次修改后的刑法条文 (黑体部分为历次修改增加或修改的内容，楷体部分为说明文字)
第二百二十九条　承担资产评估、验资、验证、会计、审计、法律服务等职责的中介组织的人员故意提供虚假证明文件，情节严重的，处五年以下有期徒刑或者拘役，并处罚金。 前款规定的人员，索取他人财物或者非法收受他人财物，犯前款罪的，处五年以上十年以下有期徒刑，并处罚金。 第一款规定的人员，严重不负责任，出具的证明文件有重大失实，造成严重后果的，处三年以下有期徒刑或者拘役，并处或者单处罚金。	第二百二十九条　承担资产评估、验资、验证、会计、审计、法律服务、**保荐、安全评价、环境影响评价、环境监测**等职责的中介组织的人员故意提供虚假证明文件，情节严重的，处五年以下有期徒刑或者拘役，并处罚金；**有下列情形之一的，处五年以上十年以下有期徒刑，并处罚金：** **（一）提供与证券发行相关的虚假的资产评估、会计、审计、法律服务、保荐等证明文件，情节特别严重的；** **（二）提供与重大资产交易相关的虚假的资产评估、会计、审计等证明文件，情节特别严重的；** **（三）在涉及公共安全的重大工程、项目中提供虚假的安全评价、环境影响评价等证明文件，致使公共财产、国家和人民利益遭受特别重大损失的。** **有前款行为，同时索取他人财物或者非法收受他人财物构成犯罪的，依照处罚较重的规定定罪处罚。**

1997 年刑法条文 (阴影部分为历次修改删去的内容,楷体部分为说明文字)	1997 年以来历次修改后的刑法条文 (黑体部分为历次修改增加或修改的内容,楷体部分为说明文字)
	第一款规定的人员,严重不负责任,出具的证明文件有重大失实,造成严重后果的,处三年以下有期徒刑或者拘役,并处或者单处罚金。 　　〔根据 2020 年 12 月 26 日通过的刑法修正案(十一)修改,修改的内容自 2021 年 3 月 1 日起施行。〕
第二百三十条　违反进出口商品检验法的规定,逃避商品检验,将必须经商检机构检验的进口商品未报经检验而擅自销售、使用,或者将必须经商检机构检验的出口商品未报经检验合格而擅自出口,情节严重的,处三年以下有期徒刑或者拘役,并处或者单处罚金。	第二百三十条　违反进出口商品检验法的规定,逃避商品检验,将必须经商检机构检验的进口商品未报经检验而擅自销售、使用,或者将必须经商检机构检验的出口商品未报经检验合格而擅自出口,情节严重的,处三年以下有期徒刑或者拘役,并处或者单处罚金。
第二百三十一条　单位犯本节第二百二十一条至第二百三十条规定之罪的,对单位判处罚金,并对其直接负责的主管人员和其他直接责任人员,依照本节各该条的规定处罚。	第二百三十一条　单位犯本节第二百二十一条至第二百三十条规定之罪的,对单位判处罚金,并对其直接负责的主管人员和其他直接责任人员,依照本节各该条的规定处罚。

1997年刑法条文 (阴影部分为历次修改删去的内容，楷体部分为说明文字)	1997年以来历次 修改后的刑法条文 (黑体部分为历次修改增加或修改的内容，楷体部分为说明文字)
〔《全国人民代表大会常务委员会关于惩治骗购外汇、逃汇和非法买卖外汇犯罪的决定》增加本条规定。〕	四、在国家规定的交易场所以外非法买卖外汇，扰乱市场秩序，情节严重的，依照刑法第二百二十五条的规定定罪处罚。 单位犯前款罪的，依照刑法第二百三十一条的规定处罚。 〔根据1998年12月29日通过的《全国人民代表大会常务委员会关于惩治骗购外汇、逃汇和非法买卖外汇犯罪的决定》增加，自1998年12月29日起施行。〕
第四章　侵犯公民人身权利、民主权利罪	第四章　侵犯公民人身权利、民主权利罪
第二百三十二条　故意杀人的，处死刑、无期徒刑或者十年以上有期徒刑；情节较轻的，处三年以上十年以下有期徒刑。	第二百三十二条　故意杀人的，处死刑、无期徒刑或者十年以上有期徒刑；情节较轻的，处三年以上十年以下有期徒刑。
第二百三十三条　过失致人死亡的，处三年以上七年以下有期徒刑；情节较轻的，处三年以下有期徒刑。本法另有规定的，依照规定。	第二百三十三条　过失致人死亡的，处三年以上七年以下有期徒刑；情节较轻的，处三年以下有期徒刑。本法另有规定的，依照规定。

1997年刑法条文 (阴影部分为历次修改删去的内容，楷体部分为说明文字)	1997年以来历次修改后的刑法条文 (黑体部分为历次修改增加或修改的内容，楷体部分为说明文字)
第二百三十四条 故意伤害他人身体的，处三年以下有期徒刑、拘役或者管制。 　　犯前款罪，致人重伤的，处三年以上十年以下有期徒刑；致人死亡或者以特别残忍手段致人重伤造成严重残疾的，处十年以上有期徒刑、无期徒刑或者死刑。本法另有规定的，依照规定。	第二百三十四条 故意伤害他人身体的，处三年以下有期徒刑、拘役或者管制。 　　犯前款罪，致人重伤的，处三年以上十年以下有期徒刑；致人死亡或者以特别残忍手段致人重伤造成严重残疾的，处十年以上有期徒刑、无期徒刑或者死刑。本法另有规定的，依照规定。
〔刑法修正案(八)增加本条规定。〕	**第二百三十四条之一 组织他人出卖人体器官的，处五年以下有期徒刑，并处罚金；情节严重的，处五年以上有期徒刑，并处罚金或者没收财产。 　　未经本人同意摘取其器官，或者摘取不满十八周岁的人的器官，或者强迫、欺骗他人捐献器官的，依照本法第二百三十四条、第二百三十二条的规定定罪处罚。 　　违背本人生前意愿摘取其尸体器官，或者本人生前未表示同意，违反国家规定，违背其近亲属意愿摘取其尸体器官的，依照本法第三百零二条的规定定罪处罚。** 〔根据2011年2月25日通过的刑法修正案(八)增加，自2011年5月1日起施行。〕

1997年刑法条文 (阴影部分为历次修改删去的内容,楷体部分为说明文字)	1997年以来历次修改后的刑法条文 (黑体部分为历次修改增加或修改的内容,楷体部分为说明文字)
第二百三十五条 过失伤害他人致人重伤的,处三年以下有期徒刑或者拘役。本法另有规定的,依照规定。	第二百三十五条 过失伤害他人致人重伤的,处三年以下有期徒刑或者拘役。本法另有规定的,依照规定。
第二百三十六条 以暴力、胁迫或者其他手段强奸妇女的,处三年以上十年以下有期徒刑。 奸淫不满十四周岁的幼女的,以强奸论,从重处罚。 强奸妇女、奸淫幼女,有下列情形之一的,处十年以上有期徒刑、无期徒刑或者死刑: (一)强奸妇女、奸淫幼女情节恶劣的; (二)强奸妇女、奸淫幼女多人的; (三)在公共场所当众强奸妇女的; (四)二人以上轮奸的; (五)致使被害人重伤、死亡或者造成其他严重后果的。	第二百三十六条 以暴力、胁迫或者其他手段强奸妇女的,处三年以上十年以下有期徒刑。 奸淫不满十四周岁的幼女的,以强奸论,从重处罚。 强奸妇女、奸淫幼女,有下列情形之一的,处十年以上有期徒刑、无期徒刑或者死刑: (一)强奸妇女、奸淫幼女情节恶劣的; (二)强奸妇女、奸淫幼女多人的; (三)在公共场所当众强奸妇女、**奸淫幼女的**; (四)二人以上轮奸的; (五)**奸淫不满十周岁的幼女或者造成幼女伤害的**; (六)致使被害人重伤、死亡或者造成其他严重后果的。 〔根据2020年12月26日通过的刑法修正案(十一)修改,修改的内容自2021年3月1日起施行。〕

1997 年刑法条文 (阴影部分为历次修改删去的内容,楷体部分为说明文字)	1997 年以来历次 修改后的刑法条文 (黑体部分为历次修改增加或修改的内容,楷体部分为说明文字)
〔刑法修正案（十一）增加本条规定。〕	**第二百三十六条之一　对已满十四周岁不满十六周岁的未成年女性负有监护、收养、看护、教育、医疗等特殊职责的人员，与该未成年女性发生性关系的，处三年以下有期徒刑；情节恶劣的，处三年以上十年以下有期徒刑。** **有前款行为，同时又构成本法第二百三十六条规定之罪的，依照处罚较重的规定定罪处罚。** 〔根据 2020 年 12 月 26 日通过的刑法修正案（十一）增加，自 2021 年 3 月 1 日起施行。〕

1997年刑法条文 (阴影部分为历次修改删去的内容,楷体部分为说明文字)	1997年以来历次修改后的刑法条文 (黑体部分为历次修改增加或修改的内容,楷体部分为说明文字)
第二百三十七条　以暴力、胁迫或者其他方法强制猥亵妇女或者侮辱妇女的,处五年以下有期徒刑或者拘役。 聚众或者在公共场所当众犯前款罪的,处五年以上有期徒刑。 猥亵儿童的,依照前两款的规定从重处罚。 〔本条经刑法修正案(九)、刑法修正案(十一)两次修改。〕	第二百三十七条　以暴力、胁迫或者其他方法强制猥亵**他人**或者侮辱妇女的,处五年以下有期徒刑或者拘役。 聚众或者在公共场所当众犯前款罪的,**或者有其他恶劣情节的**,处五年以上有期徒刑。 猥亵儿童的,**处五年以下有期徒刑;有下列情形之一的,处五年以上有期徒刑:** **(一)猥亵儿童多人或者多次的;** **(二)聚众猥亵儿童的,或者在公共场所当众猥亵儿童,情节恶劣的;** **(三)造成儿童伤害或者其他严重后果的;** **(四)猥亵手段恶劣或者有其他恶劣情节的。** 〔根据2020年12月26日通过的刑法修正案(十一)第二次修改,修改的内容自2021年3月1日起施行。〕

1997 年刑法条文 (阴影部分为历次修改删去的内容，楷体部分为说明文字)	1997 年以来历次 修改后的刑法条文 (黑体部分为历次修改增加或修改的内容，楷体部分为说明文字)
	刑法修正案(九)修改后的第二百三十七条 以暴力、胁迫或者其他方法强制猥亵他人或者侮辱妇女的，处五年以下有期徒刑或者拘役。 聚众或者在公共场所当众犯前款罪的，或者有其他恶劣情节的，处五年以上有期徒刑。 猥亵儿童的，依照前两款的规定从重处罚。 〔根据2015年8月29日通过的刑法修正案(九)第一次修改，修改的内容自2015年11月1日起施行。〕
第二百三十八条 非法拘禁他人或者以其他方法非法剥夺他人人身自由的，处三年以下有期徒刑、拘役、管制或者剥夺政治权利。具有殴打、侮辱情节的，从重处罚。 犯前款罪，致人重伤的，处三年以上十年以下有期徒刑；致人死亡的，处十年以上有期徒刑。使用暴力致人伤残、死亡的，依照本法第二百三十四条、第二百三十二条的规定定罪处罚。 为索取债务非法扣押、拘禁他人的，依照前两款的规定处罚。 国家机关工作人员利用职权犯前三款罪的，依照前三款的规定从重处罚。	**第二百三十八条** 非法拘禁他人或者以其他方法非法剥夺他人人身自由的，处三年以下有期徒刑、拘役、管制或者剥夺政治权利。具有殴打、侮辱情节的，从重处罚。 犯前款罪，致人重伤的，处三年以上十年以下有期徒刑；致人死亡的，处十年以上有期徒刑。使用暴力致人伤残、死亡的，依照本法第二百三十四条、第二百三十二条的规定定罪处罚。 为索取债务非法扣押、拘禁他人的，依照前两款的规定处罚。 国家机关工作人员利用职权犯前三款罪的，依照前三款的规定从重处罚。

―― 刑法历次修改条文对照表（含十一个刑法修正案）――

1997年刑法条文 (阴影部分为历次修改删去的内容，楷体部分为说明文字)	1997年以来历次修改后的刑法条文 (黑体部分为历次修改增加或修改的内容，楷体部分为说明文字)
第二百三十九条　以勒索财物为目的绑架他人的，或者绑架他人作为人质的，处十年以上有期徒刑或者无期徒刑，并处罚金或者没收财产；致使被绑架人死亡或者杀害被绑架人的，处死刑，并处没收财产。 　　以勒索财物为目的偷盗婴幼儿的，依照前款的规定处罚。 　　〔本条经刑法修正案（七）、刑法修正案（九）两次修改。〕	第二百三十九条　以勒索财物为目的绑架他人的，或者绑架他人作为人质的，处十年以上有期徒刑或者无期徒刑，并处罚金或者没收财产；**情节较轻的，处五年以上十年以下有期徒刑，并处罚金**。 　　**犯前款罪，杀害被绑架人的，或者故意伤害被绑架人，致人重伤、死亡的，处无期徒刑或者死刑，并处没收财产**。 　　以勒索财物为目的偷盗婴幼儿的，依照前**两**款的规定处罚。 　　〔根据2015年8月29日通过的刑法修正案（九）第二次修改，修改的内容自2015年11月1日起施行。〕
	刑法修正案（七）修改后的第二百三十九条　以勒索财物为目的绑架他人的，或者绑架他人作为人质的，处十年以上有期徒刑或者无期徒刑，并处罚金或者没收财产；情节较轻的，处五年以上十年以下有期徒刑，并处罚金。 　　犯前款罪，致使被绑架人死亡或者杀害被绑架人的，处死刑，并处没收财产。 　　以勒索财物为目的偷盗婴幼儿的，依照前两款的规定处罚。 　　〔根据2009年2月28日通过的刑法修正案（七）第一次修改，修改的内容自2009年2月28日起施行。〕

· 192 ·

1997年刑法条文 (阴影部分为历次修改删去的内容,楷体部分为说明文字)	1997年以来历次修改后的刑法条文 (黑体部分为历次修改增加或修改的内容,楷体部分为说明文字)
第二百四十条　拐卖妇女、儿童的,处五年以上十年以下有期徒刑,并处罚金;有下列情形之一的,处十年以上有期徒刑或者无期徒刑,并处罚金或者没收财产;情节特别严重的,处死刑,并处没收财产: （一）拐卖妇女、儿童集团的首要分子; （二）拐卖妇女、儿童三人以上的; （三）奸淫被拐卖的妇女的; （四）诱骗、强迫被拐卖的妇女卖淫或者将被拐卖的妇女卖给他人迫使其卖淫的; （五）以出卖为目的,使用暴力、胁迫或者麻醉方法绑架妇女、儿童的; （六）以出卖为目的,偷盗婴幼儿的; （七）造成被拐卖的妇女、儿童或者其亲属重伤、死亡或者其他严重后果的; （八）将妇女、儿童卖往境外的。 拐卖妇女、儿童是指以出卖为目的,有拐骗、绑架、收买、贩卖、接送、中转妇女、儿童的行为之一的。	第二百四十条　拐卖妇女、儿童的,处五年以上十年以下有期徒刑,并处罚金;有下列情形之一的,处十年以上有期徒刑或者无期徒刑,并处罚金或者没收财产;情节特别严重的,处死刑,并处没收财产: （一）拐卖妇女、儿童集团的首要分子; （二）拐卖妇女、儿童三人以上的; （三）奸淫被拐卖的妇女的; （四）诱骗、强迫被拐卖的妇女卖淫或者将被拐卖的妇女卖给他人迫使其卖淫的; （五）以出卖为目的,使用暴力、胁迫或者麻醉方法绑架妇女、儿童的; （六）以出卖为目的,偷盗婴幼儿的; （七）造成被拐卖的妇女、儿童或者其亲属重伤、死亡或者其他严重后果的; （八）将妇女、儿童卖往境外的。 拐卖妇女、儿童是指以出卖为目的,有拐骗、绑架、收买、贩卖、接送、中转妇女、儿童的行为之一的。

——刑法历次修改条文对照表（含十一个刑法修正案）——

1997年刑法条文 (阴影部分为历次修改删去的内容,楷体部分为说明文字)	1997年以来历次修改后的刑法条文 (黑体部分为历次修改增加或修改的内容,楷体部分为说明文字)
第二百四十一条　收买被拐卖的妇女、儿童的,处三年以下有期徒刑、拘役或者管制。 　　收买被拐卖的妇女,强行与其发生性关系的,依照本法第二百三十六条的规定定罪处罚。 　　收买被拐卖的妇女、儿童,非法剥夺、限制其人身自由或者有伤害、侮辱等犯罪行为的,依照本法的有关规定定罪处罚。 　　收买被拐卖的妇女、儿童,并有第二款、第三款规定的犯罪行为的,依照数罪并罚的规定处罚。 　　收买被拐卖的妇女、儿童又出卖的,依照本法第二百四十条的规定定罪处罚。 　　收买被拐卖的妇女、儿童,按照被买妇女的意愿,不阻碍其返回原居住地的,对被买儿童没有虐待行为,不阻碍对其进行解救的,可以**不追究刑事责任**。	第二百四十一条　收买被拐卖的妇女、儿童的,处三年以下有期徒刑、拘役或者管制。 　　收买被拐卖的妇女,强行与其发生性关系的,依照本法第二百三十六条的规定定罪处罚。 　　收买被拐卖的妇女、儿童,非法剥夺、限制其人身自由或者有伤害、侮辱等犯罪行为的,依照本法的有关规定定罪处罚。 　　收买被拐卖的妇女、儿童,并有第二款、第三款规定的犯罪行为的,依照数罪并罚的规定处罚。 　　收买被拐卖的妇女、儿童又出卖的,依照本法第二百四十条的规定定罪处罚。 　　收买被拐卖的妇女、儿童,对被买儿童没有虐待行为,不阻碍对其进行解救的,**可以从轻处罚**；按照被买妇女的意愿,不阻碍其返回原居住地的,**可以从轻或者减轻处罚**。 〔根据2015年8月29日通过的刑法修正案(九)修改,修改的内容自2015年11月1日起施行。〕

1997年刑法条文 (阴影部分为历次修改删去的内容,楷体部分为说明文字)	1997年以来历次修改后的刑法条文 (黑体部分为历次修改增加或修改的内容,楷体部分为说明文字)
第二百四十二条 以暴力、威胁方法阻碍国家机关工作人员解救被收买的妇女、儿童的,依照本法第二百七十七条的规定定罪处罚。 聚众阻碍国家机关工作人员解救被收买的妇女、儿童的首要分子,处五年以下有期徒刑或者拘役;其他参与者使用暴力、威胁方法的,依照前款的规定处罚。	第二百四十二条 以暴力、威胁方法阻碍国家机关工作人员解救被收买的妇女、儿童的,依照本法第二百七十七条的规定定罪处罚。 聚众阻碍国家机关工作人员解救被收买的妇女、儿童的首要分子,处五年以下有期徒刑或者拘役;其他参与者使用暴力、威胁方法的,依照前款的规定处罚。
第二百四十三条 捏造事实诬告陷害他人,意图使他人受刑事追究,情节严重的,处三年以下有期徒刑、拘役或者管制;造成严重后果的,处三年以上十年以下有期徒刑。 国家机关工作人员犯前款罪的,从重处罚。 不是有意诬陷,而是错告,或者检举失实的,不适用前两款的规定。	第二百四十三条 捏造事实诬告陷害他人,意图使他人受刑事追究,情节严重的,处三年以下有期徒刑、拘役或者管制;造成严重后果的,处三年以上十年以下有期徒刑。 国家机关工作人员犯前款罪的,从重处罚。 不是有意诬陷,而是错告,或者检举失实的,不适用前两款的规定。

1997年刑法条文 (阴影部分为历次修改删去的内容，楷体部分为说明文字)	1997年以来历次 修改后的刑法条文 (黑体部分为历次修改增加或修改的内容，楷体部分为说明文字)
第二百四十四条　用人单位违反劳动管理法规，以限制人身自由方法强迫职工劳动，情节严重的，对直接责任人员，处三年以下有期徒刑或者拘役，并处或者单处罚金。	第二百四十四条　以暴力、威胁或者限制人身自由的方法强迫他人劳动的，处三年以下有期徒刑或者拘役，并处罚金；情节严重的，处三年以上十年以下有期徒刑，并处罚金。 明知他人实施前款行为，为其招募、运送人员或者有其他协助强迫他人劳动行为的，依照前款的规定处罚。 单位犯前两款罪的，对单位判处罚金，并对其直接负责的主管人员和其他直接责任人员，依照第一款的规定处罚。 〔根据2011年2月25日通过的刑法修正案（八）修改，修改的内容自2011年5月1日起施行。〕

1997年刑法条文 (阴影部分为历次修改删去的内容,楷体部分为说明文字)	1997年以来历次修改后的刑法条文 (黑体部分为历次修改增加或修改的内容,楷体部分为说明文字)
〔刑法修正案(四)增加本条规定。〕	**第二百四十四条之一 违反劳动管理法规,雇用未满十六周岁的未成年人从事超强度体力劳动的,或者从事高空、井下作业的,或者在爆炸性、易燃性、放射性、毒害性等危险环境下从事劳动,情节严重的,对直接责任人员,处三年以下有期徒刑或者拘役,并处罚金;情节特别严重的,处三年以上七年以下有期徒刑,并处罚金。** **有前款行为,造成事故,又构成其他犯罪的,依照数罪并罚的规定处罚。** 〔根据2002年12月28日通过的刑法修正案(四)增加,自2002年12月28日起施行。〕
第二百四十五条 非法搜查他人身体、住宅,或者非法侵入他人住宅的,处三年以下有期徒刑或者拘役。 司法工作人员滥用职权,犯前款罪的,从重处罚。	第二百四十五条 非法搜查他人身体、住宅,或者非法侵入他人住宅的,处三年以下有期徒刑或者拘役。 司法工作人员滥用职权,犯前款罪的,从重处罚。

——刑法历次修改条文对照表（含十一个刑法修正案）——

1997年刑法条文 (阴影部分为历次修改删去的内容，楷体部分为说明文字)	1997年以来历次 修改后的刑法条文 (黑体部分为历次修改增加或修改的内容，楷体部分为说明文字)
第二百四十六条 以暴力或者其他方法公然侮辱他人或者捏造事实诽谤他人，情节严重的，处三年以下有期徒刑、拘役、管制或者剥夺政治权利。 前款罪，告诉的才处理，但是严重危害社会秩序和国家利益的除外。	第二百四十六条 以暴力或者其他方法公然侮辱他人或者捏造事实诽谤他人，情节严重的，处三年以下有期徒刑、拘役、管制或者剥夺政治权利。 前款罪，告诉的才处理，但是严重危害社会秩序和国家利益的除外。 **通过信息网络实施第一款规定的行为，被害人向人民法院告诉，但提供证据确有困难的，人民法院可以要求公安机关提供协助。** 〔根据2015年8月29日通过的刑法修正案（九）修改，修改的内容自2015年11月1日起施行。〕
第二百四十七条 司法工作人员对犯罪嫌疑人、被告人实行刑讯逼供或者使用暴力逼取证人证言的，处三年以下有期徒刑或者拘役。致人伤残、死亡的，依照本法第二百三十四条、第二百三十二条的规定定罪从重处罚。	第二百四十七条 司法工作人员对犯罪嫌疑人、被告人实行刑讯逼供或者使用暴力逼取证人证言的，处三年以下有期徒刑或者拘役。致人伤残、死亡的，依照本法第二百三十四条、第二百三十二条的规定定罪从重处罚。

1997年刑法条文 (阴影部分为历次修改删去的内容,楷体部分为说明文字)	1997年以来历次修改后的刑法条文 (黑体部分为历次修改增加或修改的内容,楷体部分为说明文字)
第二百四十八条 监狱、拘留所、看守所等监管机构的监管人员对被监管人进行殴打或者体罚虐待,情节严重的,处三年以下有期徒刑或者拘役;情节特别严重的,处三年以上十年以下有期徒刑。致人伤残、死亡的,依照本法第二百三十四条、第二百三十二条的规定定罪从重处罚。 　　监管人员指使被监管人殴打或者体罚虐待其他被监管人的,依照前款的规定处罚。	第二百四十八条 监狱、拘留所、看守所等监管机构的监管人员对被监管人进行殴打或者体罚虐待,情节严重的,处三年以下有期徒刑或者拘役;情节特别严重的,处三年以上十年以下有期徒刑。致人伤残、死亡的,依照本法第二百三十四条、第二百三十二条的规定定罪从重处罚。 　　监管人员指使被监管人殴打或者体罚虐待其他被监管人的,依照前款的规定处罚。
第二百四十九条 煽动民族仇恨、民族歧视,情节严重的,处三年以下有期徒刑、拘役、管制或者剥夺政治权利;情节特别严重的,处三年以上十年以下有期徒刑。	第二百四十九条 煽动民族仇恨、民族歧视,情节严重的,处三年以下有期徒刑、拘役、管制或者剥夺政治权利;情节特别严重的,处三年以上十年以下有期徒刑。
第二百五十条 在出版物中刊载歧视、侮辱少数民族的内容,情节恶劣,造成严重后果的,对直接责任人员,处三年以下有期徒刑、拘役或者管制。	第二百五十条 在出版物中刊载歧视、侮辱少数民族的内容,情节恶劣,造成严重后果的,对直接责任人员,处三年以下有期徒刑、拘役或者管制。
第二百五十一条 国家机关工作人员非法剥夺公民的宗教信仰自由和侵犯少数民族风俗习惯,情节严重的,处二年以下有期徒刑或者拘役。	第二百五十一条 国家机关工作人员非法剥夺公民的宗教信仰自由和侵犯少数民族风俗习惯,情节严重的,处二年以下有期徒刑或者拘役。

——刑法历次修改条文对照表（含十一个刑法修正案）——

1997年刑法条文 (阴影部分为历次修改删去的内容，楷体部分为说明文字)	1997年以来历次修改后的刑法条文 (黑体部分为历次修改增加或修改的内容，楷体部分为说明文字)
第二百五十二条　隐匿、毁弃或者非法开拆他人信件，侵犯公民通信自由权利，情节严重的，处一年以下有期徒刑或者拘役。	第二百五十二条　隐匿、毁弃或者非法开拆他人信件，侵犯公民通信自由权利，情节严重的，处一年以下有期徒刑或者拘役。
第二百五十三条　邮政工作人员私自开拆或者隐匿、毁弃邮件、电报的，处二年以下有期徒刑或者拘役。 　　犯前款罪而窃取财物的，依照本法第二百六十四条的规定定罪从重处罚。	第二百五十三条　邮政工作人员私自开拆或者隐匿、毁弃邮件、电报的，处二年以下有期徒刑或者拘役。 　　犯前款罪而窃取财物的，依照本法第二百六十四条的规定定罪从重处罚。

1997年刑法条文 (阴影部分为历次修改删去的内容,楷体部分为说明文字)	1997年以来历次 修改后的刑法条文 (黑体部分为历次修改增加或修改的内容,楷体部分为说明文字)
〔刑法修正案(七)增加本条规定,刑法修正案(九)作了修改。〕	第二百五十三条之一 违反国家有关规定,向他人出售或者提供公民个人信息,情节严重的,处三年以下有期徒刑或者拘役,并处或者单处罚金;情节特别严重的,处三年以上七年以下有期徒刑,并处罚金。 违反国家有关规定,将在履行职责或者提供服务过程中获得的公民个人信息,出售或者提供给他人的,依照前款的规定从重处罚。 窃取或者以其他方法非法获取公民个人信息的,依照第一款的规定处罚。 单位犯前三款罪的,对单位判处罚金,并对其直接负责的主管人员和其他直接责任人员,依照各该款的规定处罚。 〔根据2015年8月29日通过的刑法修正案(九)修改,修改的内容自2015年11月1日起施行。〕

1997年刑法条文 (阴影部分为历次修改删去的内容,楷体部分为说明文字)	1997年以来历次修改后的刑法条文 (黑体部分为历次修改增加或修改的内容,楷体部分为说明文字)
	刑法修正案(七)增加的第二百五十三条之一 国家机关或者金融、电信、交通、教育、医疗等单位的工作人员,违反国家规定,将本单位在履行职责或者提供服务过程中获得的公民个人信息,出售或者非法提供给他人,情节严重的,处三年以下有期徒刑或者拘役,并处或者单处罚金。 窃取或者以其他方法非法获取上述信息,情节严重的,依照前款的规定处罚。 单位犯前两款罪的,对单位判处罚金,并对其直接负责的主管人员和其他直接责任人员,依照各该款的规定处罚。 〔根据2009年2月28日通过的刑法修正案(七)增加,自2009年2月28日起施行。〕
第二百五十四条 国家机关工作人员滥用职权、假公济私,对控告人、申诉人、批评人、举报人实行报复陷害的,处二年以下有期徒刑或者拘役;情节严重的,处二年以上七年以下有期徒刑。	**第二百五十四条** 国家机关工作人员滥用职权、假公济私,对控告人、申诉人、批评人、举报人实行报复陷害的,处二年以下有期徒刑或者拘役;情节严重的,处二年以上七年以下有期徒刑。

1997年刑法条文 (阴影部分为历次修改删去的内容，楷体部分为说明文字)	1997年以来历次修改后的刑法条文 (黑体部分为历次修改增加或修改的内容，楷体部分为说明文字)
第二百五十五条　公司、企业、事业单位、机关、团体的领导人，对依法履行职责、抵制违反会计法、统计法行为的会计、统计人员实行打击报复，情节恶劣的，处三年以下有期徒刑或者拘役。	第二百五十五条　公司、企业、事业单位、机关、团体的领导人，对依法履行职责、抵制违反会计法、统计法行为的会计、统计人员实行打击报复，情节恶劣的，处三年以下有期徒刑或者拘役。
第二百五十六条　在选举各级人民代表大会代表和国家机关领导人员时，以暴力、威胁、欺骗、贿赂、伪造选举文件、虚报选举票数等手段破坏选举或者妨害选民和代表自由行使选举权和被选举权，情节严重的，处三年以下有期徒刑、拘役或者剥夺政治权利。	第二百五十六条　在选举各级人民代表大会代表和国家机关领导人员时，以暴力、威胁、欺骗、贿赂、伪造选举文件、虚报选举票数等手段破坏选举或者妨害选民和代表自由行使选举权和被选举权，情节严重的，处三年以下有期徒刑、拘役或者剥夺政治权利。
第二百五十七条　以暴力干涉他人婚姻自由的，处二年以下有期徒刑或者拘役。 　　犯前款罪，致使被害人死亡的，处二年以上七年以下有期徒刑。 　　第一款罪，告诉的才处理。	第二百五十七条　以暴力干涉他人婚姻自由的，处二年以下有期徒刑或者拘役。 　　犯前款罪，致使被害人死亡的，处二年以上七年以下有期徒刑。 　　第一款罪，告诉的才处理。
第二百五十八条　有配偶而重婚的，或者明知他人有配偶而与之结婚的，处二年以下有期徒刑或者拘役。	第二百五十八条　有配偶而重婚的，或者明知他人有配偶而与之结婚的，处二年以下有期徒刑或者拘役。

——刑法历次修改条文对照表（含十一个刑法修正案）——

1997年刑法条文 (阴影部分为历次修改删去的内容，楷体部分为说明文字)	1997年以来历次 修改后的刑法条文 (黑体部分为历次修改增加或修改的内容，楷体部分为说明文字)
第二百五十九条　明知是现役军人的配偶而与之同居或者结婚的，处三年以下有期徒刑或者拘役。 　　利用职权、从属关系，以胁迫手段奸淫现役军人的妻子的，依照本法第二百三十六条的规定定罪处罚。	第二百五十九条　明知是现役军人的配偶而与之同居或者结婚的，处三年以下有期徒刑或者拘役。 　　利用职权、从属关系，以胁迫手段奸淫现役军人的妻子的，依照本法第二百三十六条的规定定罪处罚。
第二百六十条　虐待家庭成员，情节恶劣的，处二年以下有期徒刑、拘役或者管制。 　　犯前款罪，致使被害人重伤、死亡的，处二年以上七年以下有期徒刑。 　　第一款罪，告诉的才处理。	第二百六十条　虐待家庭成员，情节恶劣的，处二年以下有期徒刑、拘役或者管制。 　　犯前款罪，致使被害人重伤、死亡的，处二年以上七年以下有期徒刑。 　　第一款罪，告诉的才处理，**但被害人没有能力告诉，或者因受到强制、威吓无法告诉的除外。** 　　〔根据2015年8月29日通过的刑法修正案(九)修改，修改的内容自2015年11月1日起施行。〕

1997年刑法条文 (阴影部分为历次修改删去的内容，楷体部分为说明文字)	1997年以来历次修改后的刑法条文 (黑体部分为历次修改增加或修改的内容，楷体部分为说明文字)
〔刑法修正案(九)增加本条规定。〕	**第二百六十条之一　对未成年人、老年人、患病的人、残疾人等负有监护、看护职责的人虐待被监护、看护的人，情节恶劣的，处三年以下有期徒刑或者拘役。** **单位犯前款罪的，对单位判处罚金，并对其直接负责的主管人员和其他直接责任人员，依照前款的规定处罚。** **有第一款行为，同时构成其他犯罪的，依照处罚较重的规定定罪处罚。** 〔根据2015年8月29日通过的刑法修正案(九)增加，自2015年11月1日起施行。〕
第二百六十一条　对于年老、年幼、患病或者其他没有独立生活能力的人，负有扶养义务而拒绝扶养，情节恶劣的，处五年以下有期徒刑、拘役或者管制。	第二百六十一条　对于年老、年幼、患病或者其他没有独立生活能力的人，负有扶养义务而拒绝扶养，情节恶劣的，处五年以下有期徒刑、拘役或者管制。
第二百六十二条　拐骗不满十四周岁的未成年人，脱离家庭或者监护人的，处五年以下有期徒刑或者拘役。	第二百六十二条　拐骗不满十四周岁的未成年人，脱离家庭或者监护人的，处五年以下有期徒刑或者拘役。

—— 刑法历次修改条文对照表（含十一个刑法修正案）——

1997年刑法条文 (阴影部分为历次修改删去的内容，楷体部分为说明文字)	1997年以来历次 修改后的刑法条文 (黑体部分为历次修改增加或修改的内容，楷体部分为说明文字)
〔刑法修正案（六）增加本条规定。〕	第二百六十二条之一　以暴力、胁迫手段组织残疾人或者不满十四周岁的未成年人乞讨的，处三年以下有期徒刑或者拘役，并处罚金；情节严重的，处三年以上七年以下有期徒刑，并处罚金。 〔根据2006年6月29日通过的刑法修正案（六）增加，自2006年6月29日起施行。〕
〔刑法修正案（七）增加本条规定。〕	第二百六十二条之二　组织未成年人进行盗窃、诈骗、抢夺、敲诈勒索等违反治安管理活动的，处三年以下有期徒刑或者拘役，并处罚金；情节严重的，处三年以上七年以下有期徒刑，并处罚金。 〔根据2009年2月28日通过的刑法修正案（七）增加，自2009年2月28日起施行。〕

1997年刑法条文 (阴影部分为历次修改删去的内容，楷体部分为说明文字)	1997年以来历次修改后的刑法条文 (黑体部分为历次修改增加或修改的内容，楷体部分为说明文字)
第五章　侵犯财产罪	**第五章　侵犯财产罪**
第二百六十三条　以暴力、胁迫或者其他方法抢劫公私财物的，处三年以上十年以下有期徒刑，并处罚金；有下列情形之一的，处十年以上有期徒刑、无期徒刑或者死刑，并处罚金或者没收财产： （一）入户抢劫的； （二）在公共交通工具上抢劫的； （三）抢劫银行或者其他金融机构的； （四）多次抢劫或者抢劫数额巨大的； （五）抢劫致人重伤、死亡的； （六）冒充军警人员抢劫的； （七）持枪抢劫的； （八）抢劫军用物资或者抢险、救灾、救济物资的。	第二百六十三条　以暴力、胁迫或者其他方法抢劫公私财物的，处三年以上十年以下有期徒刑，并处罚金；有下列情形之一的，处十年以上有期徒刑、无期徒刑或者死刑，并处罚金或者没收财产： （一）入户抢劫的； （二）在公共交通工具上抢劫的； （三）抢劫银行或者其他金融机构的； （四）多次抢劫或者抢劫数额巨大的； （五）抢劫致人重伤、死亡的； （六）冒充军警人员抢劫的； （七）持枪抢劫的； （八）抢劫军用物资或者抢险、救灾、救济物资的。

——刑法历次修改条文对照表（含十一个刑法修正案）——

1997 年刑法条文 (阴影部分为历次修改删去的内容,楷体部分为说明文字)	1997 年以来历次 修改后的刑法条文 (黑体部分为历次修改增加或修改的内容,楷体部分为说明文字)
第二百六十四条 盗窃公私财物,数额较大或者多次盗窃的,处三年以下有期徒刑、拘役或者管制,并处或者单处罚金;数额巨大或者有其他严重情节的,处三年以上十年以下有期徒刑,并处罚金;数额特别巨大或者有其他特别严重情节的,处十年以上有期徒刑或者无期徒刑,并处罚金或者没收财产;有下列情形之一的,处无期徒刑或者死刑,并处没收财产: (一)盗窃金融机构,数额特别巨大的; (二)盗窃珍贵文物,情节严重的。	第二百六十四条 盗窃公私财物,数额较大**的**,或者多次盗窃、**入户盗窃、携带凶器盗窃、扒窃**的,处三年以下有期徒刑、拘役或者管制,并处或者单处罚金;数额巨大或者有其他严重情节的,处三年以上十年以下有期徒刑,并处罚金;数额特别巨大或者有其他特别严重情节的,处十年以上有期徒刑或者无期徒刑,并处罚金或者没收财产。 〔根据 2011 年 2 月 25 日通过的刑法修正案(八)修改,修改的内容自 2011 年 5 月 1 日起施行。〕
第二百六十五条 以牟利为目的,盗接他人通信线路、复制他人电信码号或者明知是盗接、复制的电信设备、设施而使用的,依照本法第二百六十四条的规定定罪处罚。	第二百六十五条 以牟利为目的,盗接他人通信线路、复制他人电信码号或者明知是盗接、复制的电信设备、设施而使用的,依照本法第二百六十四条的规定定罪处罚。

1997年刑法条文 (阴影部分为历次修改删去的内容，楷体部分为说明文字)	1997年以来历次修改后的刑法条文 (黑体部分为历次修改增加或修改的内容，楷体部分为说明文字)
第二百六十六条　诈骗公私财物，数额较大的，处三年以下有期徒刑、拘役或者管制，并处或者单处罚金；数额巨大或者有其他严重情节的，处三年以上十年以下有期徒刑，并处罚金；数额特别巨大或者有其他特别严重情节的，处十年以上有期徒刑或者无期徒刑，并处罚金或者没收财产。本法另有规定的，依照规定。	第二百六十六条　诈骗公私财物，数额较大的，处三年以下有期徒刑、拘役或者管制，并处或者单处罚金；数额巨大或者有其他严重情节的，处三年以上十年以下有期徒刑，并处罚金；数额特别巨大或者有其他特别严重情节的，处十年以上有期徒刑或者无期徒刑，并处罚金或者没收财产。本法另有规定的，依照规定。
第二百六十七条　抢夺公私财物，数额较大的，处三年以下有期徒刑、拘役或者管制，并处或者单处罚金；数额巨大或者有其他严重情节的，处三年以上十年以下有期徒刑，并处罚金；数额特别巨大或者有其他特别严重情节的，处十年以上有期徒刑或者无期徒刑，并处罚金或者没收财产。 　　携带凶器抢夺的，依照本法第二百六十三条的规定定罪处罚。	第二百六十七条　抢夺公私财物，数额较大的，**或者多次抢夺的**，处三年以下有期徒刑、拘役或者管制，并处或者单处罚金；数额巨大或者有其他严重情节的，处三年以上十年以下有期徒刑，并处罚金；数额特别巨大或者有其他特别严重情节的，处十年以上有期徒刑或者无期徒刑，并处罚金或者没收财产。 　　携带凶器抢夺的，依照本法第二百六十三条的规定定罪处罚。 　　〔根据2015年8月29日通过的刑法修正案(九)修改，修改的内容自2015年11月1日起施行。〕

1997年刑法条文 (阴影部分为历次修改删去的内容,楷体部分为说明文字)	1997年以来历次修改后的刑法条文 (黑体部分为历次修改增加或修改的内容,楷体部分为说明文字)
第二百六十八条 聚众哄抢公私财物,数额较大或者有其他严重情节的,对首要分子和积极参加的,处三年以下有期徒刑、拘役或者管制,并处罚金;数额巨大或者有其他特别严重情节的,处三年以上十年以下有期徒刑,并处罚金。	第二百六十八条 聚众哄抢公私财物,数额较大或者有其他严重情节的,对首要分子和积极参加的,处三年以下有期徒刑、拘役或者管制,并处罚金;数额巨大或者有其他特别严重情节的,处三年以上十年以下有期徒刑,并处罚金。
第二百六十九条 犯盗窃、诈骗、抢夺罪,为窝藏赃物、抗拒抓捕或者毁灭罪证而当场使用暴力或者以暴力相威胁的,依照本法第二百六十三条的规定定罪处罚。	第二百六十九条 犯盗窃、诈骗、抢夺罪,为窝藏赃物、抗拒抓捕或者毁灭罪证而当场使用暴力或者以暴力相威胁的,依照本法第二百六十三条的规定定罪处罚。
第二百七十条 将代为保管的他人财物非法占为己有,数额较大,拒不退还的,处二年以下有期徒刑、拘役或者罚金;数额巨大或者有其他严重情节的,处二年以上五年以下有期徒刑,并处罚金。 　　将他人的遗忘物或者埋藏物非法占为己有,数额较大,拒不交出的,依照前款的规定处罚。 　　本条罪,告诉的才处理。	第二百七十条 将代为保管的他人财物非法占为己有,数额较大,拒不退还的,处二年以下有期徒刑、拘役或者罚金;数额巨大或者有其他严重情节的,处二年以上五年以下有期徒刑,并处罚金。 　　将他人的遗忘物或者埋藏物非法占为己有,数额较大,拒不交出的,依照前款的规定处罚。 　　本条罪,告诉的才处理。

1997年刑法条文 (阴影部分为历次修改删去的内容，楷体部分为说明文字)	1997年以来历次修改后的刑法条文 (黑体部分为历次修改增加或修改的内容，楷体部分为说明文字)
第二百七十一条　公司、企业或者其他单位的人员，利用职务上的便利，将本单位财物非法占为己有，数额较大的，处五年以下有期徒刑或者拘役；数额巨大的，处五年以上有期徒刑，可以并处没收财产。 　　国有公司、企业或者其他国有单位中从事公务的人员和国有公司、企业或者其他国有单位委派到非国有公司、企业以及其他单位从事公务的人员有前款行为的，依照本法第三百八十二条、第三百八十三条的规定定罪处罚。	第二百七十一条　公司、企业或者其他单位的**工作人员**，利用职务上的便利，将本单位财物非法占为己有，数额较大的，处**三**年以下有期徒刑或者拘役，**并处罚金**；数额巨大的，处**三**年以上**十**年**以下**有期徒刑，**并处罚金；数额特别巨大的，处十年以上有期徒刑或者无期徒刑，并处罚金**。 　　国有公司、企业或者其他国有单位中从事公务的人员和国有公司、企业或者其他国有单位委派到非国有公司、企业以及其他单位从事公务的人员有前款行为的，依照本法第三百八十二条、第三百八十三条的规定定罪处罚。 　　〔根据2020年12月26日通过的刑法修正案（十一）修改，修改的内容自2021年3月1日起施行。〕

1997 年刑法条文 (阴影部分为历次修改删去的内容,楷体部分为说明文字)	1997 年以来历次修改后的刑法条文 (黑体部分为历次修改增加或修改的内容,楷体部分为说明文字)
第二百七十二条　公司、企业或者其他单位的工作人员,利用职务上的便利,挪用本单位资金归个人使用或者借贷给他人,数额较大、超过三个月未还的,或者虽未超过三个月,但数额较大、进行营利活动的,或者进行非法活动的,处三年以下有期徒刑或者拘役;挪用本单位资金数额巨大的,或者数额较大不退还的,处三年以上十年以下有期徒刑。 　　国有公司、企业或者其他国有单位中从事公务的人员和国有公司、企业或者其他国有单位委派到非国有公司、企业以及其他单位从事公务的人员有前款行为的,依照本法第三百八十四条的规定定罪处罚。	第二百七十二条　公司、企业或者其他单位的工作人员,利用职务上的便利,挪用本单位资金归个人使用或者借贷给他人,数额较大、超过三个月未还的,或者虽未超过三个月,但数额较大、进行营利活动的,或者进行非法活动的,处三年以下有期徒刑或者拘役;挪用本单位资金数额巨大的,**处三年以上七年以下有期徒刑;数额特别巨大的,处七年以上有期徒刑**。 　　国有公司、企业或者其他国有单位中从事公务的人员和国有公司、企业或者其他国有单位委派到非国有公司、企业以及其他单位从事公务的人员有前款行为的,依照本法第三百八十四条的规定定罪处罚。 　　**有第一款行为,在提起公诉前将挪用的资金退还的,可以从轻或者减轻处罚。其中,犯罪较轻的,可以减轻或者免除处罚。** 〔根据 2020 年 12 月 26 日通过的刑法修正案(十一)修改,修改的内容自 2021 年 3 月 1 日起施行。〕

1997年刑法条文 (阴影部分为历次修改删去的内容,楷体部分为说明文字)	1997年以来历次修改后的刑法条文 (黑体部分为历次修改增加或修改的内容,楷体部分为说明文字)
第二百七十三条 挪用用于救灾、抢险、防汛、优抚、扶贫、移民、救济款物,情节严重,致使国家和人民群众利益遭受重大损害的,对直接责任人员,处三年以下有期徒刑或者拘役;情节特别严重的,处三年以上七年以下有期徒刑。	第二百七十三条 挪用用于救灾、抢险、防汛、优抚、扶贫、移民、救济款物,情节严重,致使国家和人民群众利益遭受重大损害的,对直接责任人员,处三年以下有期徒刑或者拘役;情节特别严重的,处三年以上七年以下有期徒刑。
第二百七十四条 敲诈勒索公私财物,数额较大的,处三年以下有期徒刑、拘役或者管制;数额巨大或者有其他严重情节的,处三年以上十年以下有期徒刑。	第二百七十四条 敲诈勒索公私财物,数额较大**或者多次敲诈勒索**的,处三年以下有期徒刑、拘役或者管制,**并处或者单处罚金**;数额巨大或者有其他严重情节的,处三年以上十年以下有期徒刑,**并处罚金**;**数额特别巨大或者有其他特别严重情节的,处十年以上有期徒刑,并处罚金**。 〔根据2011年2月25日通过的刑法修正案(八)修改,修改的内容自2011年5月1日起施行。〕
第二百七十五条 故意毁坏公私财物,数额较大或者有其他严重情节的,处三年以下有期徒刑、拘役或者罚金;数额巨大或者有其他特别严重情节的,处三年以上七年以下有期徒刑。	第二百七十五条 故意毁坏公私财物,数额较大或者有其他严重情节的,处三年以下有期徒刑、拘役或者罚金;数额巨大或者有其他特别严重情节的,处三年以上七年以下有期徒刑。

1997 年刑法条文 (阴影部分为历次修改删去的内容,楷体部分为说明文字)	1997 年以来历次 修改后的刑法条文 (黑体部分为历次修改增加或修改的内容,楷体部分为说明文字)
第二百七十六条　由于泄愤报复或者其他个人目的,毁坏机器设备、残害耕畜或者以其他方法破坏生产经营的,处三年以下有期徒刑、拘役或者管制;情节严重的,处三年以上七年以下有期徒刑。	第二百七十六条　由于泄愤报复或者其他个人目的,毁坏机器设备、残害耕畜或者以其他方法破坏生产经营的,处三年以下有期徒刑、拘役或者管制;情节严重的,处三年以上七年以下有期徒刑。
〔刑法修正案(八)增加本条规定。〕	**第二百七十六条之一　以转移财产、逃匿等方法逃避支付劳动者的劳动报酬或者有能力支付而不支付劳动者的劳动报酬,数额较大,经政府有关部门责令支付仍不支付的,处三年以下有期徒刑或者拘役,并处或者单处罚金;造成严重后果的,处三年以上七年以下有期徒刑,并处罚金。** **单位犯前款罪的,对单位判处罚金,并对其直接负责的主管人员和其他直接责任人员,依照前款的规定处罚。** **有前两款行为,尚未造成严重后果,在提起公诉前支付劳动者的劳动报酬,并依法承担相应赔偿责任的,可以减轻或者免除处罚。** 〔根据 2011 年 2 月 25 日通过的刑法修正案(八)增加,自 2011 年 5 月 1 日起施行。〕

1997年刑法条文 (阴影部分为历次修改删去的内容，楷体部分为说明文字)	1997年以来历次修改后的刑法条文 (黑体部分为历次修改增加或修改的内容，楷体部分为说明文字)
第六章　妨害社会管理秩序罪 第一节　扰乱公共秩序罪	第六章　妨害社会管理秩序罪 第一节　扰乱公共秩序罪
第二百七十七条　以暴力、威胁方法阻碍国家机关工作人员依法执行职务的，处三年以下有期徒刑、拘役、管制或者罚金。 以暴力、威胁方法阻碍全国人民代表大会和地方各级人民代表大会代表依法执行代表职务的，依照前款的规定处罚。 在自然灾害和突发事件中，以暴力、威胁方法阻碍红十字会工作人员依法履行职责的，依照第一款的规定处罚。 故意阻碍国家安全机关、公安机关依法执行国家安全工作任务，未使用暴力、威胁方法，造成严重后果的，依照第一款的规定处罚。 〔本条经刑法修正案（九）、刑法修正案（十一）两次修改。〕	第二百七十七条　以暴力、威胁方法阻碍国家机关工作人员依法执行职务的，处三年以下有期徒刑、拘役、管制或者罚金。 以暴力、威胁方法阻碍全国人民代表大会和地方各级人民代表大会代表依法执行代表职务的，依照前款的规定处罚。 在自然灾害和突发事件中，以暴力、威胁方法阻碍红十字会工作人员依法履行职责的，依照第一款的规定处罚。 故意阻碍国家安全机关、公安机关依法执行国家安全工作任务，未使用暴力、威胁方法，造成严重后果的，依照第一款的规定处罚。 **暴力袭击正在依法执行职务的人民警察的，处三年以下有期徒刑、拘役或者管制；使用枪支、管制刀具，或者以驾驶机动车撞击等手段，严重危及其人身安全的，处三年以上七年以下有期徒刑。** 〔根据2020年12月26日通过的刑法修正案（十一）第二次修改，修改的内容自2021年3月1日起施行。〕

1997年刑法条文 (阴影部分为历次修改删去的内容,楷体部分为说明文字)	1997年以来历次修改后的刑法条文 (黑体部分为历次修改增加或修改的内容,楷体部分为说明文字)
	刑法修正案(九)修改后的第二百七十七条 以暴力、威胁方法阻碍国家机关工作人员依法执行职务的,处三年以下有期徒刑、拘役、管制或者罚金。 　　以暴力、威胁方法阻碍全国人民代表大会和地方各级人民代表大会代表依法执行代表职务的,依照前款的规定处罚。 　　在自然灾害和突发事件中,以暴力、威胁方法阻碍红十字会工作人员依法履行职责的,依照第一款的规定处罚。 　　故意阻碍国家安全机关、公安机关依法执行国家安全工作任务,未使用暴力、威胁方法,造成严重后果的,依照第一款的规定处罚。 　　**暴力袭击正在依法执行职务的人民警察的,依照第一款的规定从重处罚。** 〔根据2015年8月29日通过的刑法修正案(九)第一次修改,修改的内容自2015年11月1日起施行。〕
第二百七十八条 煽动群众暴力抗拒国家法律、行政法规实施的,处三年以下有期徒刑、拘役、管制或者剥夺政治权利;造成严重后果的,处三年以上七年以下有期徒刑。	**第二百七十八条** 煽动群众暴力抗拒国家法律、行政法规实施的,处三年以下有期徒刑、拘役、管制或者剥夺政治权利;造成严重后果的,处三年以上七年以下有期徒刑。

1997年刑法条文 (阴影部分为历次修改删去的内容,楷体部分为说明文字)	1997年以来历次修改后的刑法条文 (黑体部分为历次修改增加或修改的内容,楷体部分为说明文字)
第二百七十九条 冒充国家机关工作人员招摇撞骗的,处三年以下有期徒刑、拘役、管制或者剥夺政治权利;情节严重的,处三年以上十年以下有期徒刑。 冒充人民警察招摇撞骗的,依照前款的规定从重处罚。	第二百七十九条 冒充国家机关工作人员招摇撞骗的,处三年以下有期徒刑、拘役、管制或者剥夺政治权利;情节严重的,处三年以上十年以下有期徒刑。 冒充人民警察招摇撞骗的,依照前款的规定从重处罚。
第二百八十条 伪造、变造、买卖或者盗窃、抢夺、毁灭国家机关的公文、证件、印章的,处三年以下有期徒刑、拘役、管制或者剥夺政治权利;情节严重的,处三年以上十年以下有期徒刑。 伪造公司、企业、事业单位、人民团体的印章的,处三年以下有期徒刑、拘役、管制或者剥夺政治权利。 伪造、变造居民身份证的,处三年以下有期徒刑、拘役、管制或者剥夺政治权利;情节严重的,处三年以上七年以下有期徒刑。	第二百八十条 伪造、变造、买卖或者盗窃、抢夺、毁灭国家机关的公文、证件、印章的,处三年以下有期徒刑、拘役、管制或者剥夺政治权利,**并处罚金**;情节严重的,处三年以上十年以下有期徒刑,**并处罚金**。 伪造公司、企业、事业单位、人民团体的印章的,处三年以下有期徒刑、拘役、管制或者剥夺政治权利,**并处罚金**。 伪造、变造、**买卖**居民身份证、**护照、社会保障卡、驾驶证等依法可以用于证明身份的证件**的,处三年以下有期徒刑、拘役、管制或者剥夺政治权利,**并处罚金**;情节严重的,处三年以上七年以下有期徒刑,**并处罚金**。 〔根据2015年8月29日通过的刑法修正案(九)修改,修改的内容自2015年11月1日起施行。〕

1997 年刑法条文 (阴影部分为历次修改删去的内容,楷体部分为说明文字)	1997 年以来历次修改后的刑法条文 (黑体部分为历次修改增加或修改的内容,楷体部分为说明文字)
〔《全国人民代表大会常务委员会关于惩治骗购外汇、逃汇和非法买卖外汇犯罪的决定》增加本条规定。〕	二、买卖伪造、变造的海关签发的报关单、进口证明、外汇管理部门核准件等凭证和单据或者国家机关的其他公文、证件、印章的,依照刑法第二百八十条的规定定罪处罚。 〔根据 1998 年 12 月 29 日通过的《全国人民代表大会常务委员会关于惩治骗购外汇、逃汇和非法买卖外汇犯罪的决定》增加,自 1998 年 12 月 29 日起施行。〕
〔刑法修正案(九)增加本条规定。〕	第二百八十条之一 在依照国家规定应当提供身份证明的活动中,使用伪造、变造的或者盗用他人的居民身份证、护照、社会保障卡、驾驶证等依法可以用于证明身份的证件,情节严重的,处拘役或者管制,并处或者单处罚金。 有前款行为,同时构成其他犯罪的,依照处罚较重的规定定罪处罚。 〔根据 2015 年 8 月 29 日通过的刑法修正案(九)增加,自 2015 年 11 月 1 日起施行。〕

1997年刑法条文 (阴影部分为历次修改删去的内容,楷体部分为说明文字)	1997年以来历次修改后的刑法条文 (黑体部分为历次修改增加或修改的内容,楷体部分为说明文字)
〔刑法修正案（十一）增加本条规定。〕	**第二百八十条之二　盗用、冒用他人身份，顶替他人取得的高等学历教育入学资格、公务员录用资格、就业安置待遇的，处三年以下有期徒刑、拘役或者管制，并处罚金。** **组织、指使他人实施前款行为的，依照前款的规定从重处罚。** **国家工作人员有前两款行为，又构成其他犯罪的，依照数罪并罚的规定处罚。** 〔根据2020年12月26日通过的刑法修正案（十一）增加，自2021年3月1日起施行。〕
第二百八十一条　非法生产、买卖人民警察制式服装、车辆号牌等专用标志、警械，情节严重的，处三年以下有期徒刑、拘役或者管制，并处或者单处罚金。 单位犯前款罪的，对单位判处罚金，并对其直接负责的主管人员和其他直接责任人员，依照前款的规定处罚。	第二百八十一条　非法生产、买卖人民警察制式服装、车辆号牌等专用标志、警械，情节严重的，处三年以下有期徒刑、拘役或者管制，并处或者单处罚金。 单位犯前款罪的，对单位判处罚金，并对其直接负责的主管人员和其他直接责任人员，依照前款的规定处罚。

―― 刑法历次修改条文对照表（含十一个刑法修正案）――

1997年刑法条文 (阴影部分为历次修改删去的内容,楷体部分为说明文字)	1997年以来历次 修改后的刑法条文 (黑体部分为历次修改增加或修改的内容,楷体部分为说明文字)
第二百八十二条 以窃取、刺探、收买方法,非法获取国家秘密的,处三年以下有期徒刑、拘役、管制或者剥夺政治权利;情节严重的,处三年以上七年以下有期徒刑。 非法持有属于国家绝密、机密的文件、资料或者其他物品,拒不说明来源与用途的,处三年以下有期徒刑、拘役或者管制。	第二百八十二条 以窃取、刺探、收买方法,非法获取国家秘密的,处三年以下有期徒刑、拘役、管制或者剥夺政治权利;情节严重的,处三年以上七年以下有期徒刑。 非法持有属于国家绝密、机密的文件、资料或者其他物品,拒不说明来源与用途的,处三年以下有期徒刑、拘役或者管制。
第二百八十三条 非法生产、销售窃听、窃照等专用间谍器材的,处三年以下有期徒刑、拘役或者管制。	第二百八十三条 非法生产、销售专用间谍器材**或者窃听、窃照专用器材**的,处三年以下有期徒刑、拘役或者管制,**并处或者单处罚金;情节严重的,处三年以上七年以下有期徒刑,并处罚金。** **单位犯前款罪的,对单位判处罚金,并对其直接负责的主管人员和其他直接责任人员,依照前款的规定处罚。** 〔根据2015年8月29日通过的刑法修正案(九)修改,修改的内容自2015年11月1日起施行。〕
第二百八十四条 非法使用窃听、窃照专用器材,造成严重后果的,处二年以下有期徒刑、拘役或者管制。	第二百八十四条 非法使用窃听、窃照专用器材,造成严重后果的,处二年以下有期徒刑、拘役或者管制。

1997年刑法条文 (阴影部分为历次修改删去的内容,楷体部分为说明文字)	1997年以来历次修改后的刑法条文 (黑体部分为历次修改增加或修改的内容,楷体部分为说明文字)
〔刑法修正案(九)增加本条规定。〕	**第二百八十四条之一　在法律规定的国家考试中,组织作弊的,处三年以下有期徒刑或者拘役,并处或者单处罚金;情节严重的,处三年以上七年以下有期徒刑,并处罚金。** **为他人实施前款犯罪提供作弊器材或者其他帮助的,依照前款的规定处罚。** **为实施考试作弊行为,向他人非法出售或者提供第一款规定的考试的试题、答案的,依照第一款的规定处罚。** **代替他人或者让他人代替自己参加第一款规定的考试的,处拘役或者管制,并处或者单处罚金。** 〔根据2015年8月29日通过的刑法修正案(九)增加,自2015年11月1日起施行。〕

1997年刑法条文 (阴影部分为历次修改删去的内容，楷体部分为说明文字)	1997年以来历次 修改后的刑法条文 (黑体部分为历次修改增加或修改的内容，楷体部分为说明文字)
第二百八十五条　违反国家规定，侵入国家事务、国防建设、尖端科学技术领域的计算机信息系统的，处三年以下有期徒刑或者拘役。 〔本条经刑法修正案（七）、刑法修正案（九）两次修改。〕	第二百八十五条　违反国家规定，侵入国家事务、国防建设、尖端科学技术领域的计算机信息系统的，处三年以下有期徒刑或者拘役。 　　**违反国家规定，侵入前款规定以外的计算机信息系统或者采用其他技术手段，获取该计算机信息系统中存储、处理或者传输的数据，或者对该计算机信息系统实施非法控制，情节严重的，处三年以下有期徒刑或者拘役，并处或者单处罚金；情节特别严重的，处三年以上七年以下有期徒刑，并处罚金。** 　　**提供专门用于侵入、非法控制计算机信息系统的程序、工具，或者明知他人实施侵入、非法控制计算机信息系统的违法犯罪行为而为其提供程序、工具，情节严重的，依照前款的规定处罚。** 　　**单位犯前三款罪的，对单位判处罚金，并对其直接负责的主管人员和其他直接责任人员，依照各该款的规定处罚。** 〔根据2015年8月29日通过的刑法修正案（九）第二次修改，修改的内容自2015年11月1日起施行。〕

1997年刑法条文 (阴影部分为历次修改删去的内容,楷体部分为说明文字)	1997年以来历次修改后的刑法条文 (黑体部分为历次修改增加或修改的内容,楷体部分为说明文字)
	刑法修正案(七)修改后的第二百八十五条 违反国家规定,侵入国家事务、国防建设、尖端科学技术领域的计算机信息系统的,处三年以下有期徒刑或者拘役。 违反国家规定,侵入前款规定以外的计算机信息系统或者采用其他技术手段,获取该计算机信息系统中存储、处理或者传输的数据,或者对该计算机信息系统实施非法控制,情节严重的,处三年以下有期徒刑或者拘役,并处或者单处罚金;情节特别严重的,处三年以上七年以下有期徒刑,并处罚金。 提供专门用于侵入、非法控制计算机信息系统的程序、工具,或者明知他人实施侵入、非法控制计算机信息系统的违法犯罪行为而为其提供程序、工具,情节严重的,依照前款的规定处罚。 〔根据2009年2月28日通过的刑法修正案(七)第一次修改,修改的内容自2009年2月28日起施行。〕

1997年刑法条文 (阴影部分为历次修改删去的内容，楷体部分为说明文字)	1997年以来历次 修改后的刑法条文 (黑体部分为历次修改增加或修改的内容，楷体部分为说明文字)
第二百八十六条　违反国家规定，对计算机信息系统功能进行删除、修改、增加、干扰，造成计算机信息系统不能正常运行，后果严重的，处五年以下有期徒刑或者拘役；后果特别严重的，处五年以上有期徒刑。 　　违反国家规定，对计算机信息系统中存储、处理或者传输的数据和应用程序进行删除、修改、增加的操作，后果严重的，依照前款的规定处罚。 　　故意制作、传播计算机病毒等破坏性程序，影响计算机系统正常运行，后果严重的，依照第一款的规定处罚。	第二百八十六条　违反国家规定，对计算机信息系统功能进行删除、修改、增加、干扰，造成计算机信息系统不能正常运行，后果严重的，处五年以下有期徒刑或者拘役；后果特别严重的，处五年以上有期徒刑。 　　违反国家规定，对计算机信息系统中存储、处理或者传输的数据和应用程序进行删除、修改、增加的操作，后果严重的，依照前款的规定处罚。 　　故意制作、传播计算机病毒等破坏性程序，影响计算机系统正常运行，后果严重的，依照第一款的规定处罚。 　　**单位犯前三款罪的，对单位判处罚金，并对其直接负责的主管人员和其他直接责任人员，依照第一款的规定处罚。** 〔根据2015年8月29日通过的刑法修正案(九)修改，修改的内容自2015年11月1日起施行。〕

224

1997年刑法条文 (阴影部分为历次修改删去的内容，楷体部分为说明文字)	1997年以来历次修改后的刑法条文 (黑体部分为历次修改增加或修改的内容，楷体部分为说明文字)
〔刑法修正案（九）增加本条规定。〕	**第二百八十六条之一　网络服务提供者不履行法律、行政法规规定的信息网络安全管理义务，经监管部门责令采取改正措施而拒不改正，有下列情形之一的，处三年以下有期徒刑、拘役或者管制，并处或者单处罚金：** **（一）致使违法信息大量传播的；** **（二）致使用户信息泄露，造成严重后果的；** **（三）致使刑事案件证据灭失，情节严重的；** **（四）有其他严重情节的。** **单位犯前款罪的，对单位判处罚金，并对其直接负责的主管人员和其他直接责任人员，依照前款的规定处罚。** **有前两款行为，同时构成其他犯罪的，依照处罚较重的规定定罪处罚。** 〔根据2015年8月29日通过的刑法修正案（九）增加，自2015年11月1日起施行。〕
第二百八十七条　利用计算机实施金融诈骗、盗窃、贪污、挪用公款、窃取国家秘密或者其他犯罪的，依照本法有关规定定罪处罚。	第二百八十七条　利用计算机实施金融诈骗、盗窃、贪污、挪用公款、窃取国家秘密或者其他犯罪的，依照本法有关规定定罪处罚。

——刑法历次修改条文对照表(含十一个刑法修正案)——

1997年刑法条文 (阴影部分为历次修改删去的内容,楷体部分为说明文字)	1997年以来历次修改后的刑法条文 (黑体部分为历次修改增加或修改的内容,楷体部分为说明文字)
〔刑法修正案(九)增加本条规定。〕	第二百八十七条之一 利用信息网络实施下列行为之一,情节严重的,处三年以下有期徒刑或者拘役,并处或者单处罚金: (一)设立用于实施诈骗、传授犯罪方法、制作或者销售违禁物品、管制物品等违法犯罪活动的网站、通讯群组的; (二)发布有关制作或者销售毒品、枪支、淫秽物品等违禁物品、管制物品或者其他违法犯罪信息的; (三)为实施诈骗等违法犯罪活动发布信息的。 单位犯前款罪的,对单位判处罚金,并对其直接负责的主管人员和其他直接责任人员,依照前款的规定处罚。 有前两款行为,同时构成其他犯罪的,依照处罚较重的规定定罪处罚。 〔根据2015年8月29日通过的刑法修正案(九)增加,自2015年11月1日起施行。〕

· 226 ·

1997 年刑法条文 (阴影部分为历次修改删去的内容，楷体部分为说明文字)	1997 年以来历次修改后的刑法条文 (黑体部分为历次修改增加或修改的内容，楷体部分为说明文字)
〔刑法修正案(九)增加本条规定。〕	**第二百八十七条之二　明知他人利用信息网络实施犯罪，为其犯罪提供互联网接入、服务器托管、网络存储、通讯传输等技术支持，或者提供广告推广、支付结算等帮助，情节严重的，处三年以下有期徒刑或者拘役，并处或者单处罚金。** **单位犯前款罪的，对单位判处罚金，并对其直接负责的主管人员和其他直接责任人员，依照第一款的规定处罚。** **有前两款行为，同时构成其他犯罪的，依照处罚较重的规定定罪处罚。** 〔根据2015年8月29日通过的刑法修正案(九)增加，自2015年11月1日起施行。〕

——刑法历次修改条文对照表（含十一个刑法修正案）——

1997年刑法条文 (阴影部分为历次修改删去的内容，楷体部分为说明文字)	1997年以来历次 修改后的刑法条文 (黑体部分为历次修改增加或修改的内容，楷体部分为说明文字)
第二百八十八条 违反国家规定,擅自设置、使用无线电台(站),或者擅自占用频率,经责令停止使用后拒不停止使用,干扰无线电通讯正常进行,造成严重后果的,处三年以下有期徒刑、拘役或者管制,并处或者单处罚金。 单位犯前款罪的,对单位判处罚金,并对其直接负责的主管人员和其他直接责任人员,依照前款的规定处罚。	第二百八十八条 违反国家规定,擅自设置、使用无线电台(站),或者擅自使用无线电频率,干扰无线电通讯秩序,情节严重的,处三年以下有期徒刑、拘役或者管制,并处或者单处罚金;情节特别严重的,处三年以上七年以下有期徒刑,并处罚金。 单位犯前款罪的,对单位判处罚金,并对其直接负责的主管人员和其他直接责任人员,依照前款的规定处罚。 〔根据2015年8月29日通过的刑法修正案(九)修改,修改的内容自2015年11月1日起施行。〕
第二百八十九条 聚众"打砸抢",致人伤残、死亡的,依照本法第二百三十四条、第二百三十二条的规定定罪处罚。毁坏或者抢走公私财物的,除判令退赔外,对首要分子,依照本法第二百六十三条的规定定罪处罚。	第二百八十九条 聚众"打砸抢",致人伤残、死亡的,依照本法第二百三十四条、第二百三十二条的规定定罪处罚。毁坏或者抢走公私财物的,除判令退赔外,对首要分子,依照本法第二百六十三条的规定定罪处罚。

1997年刑法条文 (阴影部分为历次修改删去的内容,楷体部分为说明文字)	1997年以来历次修改后的刑法条文 (黑体部分为历次修改增加或修改的内容,楷体部分为说明文字)
第二百九十条 聚众扰乱社会秩序,情节严重,致使工作、生产、营业和教学、科研无法进行,造成严重损失的,对首要分子,处三年以上七年以下有期徒刑;对其他积极参加的,处三年以下有期徒刑、拘役、管制或者剥夺政治权利。 聚众冲击国家机关,致使国家机关工作无法进行,造成严重损失的,对首要分子,处五年以上十年以下有期徒刑;对其他积极参加的,处五年以下有期徒刑、拘役、管制或者剥夺政治权利。	第二百九十条 聚众扰乱社会秩序,情节严重,致使工作、生产、营业和教学、科研、**医疗**无法进行,造成严重损失的,对首要分子,处三年以上七年以下有期徒刑;对其他积极参加的,处三年以下有期徒刑、拘役、管制或者剥夺政治权利。 聚众冲击国家机关,致使国家机关工作无法进行,造成严重损失的,对首要分子,处五年以上十年以下有期徒刑;对其他积极参加的,处五年以下有期徒刑、拘役、管制或者剥夺政治权利。 **多次扰乱国家机关工作秩序,经行政处罚后仍不改正,造成严重后果的,处三年以下有期徒刑、拘役或者管制。** **多次组织、资助他人非法聚集,扰乱社会秩序,情节严重的,依照前款的规定处罚。** 〔根据2015年8月29日通过的刑法修正案(九)修改,修改的内容自2015年11月1日起施行。〕

——刑法历次修改条文对照表（含十一个刑法修正案）——

1997年刑法条文 (阴影部分为历次修改删去的内容,楷体部分为说明文字)	1997年以来历次修改后的刑法条文 (黑体部分为历次修改增加或修改的内容,楷体部分为说明文字)
第二百九十一条 聚众扰乱车站、码头、民用航空站、商场、公园、影剧院、展览会、运动场或者其他公共场所秩序,聚众堵塞交通或者破坏交通秩序,抗拒、阻碍国家治安管理工作人员依法执行职务,情节严重的,对首要分子,处五年以下有期徒刑、拘役或者管制。	第二百九十一条 聚众扰乱车站、码头、民用航空站、商场、公园、影剧院、展览会、运动场或者其他公共场所秩序,聚众堵塞交通或者破坏交通秩序,抗拒、阻碍国家治安管理工作人员依法执行职务,情节严重的,对首要分子,处五年以下有期徒刑、拘役或者管制。
〔刑法修正案(三)增加本条规定,刑法修正案(九)作了修改。〕	第二百九十一条之一 投放虚假的爆炸性、毒害性、放射性、传染病病原体等物质,或者编造爆炸威胁、生化威胁、放射威胁等恐怖信息,或者明知是编造的恐怖信息而故意传播,严重扰乱社会秩序的,处五年以下有期徒刑、拘役或者管制;造成严重后果的,处五年以上有期徒刑。 编造虚假的险情、疫情、灾情、警情,在信息网络或者其他媒体上传播,或者明知是上述虚假信息,故意在信息网络或者其他媒体上传播,严重扰乱社会秩序的,处三年以下有期徒刑、拘役或者管制;造成严重后果的,处三年以上七年以下有期徒刑。 〔根据2015年8月29日通过的刑法修正案(九)修改,修改的内容自2015年11月1日起施行。〕

1997年刑法条文 (阴影部分为历次修改删去的内容,楷体部分为说明文字)	1997年以来历次 修改后的刑法条文 (黑体部分为历次修改增加或修改的内容,楷体部分为说明文字)
	刑法修正案(三)增加的第二百九十一条之一 投放虚假的爆炸性、毒害性、放射性、传染病病原体等物质,或者编造爆炸威胁、生化威胁、放射威胁等恐怖信息,或者明知是编造的恐怖信息而故意传播,严重扰乱社会秩序的,处五年以下有期徒刑、拘役或者管制;造成严重后果的,处五年以上有期徒刑。 〔根据2001年12月29日通过的刑法修正案(三)增加,自2001年12月29日起施行。〕
〔刑法修正案(十一)增加本条规定。〕	**第二百九十一条之二** 从建筑物或者其他高空抛掷物品,情节严重的,处一年以下有期徒刑、拘役或者管制,并处或者单处罚金。 有前款行为,同时构成其他犯罪的,依照处罚较重的规定定罪处罚。 〔根据2020年12月26日通过的刑法修正案(十一)增加,自2021年3月1日起施行。〕

——刑法历次修改条文对照表（含十一个刑法修正案）——

1997 年刑法条文 (阴影部分为历次修改删去的内容，楷体部分为说明文字)	1997 年以来历次 修改后的刑法条文 (黑体部分为历次修改增加或修改的内容，楷体部分为说明文字)
第二百九十二条　聚众斗殴的，对首要分子和其他积极参加的，处三年以下有期徒刑、拘役或者管制；有下列情形之一的，对首要分子和其他积极参加的，处三年以上十年以下有期徒刑： 　　(一)多次聚众斗殴的； 　　(二)聚众斗殴人数多，规模大，社会影响恶劣的； 　　(三)在公共场所或者交通要道聚众斗殴，造成社会秩序严重混乱的； 　　(四)持械聚众斗殴的。 　　聚众斗殴，致人重伤、死亡的，依照本法第二百三十四条、第二百三十二条的规定定罪处罚。	第二百九十二条　聚众斗殴的，对首要分子和其他积极参加的，处三年以下有期徒刑、拘役或者管制；有下列情形之一的，对首要分子和其他积极参加的，处三年以上十年以下有期徒刑： 　　(一)多次聚众斗殴的； 　　(二)聚众斗殴人数多，规模大，社会影响恶劣的； 　　(三)在公共场所或者交通要道聚众斗殴，造成社会秩序严重混乱的； 　　(四)持械聚众斗殴的。 　　聚众斗殴，致人重伤、死亡的，依照本法第二百三十四条、第二百三十二条的规定定罪处罚。

1997年刑法条文 (阴影部分为历次修改删去的内容,楷体部分为说明文字)	1997年以来历次修改后的刑法条文 (黑体部分为历次修改增加或修改的内容,楷体部分为说明文字)
第二百九十三条 有下列寻衅滋事行为之一,破坏社会秩序的,处五年以下有期徒刑、拘役或者管制: (一)随意殴打他人,情节恶劣的; (二)追逐、拦截、辱骂他人,情节恶劣的; (三)强拿硬要或者任意损毁、占用公私财物,情节严重的; (四)在公共场所起哄闹事,造成公共场所秩序严重混乱的。	第二百九十三条 有下列寻衅滋事行为之一,破坏社会秩序的,处五年以下有期徒刑、拘役或者管制: (一)随意殴打他人,情节恶劣的; (二)追逐、拦截、辱骂、**恐吓**他人,情节恶劣的; (三)强拿硬要或者任意损毁、占用公私财物,情节严重的; (四)在公共场所起哄闹事,造成公共场所秩序严重混乱的。 **纠集他人多次实施前款行为,严重破坏社会秩序的,处五年以上十年以下有期徒刑,可以并处罚金。** 〔根据2011年2月25日通过的刑法修正案(八)修改,修改的内容自2011年5月1日起施行。〕

——刑法历次修改条文对照表（含十一个刑法修正案）——

1997年刑法条文 (阴影部分为历次修改删去的内容，楷体部分为说明文字)	1997年以来历次 修改后的刑法条文 (黑体部分为历次修改增加或修改的内容，楷体部分为说明文字)
〔刑法修正案（十一）增加本条规定。〕	**第二百九十三条之一　有下列情形之一，催收高利放贷等产生的非法债务，情节严重的，处三年以下有期徒刑、拘役或者管制，并处或者单处罚金： （一）使用暴力、胁迫方法的； （二）限制他人人身自由或者侵入他人住宅的； （三）恐吓、跟踪、骚扰他人的。** 〔根据2020年12月26日通过的刑法修正案（十一）增加，自2021年3月1日起施行。〕

1997年刑法条文 (阴影部分为历次修改删去的内容,楷体部分为说明文字)	1997年以来历次修改后的刑法条文 (黑体部分为历次修改增加或修改的内容,楷体部分为说明文字)
第二百九十四条 组织、领导和积极参加以暴力、威胁或者其他手段,有组织地进行违法犯罪活动,称霸一方,为非作恶,欺压、残害群众,严重破坏经济、社会生活秩序的黑社会性质的组织的,处三年以上十年以下有期徒刑;其他参加的,处三年以下有期徒刑、拘役、管制或者剥夺政治权利。 境外的黑社会组织的人员到中华人民共和国境内发展组织成员的,处三年以上十年以下有期徒刑。 犯前两款罪又有其他犯罪行为的,依照数罪并罚的规定处罚。 国家机关工作人员包庇黑社会性质的组织,或者纵容黑社会性质的组织进行违法犯罪活动的,处三年以下有期徒刑、拘役或者剥夺政治权利;情节严重的,处三年以上十年以下有期徒刑。	第二百九十四条 组织、领导黑社会性质的组织的,**处七年以上有期徒刑,并处没收财产**;积极参加的,处三年以上七年以下有期徒刑,**可以并处罚金或者没收财产**;其他参加的,处三年以下有期徒刑、拘役、管制或者剥夺政治权利,**可以并处罚金**。 境外的黑社会组织的人员到中华人民共和国境内发展组织成员的,处三年以上十年以下有期徒刑。 国家机关工作人员包庇黑社会性质的组织,或者纵容黑社会性质的组织进行违法犯罪活动的,处**五**年以下有期徒刑;情节严重的,处**五**年以上有期徒刑。 犯前三款罪又有其他犯罪行为的,依照数罪并罚的规定处罚。 **黑社会性质的组织应当同时具备以下特征:** **(一)形成较稳定的犯罪组织,人数较多,有明确的组织者、领导者,骨干成员基本固定;**

——刑法历次修改条文对照表（含十一个刑法修正案）——

1997年刑法条文 (阴影部分为历次修改删去的内容，楷体部分为说明文字)	1997年以来历次修改后的刑法条文 (黑体部分为历次修改增加或修改的内容，楷体部分为说明文字)
	（二）有组织地通过违法犯罪活动或者其他手段获取经济利益，具有一定的经济实力，以支持该组织的活动； （三）以暴力、威胁或者其他手段，有组织地多次进行违法犯罪活动，为非作恶，欺压、残害群众； （四）通过实施违法犯罪活动，或者利用国家工作人员的包庇或者纵容，称霸一方，在一定区域或者行业内，形成非法控制或者重大影响，严重破坏经济、社会生活秩序。 〔根据2011年2月25日通过的刑法修正案（八）修改，修改的内容自2011年5月1日起施行。〕
第二百九十五条　传授犯罪方法的，处五年以下有期徒刑、拘役或者管制；情节严重的，处五年以上有期徒刑；情节特别严重的，处无期徒刑或者死刑。	第二百九十五条　传授犯罪方法的，处五年以下有期徒刑、拘役或者管制；情节严重的，处**五年以上十年以下**有期徒刑；情节特别严重的，处**十年以上**有期徒刑或者无期徒刑。 〔根据2011年2月25日通过的刑法修正案（八）修改，修改的内容自2011年5月1日起施行。〕

· 236 ·

1997年刑法条文 (阴影部分为历次修改删去的内容,楷体部分为说明文字)	1997年以来历次 修改后的刑法条文 (黑体部分为历次修改增加或修改的内容,楷体部分为说明文字)
第二百九十六条 举行集会、游行、示威,未依照法律规定申请或者申请未获许可,或者未按照主管机关许可的起止时间、地点、路线进行,又拒不服从解散命令,严重破坏社会秩序的,对集会、游行、示威的负责人和直接责任人员,处五年以下有期徒刑、拘役、管制或者剥夺政治权利。	第二百九十六条 举行集会、游行、示威,未依照法律规定申请或者申请未获许可,或者未按照主管机关许可的起止时间、地点、路线进行,又拒不服从解散命令,严重破坏社会秩序的,对集会、游行、示威的负责人和直接责任人员,处五年以下有期徒刑、拘役、管制或者剥夺政治权利。
第二百九十七条 违反法律规定,携带武器、管制刀具或者爆炸物参加集会、游行、示威的,处三年以下有期徒刑、拘役、管制或者剥夺政治权利。	第二百九十七条 违反法律规定,携带武器、管制刀具或者爆炸物参加集会、游行、示威的,处三年以下有期徒刑、拘役、管制或者剥夺政治权利。
第二百九十八条 扰乱、冲击或者以其他方法破坏依法举行的集会、游行、示威,造成公共秩序混乱的,处五年以下有期徒刑、拘役、管制或者剥夺政治权利。	第二百九十八条 扰乱、冲击或者以其他方法破坏依法举行的集会、游行、示威,造成公共秩序混乱的,处五年以下有期徒刑、拘役、管制或者剥夺政治权利。

1997年刑法条文 (阴影部分为历次修改删去的内容,楷体部分为说明文字)	1997年以来历次修改后的刑法条文 (黑体部分为历次修改增加或修改的内容,楷体部分为说明文字)
第二百九十九条　在公众场合故意以焚烧、毁损、涂划、玷污、践踏等方式侮辱中华人民共和国国旗、国徽的,处三年以下有期徒刑、拘役、管制或者剥夺政治权利。	第二百九十九条　在公共场合,故意以焚烧、毁损、涂划、玷污、践踏等方式侮辱中华人民共和国国旗、国徽的,处三年以下有期徒刑、拘役、管制或者剥夺政治权利。 　　**在公共场合,故意篡改中华人民共和国国歌歌词、曲谱,以歪曲、贬损方式奏唱国歌,或者以其他方式侮辱国歌,情节严重的,依照前款的规定处罚。** 〔根据2017年11月4日通过的刑法修正案(十)修改,修改的内容自2017年11月4日起施行。〕
〔刑法修正案(十一)增加本条规定。〕	**第二百九十九条之一　侮辱、诽谤或者以其他方式侵害英雄烈士的名誉、荣誉,损害社会公共利益,情节严重的,处三年以下有期徒刑、拘役、管制或者剥夺政治权利。** 〔根据2020年12月26日通过的刑法修正案(十一)增加,自2021年3月1日起施行。〕

1997年刑法条文 (阴影部分为历次修改删去的内容,楷体部分为说明文字)	1997年以来历次修改后的刑法条文 (黑体部分为历次修改增加或修改的内容,楷体部分为说明文字)
第三百条 组织和利用会道门、邪教组织或者利用迷信破坏国家法律、行政法规实施的,处三年以上七年以下有期徒刑;情节特别严重的,处七年以上有期徒刑。 组织和利用会道门、邪教组织或者利用迷信蒙骗他人,致人死亡的,依照前款的规定处罚。 组织和利用会道门、邪教组织或者利用迷信奸淫妇女、诈骗财物的,分别依照本法第二百三十六条、第二百六十六条的规定定罪处罚。	第三百条 组织、利用会道门、邪教组织或者利用迷信破坏国家法律、行政法规实施的,处三年以上七年以下有期徒刑,**并处罚金**;情节特别严重的,处七年以上有期徒刑**或者无期徒刑,并处罚金或者没收财产**;情节较轻的,处三年以下**有期徒刑、拘役、管制或者剥夺政治权利,并处或者单处罚金**。 组织、利用会道门、邪教组织或者利用迷信蒙骗他人,致人**重伤**、死亡的,依照前款的规定处罚。 **犯第一款罪又有**奸淫妇女、诈骗财物**等犯罪行为**的,依照**数罪并罚**的规定处罚。 〔根据2015年8月29日通过的刑法修正案(九)修改,修改的内容自2015年11月1日起施行。〕
第三百零一条 聚众进行淫乱活动的,对首要分子或者多次参加的,处五年以下有期徒刑、拘役或者管制。 引诱未成年人参加聚众淫乱活动的,依照前款的规定从重处罚。	第三百零一条 聚众进行淫乱活动的,对首要分子或者多次参加的,处五年以下有期徒刑、拘役或者管制。 引诱未成年人参加聚众淫乱活动的,依照前款的规定从重处罚。

―― 刑法历次修改条文对照表（含十一个刑法修正案）――

1997年刑法条文 (阴影部分为历次修改删去的内容，楷体部分为说明文字)	1997年以来历次修改后的刑法条文 (黑体部分为历次修改增加或修改的内容，楷体部分为说明文字)
第三百零二条 盗窃、侮辱尸体的，处三年以下有期徒刑、拘役或者管制。	第三百零二条 盗窃、侮辱、**故意毁坏**尸体、**尸骨**、**骨灰**的，处三年以下有期徒刑、拘役或者管制。 〔根据2015年8月29日通过的刑法修正案(九)修改，修改的内容自2015年11月1日起施行。〕
第三百零三条 以营利为目的，聚众赌博、开设赌场或者以赌博为业的，处三年以下有期徒刑、拘役或者管制，并处罚金。 〔本条经刑法修正案(六)、刑法修正案(十一)两次修改。〕	第三百零三条 以营利为目的，聚众赌博或者以赌博为业的，处三年以下有期徒刑、拘役或者管制，并处罚金。 开设赌场的，**处五年以下有期徒刑、拘役或者管制，并处罚金；情节严重的，处五年以上十年以下有期徒刑，并处罚金**。 **组织中华人民共和国公民参与国(境)外赌博，数额巨大或者有其他严重情节的，依照前款的规定处罚**。 〔根据2020年12月26日通过的刑法修正案(十一)第二次修改，修改的内容自2021年3月1日起施行。〕

1997年刑法条文 (阴影部分为历次修改删去的内容,楷体部分为说明文字)	1997年以来历次修改后的刑法条文 (黑体部分为历次修改增加或修改的内容,楷体部分为说明文字)
	刑法修正案(六)修改后的第三百零三条 以营利为目的,聚众赌博或者以赌博为业的,处三年以下有期徒刑、拘役或者管制,并处罚金。 开设赌场的,处三年以下有期徒刑、拘役或者管制,并处罚金;情节严重的,处三年以上十年以下有期徒刑,并处罚金。 〔根据2006年6月29日通过的刑法修正案(六)第一次修改,修改的内容自2006年6月29日起施行。〕
第三百零四条 邮政工作人员严重不负责任,故意延误投递邮件,致使公共财产、国家和人民利益遭受重大损失的,处二年以下有期徒刑或者拘役。	**第三百零四条** 邮政工作人员严重不负责任,故意延误投递邮件,致使公共财产、国家和人民利益遭受重大损失的,处二年以下有期徒刑或者拘役。
第二节 妨害司法罪	第二节 妨害司法罪
第三百零五条 在刑事诉讼中,证人、鉴定人、记录人、翻译人对与案件有重要关系的情节,故意作虚假证明、鉴定、记录、翻译,意图陷害他人或者隐匿罪证的,处三年以下有期徒刑或者拘役;情节严重的,处三年以上七年以下有期徒刑。	**第三百零五条** 在刑事诉讼中,证人、鉴定人、记录人、翻译人对与案件有重要关系的情节,故意作虚假证明、鉴定、记录、翻译,意图陷害他人或者隐匿罪证的,处三年以下有期徒刑或者拘役;情节严重的,处三年以上七年以下有期徒刑。

——刑法历次修改条文对照表（含十一个刑法修正案）——

1997年刑法条文 (阴影部分为历次修改删去的内容，楷体部分为说明文字)	1997年以来历次 修改后的刑法条文 (黑体部分为历次修改增加或修改的内容，楷体部分为说明文字)
第三百零六条　在刑事诉讼中，辩护人、诉讼代理人毁灭、伪造证据，帮助当事人毁灭、伪造证据，威胁、引诱证人违背事实改变证言或者作伪证的，处三年以下有期徒刑或者拘役；情节严重的，处三年以上七年以下有期徒刑。 　　辩护人、诉讼代理人提供、出示、引用的证人证言或者其他证据失实，不是有意伪造的，不属于伪造证据。	第三百零六条　在刑事诉讼中，辩护人、诉讼代理人毁灭、伪造证据，帮助当事人毁灭、伪造证据，威胁、引诱证人违背事实改变证言或者作伪证的，处三年以下有期徒刑或者拘役；情节严重的，处三年以上七年以下有期徒刑。 　　辩护人、诉讼代理人提供、出示、引用的证人证言或者其他证据失实，不是有意伪造的，不属于伪造证据。
第三百零七条　以暴力、威胁、贿买等方法阻止证人作证或者指使他人作伪证的，处三年以下有期徒刑或者拘役；情节严重的，处三年以上七年以下有期徒刑。 　　帮助当事人毁灭、伪造证据，情节严重的，处三年以下有期徒刑或者拘役。 　　司法工作人员犯前两款罪的，从重处罚。	第三百零七条　以暴力、威胁、贿买等方法阻止证人作证或者指使他人作伪证的，处三年以下有期徒刑或者拘役；情节严重的，处三年以上七年以下有期徒刑。 　　帮助当事人毁灭、伪造证据，情节严重的，处三年以下有期徒刑或者拘役。 　　司法工作人员犯前两款罪的，从重处罚。

1997年刑法条文 (阴影部分为历次修改删去的内容,楷体部分为说明文字)	1997年以来历次 修改后的刑法条文 (黑体部分为历次修改增加或修改的内容,楷体部分为说明文字)
〔刑法修正案(九)增加本条规定。〕	**第三百零七条之一　以捏造的事实提起民事诉讼,妨害司法秩序或者严重侵害他人合法权益的,处三年以下有期徒刑、拘役或者管制,并处或者单处罚金;情节严重的,处三年以上七年以下有期徒刑,并处罚金。** **单位犯前款罪的,对单位判处罚金,并对其直接负责的主管人员和其他直接责任人员,依照前款的规定处罚。** **有第一款行为,非法占有他人财产或者逃避合法债务,又构成其他犯罪的,依照处罚较重的规定定罪从重处罚。** **司法工作人员利用职权,与他人共同实施前三款行为的,从重处罚;同时构成其他犯罪的,依照处罚较重的规定定罪从重处罚。** 〔根据2015年8月29日通过的刑法修正案(九)增加,自2015年11月1日起施行。〕
第三百零八条　对证人进行打击报复的,处三年以下有期徒刑或者拘役;情节严重的,处三年以上七年以下有期徒刑。	第三百零八条　对证人进行打击报复的,处三年以下有期徒刑或者拘役;情节严重的,处三年以上七年以下有期徒刑。

——刑法历次修改条文对照表（含十一个刑法修正案）——

1997年刑法条文 (阴影部分为历次修改删去的内容，楷体部分为说明文字)	1997年以来历次 修改后的刑法条文 (黑体部分为历次修改增加或修改的内容，楷体部分为说明文字)
〔刑法修正案(九)增加本条规定。〕	第三百零八条之一 司法工作人员、辩护人、诉讼代理人或者其他诉讼参与人，泄露依法不公开审理的案件中不应当公开的信息，造成信息公开传播或者其他严重后果的，处三年以下有期徒刑、拘役或者管制，并处或者单处罚金。 有前款行为，泄露国家秘密的，依照本法第三百九十八条的规定定罪处罚。 公开披露、报道第一款规定的案件信息，情节严重的，依照第一款的规定处罚。 单位犯前款罪的，对单位判处罚金，并对其直接负责的主管人员和其他直接责任人员，依照第一款的规定处罚。 〔根据2015年8月29日通过的刑法修正案(九)增加，自2015年11月1日起施行。〕

· 244 ·

——刑法历次修改条文对照表——

1997年刑法条文 (阴影部分为历次修改删去的内容,楷体部分为说明文字)	1997年以来历次修改后的刑法条文 (黑体部分为历次修改增加或修改的内容,楷体部分为说明文字)
第三百零九条 聚众哄闹、冲击法庭,或者殴打司法工作人员,严重扰乱法庭秩序的,处三年以下有期徒刑、拘役、管制或者罚金。	第三百零九条 有下列扰乱法庭秩序**情形之一**的,处三年以下有期徒刑、拘役、管制或者罚金: （一）聚众哄闹、冲击法庭的; （二）殴打司法工作人员**或者诉讼参与人的**; （三）**侮辱、诽谤、威胁司法工作人员或者诉讼参与人,不听法庭制止,严重扰乱法庭秩序的**; （四）**有毁坏法庭设施,抢夺、损毁诉讼文书、证据等扰乱法庭秩序行为,情节严重的。** 〔根据2015年8月29日通过的刑法修正案(九)修改,修改的内容自2015年11月1日起施行。〕
第三百一十条 明知是犯罪的人而为其提供隐藏处所、财物,帮助其逃匿或者作假证明包庇的,处三年以下有期徒刑、拘役或者管制;情节严重的,处三年以上十年以下有期徒刑。 犯前款罪,事前通谋的,以共同犯罪论处。	第三百一十条 明知是犯罪的人而为其提供隐藏处所、财物,帮助其逃匿或者作假证明包庇的,处三年以下有期徒刑、拘役或者管制;情节严重的,处三年以上十年以下有期徒刑。 犯前款罪,事前通谋的,以共同犯罪论处。

——刑法历次修改条文对照表（含十一个刑法修正案）——

1997 年刑法条文 (阴影部分为历次修改删去的内容，楷体部分为说明文字)	1997 年以来历次 修改后的刑法条文 (黑体部分为历次修改增加或修改的内容，楷体部分为说明文字)
第三百一十一条　明知他人有间谍犯罪行为，在国家安全机关向其调查有关情况、收集有关证据时，拒绝提供，情节严重的，处三年以下有期徒刑、拘役或者管制。	第三百一十一条　明知他人有间谍犯罪**或者恐怖主义、极端主义**犯罪行为，在**司法**机关向其调查有关情况、收集有关证据时，拒绝提供，情节严重的，处三年以下有期徒刑、拘役或者管制。 〔根据 2015 年 8 月 29 日通过的刑法修正案（九）修改，修改的内容自 2015 年 11 月 1 日起施行。〕
第三百一十二条　明知是犯罪所得的赃物而予以窝藏、转移、收购或者代为销售的，处三年以下有期徒刑、拘役或者管制，并处或者单处罚金。 〔本条经刑法修正案（六）、刑法修正案（七）两次修改。〕	第三百一十二条　明知是犯罪所得**及其产生的收益**而予以窝藏、转移、收购、代为销售**或者以其他方法掩饰、隐瞒的**，处三年以下有期徒刑、拘役或者管制，并处或者单处罚金；**情节严重的，处三年以上七年以下有期徒刑，并处罚金。** **单位犯前款罪的，对单位判处罚金，并对其直接负责的主管人员和其他直接责任人员，依照前款的规定处罚。** 〔根据 2009 年 2 月 28 日通过的刑法修正案（七）第二次修改，修改的内容自 2009 年 2 月 28 日起施行。〕

1997年刑法条文 (阴影部分为历次修改删去的内容,楷体部分为说明文字)	1997年以来历次修改后的刑法条文 (黑体部分为历次修改增加或修改的内容,楷体部分为说明文字)
	刑法修正案(六)修改后的第三百一十二条 明知是犯罪所得及其产生的收益而予以窝藏、转移、收购、代为销售或者以其他方法掩饰、隐瞒的,处三年以下有期徒刑、拘役或者管制,并处或者单处罚金;**情节严重的,处三年以上七年以下有期徒刑,并处罚金。** 〔根据2006年6月29日通过的刑法修正案(六)第一次修改,修改的内容自2006年6月29日起施行。〕
第三百一十三条 对人民法院的判决、裁定有能力执行而拒不执行,情节严重的,处三年以下有期徒刑、拘役或者罚金。	第三百一十三条 对人民法院的判决、裁定有能力执行而拒不执行,情节严重的,处三年以下有期徒刑、拘役或者罚金;**情节特别严重的,处三年以上七年以下有期徒刑,并处罚金。** **单位犯前款罪的,对单位判处罚金,并对其直接负责的主管人员和其他直接责任人员,依照前款的规定处罚。** 〔根据2015年8月29日通过的刑法修正案(九)修改,修改的内容自2015年11月1日起施行。〕
第三百一十四条 隐藏、转移、变卖、故意毁损已被司法机关查封、扣押、冻结的财产,情节严重的,处三年以下有期徒刑、拘役或者罚金。	第三百一十四条 隐藏、转移、变卖、故意毁损已被司法机关查封、扣押、冻结的财产,情节严重的,处三年以下有期徒刑、拘役或者罚金。

1997年刑法条文 (阴影部分为历次修改删去的内容,楷体部分为说明文字)	1997年以来历次修改后的刑法条文 (黑体部分为历次修改增加或修改的内容,楷体部分为说明文字)
第三百一十五条　依法被关押的罪犯,有下列破坏监管秩序行为之一,情节严重的,处三年以下有期徒刑: (一)殴打监管人员的; (二)组织其他被监管人破坏监管秩序的; (三)聚众闹事,扰乱正常监管秩序的; (四)殴打、体罚或者指使他人殴打、体罚其他被监管人的。	第三百一十五条　依法被关押的罪犯,有下列破坏监管秩序行为之一,情节严重的,处三年以下有期徒刑: (一)殴打监管人员的; (二)组织其他被监管人破坏监管秩序的; (三)聚众闹事,扰乱正常监管秩序的; (四)殴打、体罚或者指使他人殴打、体罚其他被监管人的。
第三百一十六条　依法被关押的罪犯、被告人、犯罪嫌疑人脱逃的,处五年以下有期徒刑或者拘役。 劫夺押解途中的罪犯、被告人、犯罪嫌疑人的,处三年以上七年以下有期徒刑;情节严重的,处七年以上有期徒刑。	第三百一十六条　依法被关押的罪犯、被告人、犯罪嫌疑人脱逃的,处五年以下有期徒刑或者拘役。 劫夺押解途中的罪犯、被告人、犯罪嫌疑人的,处三年以上七年以下有期徒刑;情节严重的,处七年以上有期徒刑。

1997年刑法条文（阴影部分为历次修改删去的内容，楷体部分为说明文字）	1997年以来历次修改后的刑法条文（黑体部分为历次修改增加或修改的内容，楷体部分为说明文字）
第三百一十七条　组织越狱的首要分子和积极参加的，处五年以上有期徒刑；其他参加的，处五年以下有期徒刑或者拘役。 　　暴动越狱或者聚众持械劫狱的首要分子和积极参加的，处十年以上有期徒刑或者无期徒刑；情节特别严重的，处死刑；其他参加的，处三年以上十年以下有期徒刑。	第三百一十七条　组织越狱的首要分子和积极参加的，处五年以上有期徒刑；其他参加的，处五年以下有期徒刑或者拘役。 　　暴动越狱或者聚众持械劫狱的首要分子和积极参加的，处十年以上有期徒刑或者无期徒刑；情节特别严重的，处死刑；其他参加的，处三年以上十年以下有期徒刑。

——刑法历次修改条文对照表（含十一个刑法修正案）——

1997年刑法条文 (阴影部分为历次修改删去的内容，楷体部分为说明文字)	1997年以来历次修改后的刑法条文 (黑体部分为历次修改增加或修改的内容，楷体部分为说明文字)
第三节　妨害国(边)境管理罪	第三节　妨害国(边)境管理罪
第三百一十八条　组织他人偷越国(边)境的,处二年以上七年以下有期徒刑,并处罚金;有下列情形之一的,处七年以上有期徒刑或者无期徒刑,并处罚金或者没收财产: 　　(一)组织他人偷越国(边)境集团的首要分子; 　　(二)多次组织他人偷越国(边)境或者组织他人偷越国(边)境人数众多的; 　　(三)造成被组织人重伤、死亡的; 　　(四)剥夺或者限制被组织人人身自由的; 　　(五)以暴力、威胁方法抗拒检查的; 　　(六)违法所得数额巨大的; 　　(七)有其他特别严重情节的。 　　犯前款罪,对被组织人有杀害、伤害、强奸、拐卖等犯罪行为,或者对检查人员有杀害、伤害等犯罪行为的,依照数罪并罚的规定处罚。	第三百一十八条　组织他人偷越国(边)境的,处二年以上七年以下有期徒刑,并处罚金;有下列情形之一的,处七年以上有期徒刑或者无期徒刑,并处罚金或者没收财产: 　　(一)组织他人偷越国(边)境集团的首要分子; 　　(二)多次组织他人偷越国(边)境或者组织他人偷越国(边)境人数众多的; 　　(三)造成被组织人重伤、死亡的; 　　(四)剥夺或者限制被组织人人身自由的; 　　(五)以暴力、威胁方法抗拒检查的; 　　(六)违法所得数额巨大的; 　　(七)有其他特别严重情节的。 　　犯前款罪,对被组织人有杀害、伤害、强奸、拐卖等犯罪行为,或者对检查人员有杀害、伤害等犯罪行为的,依照数罪并罚的规定处罚。

1997年刑法条文 (阴影部分为历次修改删去的内容,楷体部分为说明文字)	1997年以来历次修改后的刑法条文 (黑体部分为历次修改增加或修改的内容,楷体部分为说明文字)
第三百一十九条 以劳务输出、经贸往来或者其他名义,弄虚作假,骗取护照、签证等出境证件,为组织他人偷越国(边)境使用的,处三年以下有期徒刑,并处罚金;情节严重的,处三年以上十年以下有期徒刑,并处罚金。 单位犯前款罪的,对单位判处罚金,并对其直接负责的主管人员和其他直接责任人员,依照前款的规定处罚。	第三百一十九条 以劳务输出、经贸往来或者其他名义,弄虚作假,骗取护照、签证等出境证件,为组织他人偷越国(边)境使用的,处三年以下有期徒刑,并处罚金;情节严重的,处三年以上十年以下有期徒刑,并处罚金。 单位犯前款罪的,对单位判处罚金,并对其直接负责的主管人员和其他直接责任人员,依照前款的规定处罚。
第三百二十条 为他人提供伪造、变造的护照、签证等入境证件,或者出售护照、签证等出入境证件的,处五年以下有期徒刑,并处罚金;情节严重的,处五年以上有期徒刑,并处罚金。	第三百二十条 为他人提供伪造、变造的护照、签证等入境证件,或者出售护照、签证等出入境证件的,处五年以下有期徒刑,并处罚金;情节严重的,处五年以上有期徒刑,并处罚金。

1997年刑法条文 (阴影部分为历次修改删去的内容，楷体部分为说明文字)	1997年以来历次 修改后的刑法条文 (黑体部分为历次修改增加或修改的内容，楷体部分为说明文字)
第三百二十一条 运送他人偷越国(边)境的,处五年以下有期徒刑、拘役或者管制,并处罚金;有下列情形之一的,处五年以上十年以下有期徒刑,并处罚金: (一)多次实施运送行为或者运送人数众多的; (二)所使用的船只、车辆等交通工具不具备必要的安全条件,足以造成严重后果的; (三)违法所得数额巨大的; (四)有其他特别严重情节的。 在运送他人偷越国(边)境中造成被运送人重伤、死亡,或者以暴力、威胁方法抗拒检查的,处七年以上有期徒刑,并处罚金。 犯前两款罪,对被运送人有杀害、伤害、强奸、拐卖等犯罪行为,或者对检查人员有杀害、伤害等犯罪行为的,依照数罪并罚的规定处罚。	第三百二十一条 运送他人偷越国(边)境的,处五年以下有期徒刑、拘役或者管制,并处罚金;有下列情形之一的,处五年以上十年以下有期徒刑,并处罚金: (一)多次实施运送行为或者运送人数众多的; (二)所使用的船只、车辆等交通工具不具备必要的安全条件,足以造成严重后果的; (三)违法所得数额巨大的; (四)有其他特别严重情节的。 在运送他人偷越国(边)境中造成被运送人重伤、死亡,或者以暴力、威胁方法抗拒检查的,处七年以上有期徒刑,并处罚金。 犯前两款罪,对被运送人有杀害、伤害、强奸、拐卖等犯罪行为,或者对检查人员有杀害、伤害等犯罪行为的,依照数罪并罚的规定处罚。

1997年刑法条文 (阴影部分为历次修改删去的内容,楷体部分为说明文字)	1997年以来历次修改后的刑法条文 (黑体部分为历次修改增加或修改的内容,楷体部分为说明文字)
第三百二十二条　违反国(边)境管理法规,偷越国(边)境,情节严重的,处一年以下有期徒刑、拘役或者管制,并处罚金。	第三百二十二条　违反国(边)境管理法规,偷越国(边)境,情节严重的,处一年以下有期徒刑、拘役或者管制,并处罚金;**为参加恐怖活动组织、接受恐怖活动培训或者实施恐怖活动,偷越国(边)境的,处一年以上三年以下有期徒刑,并处罚金。** 〔根据2015年8月29日通过的刑法修正案(九)修改,修改的内容自2015年11月1日起施行。〕
第三百二十三条　故意破坏国家边境的界碑、界桩或者永久性测量标志的,处三年以下有期徒刑或者拘役。	第三百二十三条　故意破坏国家边境的界碑、界桩或者永久性测量标志的,处三年以下有期徒刑或者拘役。

——刑法历次修改条文对照表（含十一个刑法修正案）——

1997年刑法条文 (阴影部分为历次修改删去的内容,楷体部分为说明文字)	1997年以来历次 修改后的刑法条文 (黑体部分为历次修改增加或修改的内容,楷体部分为说明文字)
第四节　妨害文物管理罪	第四节　妨害文物管理罪
第三百二十四条　故意损毁国家保护的珍贵文物或者被确定为全国重点文物保护单位、省级文物保护单位的文物的,处三年以下有期徒刑或者拘役,并处或者单处罚金;情节严重的,处三年以上十年以下有期徒刑,并处罚金。 故意损毁国家保护的名胜古迹,情节严重的,处五年以下有期徒刑或者拘役,并处或者单处罚金。 过失损毁国家保护的珍贵文物或者被确定为全国重点文物保护单位、省级文物保护单位的文物,造成严重后果的,处三年以下有期徒刑或者拘役。	第三百二十四条　故意损毁国家保护的珍贵文物或者被确定为全国重点文物保护单位、省级文物保护单位的文物的,处三年以下有期徒刑或者拘役,并处或者单处罚金;情节严重的,处三年以上十年以下有期徒刑,并处罚金。 故意损毁国家保护的名胜古迹,情节严重的,处五年以下有期徒刑或者拘役,并处或者单处罚金。 过失损毁国家保护的珍贵文物或者被确定为全国重点文物保护单位、省级文物保护单位的文物,造成严重后果的,处三年以下有期徒刑或者拘役。
第三百二十五条　违反文物保护法规,将收藏的国家禁止出口的珍贵文物私自出售或者私自赠送给外国人的,处五年以下有期徒刑或者拘役,可以并处罚金。 单位犯前款罪的,对单位判处罚金,并对其直接负责的主管人员和其他直接责任人员,依照前款的规定处罚。	第三百二十五条　违反文物保护法规,将收藏的国家禁止出口的珍贵文物私自出售或者私自赠送给外国人的,处五年以下有期徒刑或者拘役,可以并处罚金。 单位犯前款罪的,对单位判处罚金,并对其直接负责的主管人员和其他直接责任人员,依照前款的规定处罚。

1997年刑法条文 (阴影部分为历次修改删去的内容，楷体部分为说明文字)	1997年以来历次 修改后的刑法条文 (黑体部分为历次修改增加或修改的内容，楷体部分为说明文字)
第三百二十六条　以牟利为目的,倒卖国家禁止经营的文物,情节严重的,处五年以下有期徒刑或者拘役,并处罚金;情节特别严重的,处五年以上十年以下有期徒刑,并处罚金。 　　单位犯前款罪的,对单位判处罚金,并对其直接负责的主管人员和其他直接责任人员,依照前款的规定处罚。	第三百二十六条　以牟利为目的,倒卖国家禁止经营的文物,情节严重的,处五年以下有期徒刑或者拘役,并处罚金;情节特别严重的,处五年以上十年以下有期徒刑,并处罚金。 　　单位犯前款罪的,对单位判处罚金,并对其直接负责的主管人员和其他直接责任人员,依照前款的规定处罚。
第三百二十七条　违反文物保护法规,国有博物馆、图书馆等单位将国家保护的文物藏品出售或者私自送给非国有单位或者个人的,对单位判处罚金,并对其直接负责的主管人员和其他直接责任人员,处三年以下有期徒刑或者拘役。	第三百二十七条　违反文物保护法规,国有博物馆、图书馆等单位将国家保护的文物藏品出售或者私自送给非国有单位或者个人的,对单位判处罚金,并对其直接负责的主管人员和其他直接责任人员,处三年以下有期徒刑或者拘役。

1997年刑法条文 (阴影部分为历次修改删去的内容,楷体部分为说明文字)	1997年以来历次修改后的刑法条文 (黑体部分为历次修改增加或修改的内容,楷体部分为说明文字)
第三百二十八条 盗掘具有历史、艺术、科学价值的古文化遗址、古墓葬的,处三年以上十年以下有期徒刑,并处罚金;情节较轻的,处三年以下有期徒刑、拘役或者管制,并处罚金;有下列情形之一的,处十年以上有期徒刑、无期徒刑或者死刑,并处罚金或者没收财产: (一)盗掘确定为全国重点文物保护单位和省级文物保护单位的古文化遗址、古墓葬的; (二)盗掘古文化遗址、古墓葬集团的首要分子; (三)多次盗掘古文化遗址、古墓葬的; (四)盗掘古文化遗址、古墓葬,并盗窃珍贵文物或者造成珍贵文物严重破坏的。 盗掘国家保护的具有科学价值的古人类化石和古脊椎动物化石的,依照前款的规定处罚。	第三百二十八条 盗掘具有历史、艺术、科学价值的古文化遗址、古墓葬的,处三年以上十年以下有期徒刑,并处罚金;情节较轻的,处三年以下有期徒刑、拘役或者管制,并处罚金;有下列情形之一的,处十年以上有期徒刑或者无期徒刑,并处罚金或者没收财产: (一)盗掘确定为全国重点文物保护单位和省级文物保护单位的古文化遗址、古墓葬的; (二)盗掘古文化遗址、古墓葬集团的首要分子; (三)多次盗掘古文化遗址、古墓葬的; (四)盗掘古文化遗址、古墓葬,并盗窃珍贵文物或者造成珍贵文物严重破坏的。 盗掘国家保护的具有科学价值的古人类化石和古脊椎动物化石的,依照前款的规定处罚。 〔根据2011年2月25日通过的刑法修正案(八)修改,修改的内容自2011年5月1日起施行。〕

1997 年刑法条文 （阴影部分为历次修改删去的内容，楷体部分为说明文字）	1997 年以来历次 修改后的刑法条文 （黑体部分为历次修改增加或修改的内容，楷体部分为说明文字）
第三百二十九条　抢夺、窃取国家所有的档案的，处五年以下有期徒刑或者拘役。 　　违反档案法的规定，擅自出卖、转让国家所有的档案，情节严重的，处三年以下有期徒刑或者拘役。 　　有前两款行为，同时又构成本法规定的其他犯罪的，依照处罚较重的规定定罪处罚。	第三百二十九条　抢夺、窃取国家所有的档案的，处五年以下有期徒刑或者拘役。 　　违反档案法的规定，擅自出卖、转让国家所有的档案，情节严重的，处三年以下有期徒刑或者拘役。 　　有前两款行为，同时又构成本法规定的其他犯罪的，依照处罚较重的规定定罪处罚。

1997 年刑法条文 (阴影部分为历次修改删去的内容，楷体部分为说明文字)	1997 年以来历次修改后的刑法条文 (黑体部分为历次修改增加或修改的内容，楷体部分为说明文字)
第五节　危害公共卫生罪	第五节　危害公共卫生罪
第三百三十条　违反传染病防治法的规定，有下列情形之一，引起甲类传染病传播或者有传播严重危险的，处三年以下有期徒刑或者拘役；后果特别严重的，处三年以上七年以下有期徒刑： （一）供水单位供应的饮用水不符合国家规定的卫生标准的； （二）拒绝按照卫生防疫机构提出的卫生要求，对传染病病原体污染的污水、污物、粪便进行消毒处理的； （三）准许或者纵容传染病病人、病原携带者和疑似传染病病人从事国务院卫生行政部门规定禁止从事的易使该传染病扩散的工作的； （四）拒绝执行卫生防疫机构依照传染病防治法提出的预防、控制措施的。 单位犯前款罪的，对单位判处罚金，并对其直接负责的主管人员和其他直接责任人员，依照前款的规定处罚。 甲类传染病的范围，依照《中华人民共和国传染病防治法》和国务院有关规定确定。	第三百三十条　违反传染病防治法的规定，有下列情形之一，引起甲类传染病**以及依法确定采取甲类传染病预防、控制措施的**传染病传播或者有传播严重危险的，处三年以下有期徒刑或者拘役；后果特别严重的，处三年以上七年以下有期徒刑： （一）供水单位供应的饮用水不符合国家规定的卫生标准的； （二）拒绝按照**疾病预防控制**机构提出的卫生要求，对传染病病原体污染的污水、污物、**场所和物品**进行消毒处理的； （三）准许或者纵容传染病病人、病原携带者和疑似传染病病人从事国务院卫生行政部门规定禁止从事的易使该传染病扩散的工作的； （四）**出售、运输疫区中被传染病病原体污染或者可能被传染病病原体污染的物品，未进行消毒处理的；** （五）拒绝执行**县级以上人民政府、疾病预防控制**机构依照传染病防治法提出的预防、控制措施的。

1997年刑法条文 (阴影部分为历次修改删去的内容，楷体部分为说明文字)	1997年以来历次 修改后的刑法条文 (黑体部分为历次修改增加或修改的内容，楷体部分为说明文字)
	单位犯前款罪的，对单位判处罚金，并对其直接负责的主管人员和其他直接责任人员，依照前款的规定处罚。 甲类传染病的范围，依照《中华人民共和国传染病防治法》和国务院有关规定确定。 〔根据2020年12月26日通过的刑法修正案(十一)修改，修改的内容自2021年3月1日起施行。〕
第三百三十一条　从事实验、保藏、携带、运输传染病菌种、毒种的人员，违反国务院卫生行政部门的有关规定，造成传染病菌种、毒种扩散，后果严重的，处三年以下有期徒刑或者拘役；后果特别严重的，处三年以上七年以下有期徒刑。	第三百三十一条　从事实验、保藏、携带、运输传染病菌种、毒种的人员，违反国务院卫生行政部门的有关规定，造成传染病菌种、毒种扩散，后果严重的，处三年以下有期徒刑或者拘役；后果特别严重的，处三年以上七年以下有期徒刑。
第三百三十二条　违反国境卫生检疫规定，引起检疫传染病传播或者有传播严重危险的，处三年以下有期徒刑或者拘役，并处或者单处罚金。 单位犯前款罪的，对单位判处罚金，并对其直接负责的主管人员和其他直接责任人员，依照前款的规定处罚。	第三百三十二条　违反国境卫生检疫规定，引起检疫传染病传播或者有传播严重危险的，处三年以下有期徒刑或者拘役，并处或者单处罚金。 单位犯前款罪的，对单位判处罚金，并对其直接负责的主管人员和其他直接责任人员，依照前款的规定处罚。

1997年刑法条文 (阴影部分为历次修改删去的内容，楷体部分为说明文字)	1997年以来历次修改后的刑法条文 (黑体部分为历次修改增加或修改的内容，楷体部分为说明文字)
第三百三十三条 非法组织他人出卖血液的，处五年以下有期徒刑，并处罚金；以暴力、威胁方法强迫他人出卖血液的，处五年以上十年以下有期徒刑，并处罚金。 有前款行为，对他人造成伤害的，依照本法第二百三十四条的规定定罪处罚。	第三百三十三条 非法组织他人出卖血液的，处五年以下有期徒刑，并处罚金；以暴力、威胁方法强迫他人出卖血液的，处五年以上十年以下有期徒刑，并处罚金。 有前款行为，对他人造成伤害的，依照本法第二百三十四条的规定定罪处罚。
第三百三十四条 非法采集、供应血液或者制作、供应血液制品，不符合国家规定的标准，足以危害人体健康的，处五年以下有期徒刑或者拘役，并处罚金；对人体健康造成严重危害的，处五年以上十年以下有期徒刑，并处罚金；造成特别严重后果的，处十年以上有期徒刑或者无期徒刑，并处罚金或者没收财产。 经国家主管部门批准采集、供应血液或者制作、供应血液制品的部门，不依照规定进行检测或者违背其他操作规定，造成危害他人身体健康后果的，对单位判处罚金，并对其直接负责的主管人员和其他直接责任人员，处五年以下有期徒刑或者拘役。	第三百三十四条 非法采集、供应血液或者制作、供应血液制品，不符合国家规定的标准，足以危害人体健康的，处五年以下有期徒刑或者拘役，并处罚金；对人体健康造成严重危害的，处五年以上十年以下有期徒刑，并处罚金；造成特别严重后果的，处十年以上有期徒刑或者无期徒刑，并处罚金或者没收财产。 经国家主管部门批准采集、供应血液或者制作、供应血液制品的部门，不依照规定进行检测或者违背其他操作规定，造成危害他人身体健康后果的，对单位判处罚金，并对其直接负责的主管人员和其他直接责任人员，处五年以下有期徒刑或者拘役。

1997年刑法条文 (阴影部分为历次修改删去的内容,楷体部分为说明文字)	1997年以来历次修改后的刑法条文 (黑体部分为历次修改增加或修改的内容,楷体部分为说明文字)
〔刑法修正案(十一)增加本条规定。〕	**第三百三十四条之一 违反国家有关规定,非法采集我国人类遗传资源或者非法运送、邮寄、携带我国人类遗传资源材料出境,危害公众健康或者社会公共利益,情节严重的,处三年以下有期徒刑、拘役或者管制,并处或者单处罚金;情节特别严重的,处三年以上七年以下有期徒刑,并处罚金。** 〔根据2020年12月26日通过的刑法修正案(十一)增加,自2021年3月1日起施行。〕
第三百三十五条 医务人员由于严重不负责任,造成就诊人死亡或者严重损害就诊人身体健康的,处三年以下有期徒刑或者拘役。	第三百三十五条 医务人员由于严重不负责任,造成就诊人死亡或者严重损害就诊人身体健康的,处三年以下有期徒刑或者拘役。

1997年刑法条文 (阴影部分为历次修改删去的内容,楷体部分为说明文字)	1997年以来历次修改后的刑法条文 (黑体部分为历次修改增加或修改的内容,楷体部分为说明文字)
第三百三十六条 未取得医生执业资格的人非法行医,情节严重的,处三年以下有期徒刑、拘役或者管制,并处或者单处罚金;严重损害就诊人身体健康的,处三年以上十年以下有期徒刑,并处罚金;造成就诊人死亡的,处十年以上有期徒刑,并处罚金。 未取得医生执业资格的人擅自为他人进行节育复通手术、假节育手术、终止妊娠手术或者摘取宫内节育器,情节严重的,处三年以下有期徒刑、拘役或者管制,并处或者单处罚金;严重损害就诊人身体健康的,处三年以上十年以下有期徒刑,并处罚金;造成就诊人死亡的,处十年以上有期徒刑,并处罚金。	第三百三十六条 未取得医生执业资格的人非法行医,情节严重的,处三年以下有期徒刑、拘役或者管制,并处或者单处罚金;严重损害就诊人身体健康的,处三年以上十年以下有期徒刑,并处罚金;造成就诊人死亡的,处十年以上有期徒刑,并处罚金。 未取得医生执业资格的人擅自为他人进行节育复通手术、假节育手术、终止妊娠手术或者摘取宫内节育器,情节严重的,处三年以下有期徒刑、拘役或者管制,并处或者单处罚金;严重损害就诊人身体健康的,处三年以上十年以下有期徒刑,并处罚金;造成就诊人死亡的,处十年以上有期徒刑,并处罚金。

1997年刑法条文 (阴影部分为历次修改删去的内容,楷体部分为说明文字)	1997年以来历次修改后的刑法条文 (黑体部分为历次修改增加或修改的内容,楷体部分为说明文字)
〔刑法修正案(十一)增加本条规定。〕	第三百三十六条之一　**将基因编辑、克隆的人类胚胎植入人体或者动物体内,或者将基因编辑、克隆的动物胚胎植入人体内,情节严重的,处三年以下有期徒刑或者拘役,并处罚金;情节特别严重的,处三年以上七年以下有期徒刑,并处罚金。** 〔根据2020年12月26日通过的刑法修正案(十一)增加,自2021年3月1日起施行。〕
第三百三十七条　违反进出境动植物检疫法的规定,逃避动植物检疫,引起重大动植物疫情的,处三年以下有期徒刑或者拘役,并处或者单处罚金。 单位犯前款罪的,对单位判处罚金,并对其直接负责的主管人员和其他直接责任人员,依照前款的规定处罚。	第三百三十七条　违反**有关动植物防疫、**检疫**的国家**规定,引起重大动植物疫情的,**或者有引起重大动植物疫情危险,情节严重的,**处三年以下有期徒刑或者拘役,并处或者单处罚金。 单位犯前款罪的,对单位判处罚金,并对其直接负责的主管人员和其他直接责任人员,依照前款的规定处罚。 〔根据2009年2月28日通过的刑法修正案(七)修改,修改的内容自2009年2月28日起施行。〕

1997年刑法条文 (阴影部分为历次修改删去的内容,楷体部分为说明文字)	1997年以来历次修改后的刑法条文 (黑体部分为历次修改增加或修改的内容,楷体部分为说明文字)
第六节　破坏环境资源保护罪	第六节　破坏环境资源保护罪
第三百三十八条　违反国家规定,向土地、水体、大气排放、倾倒或者处置有放射性的废物、含传染病病原体的废物、有毒物质或者其他危险废物,造成重大环境污染事故,致使公私财产遭受重大损失或者人身伤亡的严重后果的,处三年以下有期徒刑或者拘役,并处或者单处罚金;后果特别严重的,处三年以上七年以下有期徒刑,并处罚金。 〔本条经刑法修正案(八)、刑法修正案(十一)两次修改。〕	第三百三十八条　违反国家规定,排放、倾倒或者处置有放射性的废物、含传染病病原体的废物、有毒物质或者其他**有害物质**,**严重**污染环境的,处三年以下有期徒刑或者拘役,并处或者单处罚金;**情节严重**的,处三年以上七年以下有期徒刑,并处罚金;**有下列情形之一的,处七年以上有期徒刑,并处罚金:** **(一)在饮用水水源保护区、自然保护地核心保护区等依法确定的重点保护区域排放、倾倒、处置有放射性的废物、含传染病病原体的废物、有毒物质,情节特别严重的;** **(二)向国家确定的重要江河、湖泊水域排放、倾倒、处置有放射性的废物、含传染病病原体的废物、有毒物质,情节特别严重的;** **(三)致使大量永久基本农田基本功能丧失或者遭受永久性破坏的;** **(四)致使多人重伤、严重疾病,或者致人严重残疾、死亡的。** **有前款行为,同时构成其他犯罪的,依照处罚较重的规定定罪处罚。**

1997年刑法条文 (阴影部分为历次修改删去的内容,楷体部分为说明文字)	1997年以来历次 修改后的刑法条文 (黑体部分为历次修改增加或修改的内容,楷体部分为说明文字)
	〔根据2020年12月26日通过的刑法修正案(十一)第二次修改,修改的内容自2021年3月1日起施行。〕
	刑法修正案(八)修改后的第三百三十八条 违反国家规定,排放、倾倒或者处置有放射性的废物、含传染病病原体的废物、有毒物质或者其他有害物质,严重污染环境的,处三年以下有期徒刑或者拘役,并处或者单处罚金;后果特别严重的,处三年以上七年以下有期徒刑,并处罚金。 〔根据2011年2月25日通过的刑法修正案(八)第一次修改,修改的内容自2011年5月1日起施行。〕

——刑法历次修改条文对照表（含十一个刑法修正案）——

1997年刑法条文 (阴影部分为历次修改删去的内容，楷体部分为说明文字)	1997年以来历次 修改后的刑法条文 (黑体部分为历次修改增加或修改的内容，楷体部分为说明文字)
第三百三十九条　违反国家规定，将境外的固体废物进境倾倒、堆放、处置的，处五年以下有期徒刑或者拘役，并处罚金；造成重大环境污染事故，致使公私财产遭受重大损失或者严重危害人体健康的，处五年以上十年以下有期徒刑，并处罚金；后果特别严重的，处十年以上有期徒刑，并处罚金。 未经国务院有关主管部门许可，擅自进口固体废物用作原料，造成重大环境污染事故，致使公私财产遭受重大损失或者严重危害人体健康的，处五年以下有期徒刑或者拘役，并处罚金；后果特别严重的，处五年以上十年以下有期徒刑，并处罚金。 以原料利用为名，进口不能用作原料的固体废物的，依照本法第一百五十五条的规定定罪处罚。	第三百三十九条　违反国家规定，将境外的固体废物进境倾倒、堆放、处置的，处五年以下有期徒刑或者拘役，并处罚金；造成重大环境污染事故，致使公私财产遭受重大损失或者严重危害人体健康的，处五年以上十年以下有期徒刑，并处罚金；后果特别严重的，处十年以上有期徒刑，并处罚金。 未经国务院有关主管部门许可，擅自进口固体废物用作原料，造成重大环境污染事故，致使公私财产遭受重大损失或者严重危害人体健康的，处五年以下有期徒刑或者拘役，并处罚金；后果特别严重的，处五年以上十年以下有期徒刑，并处罚金。 以原料利用为名，进口不能用作原料的固体废物、**液态废物和气态废物**的，依照本法第一百五十二条第二款、第三款的规定定罪处罚。 〔根据2002年12月28日通过的刑法修正案（四）修改，修改的内容自2002年12月28日起施行。〕

1997年刑法条文 (阴影部分为历次修改删去的内容，楷体部分为说明文字)	1997年以来历次 修改后的刑法条文 (黑体部分为历次修改增加或修改的内容，楷体部分为说明文字)
第三百四十条　违反保护水产资源法规，在禁渔区、禁渔期或者使用禁用的工具、方法捕捞水产品，情节严重的，处三年以下有期徒刑、拘役、管制或者罚金。	第三百四十条　违反保护水产资源法规，在禁渔区、禁渔期或者使用禁用的工具、方法捕捞水产品，情节严重的，处三年以下有期徒刑、拘役、管制或者罚金。

1997年刑法条文 (阴影部分为历次修改删去的内容,楷体部分为说明文字)	1997年以来历次修改后的刑法条文 (黑体部分为历次修改增加或修改的内容,楷体部分为说明文字)
第三百四十一条 非法猎捕、杀害国家重点保护的珍贵、濒危野生动物的,或者非法收购、运输、出售国家重点保护的珍贵、濒危野生动物及其制品的,处五年以下有期徒刑或者拘役,并处罚金;情节严重的,处五年以上十年以下有期徒刑,并处罚金;情节特别严重的,处十年以上有期徒刑,并处罚金或者没收财产。 违反狩猎法规,在禁猎区、禁猎期或者使用禁用的工具、方法进行狩猎,破坏野生动物资源,情节严重的,处三年以下有期徒刑、拘役、管制或者罚金。	第三百四十一条 非法猎捕、杀害国家重点保护的珍贵、濒危野生动物的,或者非法收购、运输、出售国家重点保护的珍贵、濒危野生动物及其制品的,处五年以下有期徒刑或者拘役,并处罚金;情节严重的,处五年以上十年以下有期徒刑,并处罚金;情节特别严重的,处十年以上有期徒刑,并处罚金或者没收财产。 违反狩猎法规,在禁猎区、禁猎期或者使用禁用的工具、方法进行狩猎,破坏野生动物资源,情节严重的,处三年以下有期徒刑、拘役、管制或者罚金。 **违反野生动物保护管理法规,以食用为目的非法猎捕、收购、运输、出售第一款规定以外的在野外环境自然生长繁殖的陆生野生动物,情节严重的,依照前款的规定处罚。** 〔根据2020年12月26日通过的刑法修正案(十一)修改,修改的内容自2021年3月1日起施行。〕

1997年刑法条文 (阴影部分为历次修改删去的内容，楷体部分为说明文字)	1997年以来历次 修改后的刑法条文 (黑体部分为历次修改增加或修改的内容，楷体部分为说明文字)
第三百四十二条　违反土地管理法规，非法占用耕地改作他用，数量较大，造成耕地大量毁坏的，处五年以下有期徒刑或者拘役，并处或者单处罚金。	第三百四十二条　违反土地管理法规，非法占用耕地、**林地等农用地，改变被占用土地用途**，数量较大，造成耕地、**林地等农用地**大量毁坏的，处五年以下有期徒刑或者拘役，并处或者单处罚金。 〔根据2001年8月31日通过的刑法修正案(二)修改，修改的内容自2001年8月31日起施行。〕
〔刑法修正案(十一)增加本条规定。〕	**第三百四十二条之一　违反自然保护地管理法规，在国家公园、国家级自然保护区进行开垦、开发活动或者修建建筑物，造成严重后果或者有其他恶劣情节的，处五年以下有期徒刑或者拘役，并处或者单处罚金。** **有前款行为，同时构成其他犯罪的，依照处罚较重的规定定罪处罚。** 〔根据2020年12月26日通过的刑法修正案(十一)增加，自2021年3月1日起施行。〕

1997年刑法条文 (阴影部分为历次修改删去的内容，楷体部分为说明文字)	1997年以来历次修改后的刑法条文 (黑体部分为历次修改增加或修改的内容，楷体部分为说明文字)
第三百四十三条 违反矿产资源法的规定，未取得采矿许可证擅自采矿的，擅自进入国家规划矿区、对国民经济具有重要价值的矿区和他人矿区范围采矿的，擅自开采国家规定实行保护性开采的特定矿种，经责令停止开采后拒不停止开采，造成矿产资源破坏的，处三年以下有期徒刑、拘役或者管制，并处或者单处罚金；造成矿产资源严重破坏的，处三年以上七年以下有期徒刑，并处罚金。 违反矿产资源法的规定，采取破坏性的开采方法开采矿产资源，造成矿产资源严重破坏的，处五年以下有期徒刑或者拘役，并处罚金。	第三百四十三条 违反矿产资源法的规定，未取得采矿许可证擅自采矿，擅自进入国家规划矿区、对国民经济具有重要价值的矿区和他人矿区范围采矿，**或者**擅自开采国家规定实行保护性开采的特定矿种，**情节严重**的，处三年以下有期徒刑、拘役或者管制，并处或者单处罚金；**情节特别严重**的，处三年以上七年以下有期徒刑，并处罚金。 违反矿产资源法的规定，采取破坏性的开采方法开采矿产资源，造成矿产资源严重破坏的，处五年以下有期徒刑或者拘役，并处罚金。 〔根据2011年2月25日通过的刑法修正案(八)修改，修改的内容自2011年5月1日起施行。〕

1997年刑法条文 (阴影部分为历次修改删去的内容,楷体部分为说明文字)	1997年以来历次修改后的刑法条文 (黑体部分为历次修改增加或修改的内容,楷体部分为说明文字)
第三百四十四条 违反森林法的规定,非法采伐、毁坏珍贵树木的,处三年以下有期徒刑、拘役或者管制,并处罚金;情节严重的,处三年以上七年以下有期徒刑,并处罚金。	第三百四十四条 违反**国家**规定,非法采伐、毁坏珍贵树木**或者国家重点保护的其他植物的,或者非法收购、运输、加工、出售珍贵树木或者国家重点保护的其他植物及其制品**的,处三年以下有期徒刑、拘役或者管制,并处罚金;情节严重的,处三年以上七年以下有期徒刑,并处罚金。 〔根据2002年12月28日通过的刑法修正案(四)修改,修改的内容自2002年12月28日起施行。〕
〔刑法修正案(十一)增加本条规定。〕	**第三百四十四条之一 违反国家规定,非法引进、释放或者丢弃外来入侵物种,情节严重的,处三年以下有期徒刑或者拘役,并处或者单处罚金。** 〔根据2020年12月26日通过的刑法修正案(十一)增加,自2021年3月1日起施行。〕

1997年刑法条文 (阴影部分为历次修改删去的内容,楷体部分为说明文字)	1997年以来历次修改后的刑法条文 (黑体部分为历次修改增加或修改的内容,楷体部分为说明文字)
第三百四十五条 盗伐森林或者其他林木,数量较大的,处三年以下有期徒刑、拘役或者管制,并处或者单处罚金;数量巨大的,处三年以上七年以下有期徒刑,并处罚金;数量特别巨大的,处七年以上有期徒刑,并处罚金。 违反森林法的规定,滥伐森林或者其他林木,数量较大的,处三年以下有期徒刑、拘役或者管制,并处或者单处罚金;数量巨大的,处三年以上七年以下有期徒刑,并处罚金。 以牟利为目的,在林区非法收购明知是盗伐、滥伐的林木,情节严重的,处三年以下有期徒刑、拘役或者管制,并处或者单处罚金;情节特别严重的,处三年以上七年以下有期徒刑,并处罚金。 盗伐、滥伐国家级自然保护区内的森林或者其他林木的,从重处罚。	第三百四十五条 盗伐森林或者其他林木,数量较大的,处三年以下有期徒刑、拘役或者管制,并处或者单处罚金;数量巨大的,处三年以上七年以下有期徒刑,并处罚金;数量特别巨大的,处七年以上有期徒刑,并处罚金。 违反森林法的规定,滥伐森林或者其他林木,数量较大的,处三年以下有期徒刑、拘役或者管制,并处或者单处罚金;数量巨大的,处三年以上七年以下有期徒刑,并处罚金。 非法收购、**运输**明知是盗伐、滥伐的林木,情节严重的,处三年以下有期徒刑、拘役或者管制,并处或者单处罚金;情节特别严重的,处三年以上七年以下有期徒刑,并处罚金。 盗伐、滥伐国家级自然保护区内的森林或者其他林木的,从重处罚。 〔根据2002年12月28日通过的刑法修正案(四)修改,修改的内容自2002年12月28日起施行。〕

1997年刑法条文 (阴影部分为历次修改删去的内容，楷体部分为说明文字)	1997年以来历次 修改后的刑法条文 (黑体部分为历次修改增加或修改的内容，楷体部分为说明文字)
第三百四十六条　单位犯本节第三百三十八条至第三百四十五条规定之罪的，对单位判处罚金，并对其直接负责的主管人员和其他直接责任人员，依照本节各该条的规定处罚。	第三百四十六条　单位犯本节第三百三十八条至第三百四十五条规定之罪的，对单位判处罚金，并对其直接负责的主管人员和其他直接责任人员，依照本节各该条的规定处罚。

——刑法历次修改条文对照表（含十一个刑法修正案）——

1997年刑法条文 (阴影部分为历次修改删去的内容,楷体部分为说明文字)	1997年以来历次修改后的刑法条文 (黑体部分为历次修改增加或修改的内容,楷体部分为说明文字)
第七节 走私、贩卖、运输、制造毒品罪	第七节 走私、贩卖、运输、制造毒品罪
第三百四十七条　走私、贩卖、运输、制造毒品，无论数量多少，都应当追究刑事责任，予以刑事处罚。 　　走私、贩卖、运输、制造毒品，有下列情形之一的，处十五年有期徒刑、无期徒刑或者死刑，并处没收财产： 　　(一)走私、贩卖、运输、制造鸦片一千克以上、海洛因或者甲基苯丙胺五十克以上或者其他毒品数量大的； 　　(二)走私、贩卖、运输、制造毒品集团的首要分子； 　　(三)武装掩护走私、贩卖、运输、制造毒品的； 　　(四)以暴力抗拒检查、拘留、逮捕，情节严重的； 　　(五)参与有组织的国际贩毒活动的。 　　走私、贩卖、运输、制造鸦片二百克以上不满一千克、海洛因或者甲基苯丙胺十克以上不满五十克或者其他毒品数量较大的，处七年以上有期徒刑，并处罚金。	第三百四十七条　走私、贩卖、运输、制造毒品，无论数量多少，都应当追究刑事责任，予以刑事处罚。 　　走私、贩卖、运输、制造毒品，有下列情形之一的，处十五年有期徒刑、无期徒刑或者死刑，并处没收财产： 　　(一)走私、贩卖、运输、制造鸦片一千克以上、海洛因或者甲基苯丙胺五十克以上或者其他毒品数量大的； 　　(二)走私、贩卖、运输、制造毒品集团的首要分子； 　　(三)武装掩护走私、贩卖、运输、制造毒品的； 　　(四)以暴力抗拒检查、拘留、逮捕，情节严重的； 　　(五)参与有组织的国际贩毒活动的。 　　走私、贩卖、运输、制造鸦片二百克以上不满一千克、海洛因或者甲基苯丙胺十克以上不满五十克或者其他毒品数量较大的，处七年以上有期徒刑，并处罚金。

1997 年刑法条文 (阴影部分为历次修改删去的内容，楷体部分为说明文字)	1997 年以来历次修改后的刑法条文 (黑体部分为历次修改增加或修改的内容，楷体部分为说明文字)
走私、贩卖、运输、制造鸦片不满二百克、海洛因或者甲基苯丙胺不满十克或者其他少量毒品的，处三年以下有期徒刑、拘役或者管制，并处罚金；情节严重的，处三年以上七年以下有期徒刑，并处罚金。 　　单位犯第二款、第三款、第四款罪的，对单位判处罚金，并对其直接负责的主管人员和其他直接责任人员，依照各该款的规定处罚。 　　利用、教唆未成年人走私、贩卖、运输、制造毒品，或者向未成年人出售毒品的，从重处罚。 　　对多次走私、贩卖、运输、制造毒品，未经处理的，毒品数量累计计算。	走私、贩卖、运输、制造鸦片不满二百克、海洛因或者甲基苯丙胺不满十克或者其他少量毒品的，处三年以下有期徒刑、拘役或者管制，并处罚金；情节严重的，处三年以上七年以下有期徒刑，并处罚金。 　　单位犯第二款、第三款、第四款罪的，对单位判处罚金，并对其直接负责的主管人员和其他直接责任人员，依照各该款的规定处罚。 　　利用、教唆未成年人走私、贩卖、运输、制造毒品，或者向未成年人出售毒品的，从重处罚。 　　对多次走私、贩卖、运输、制造毒品，未经处理的，毒品数量累计计算。

——刑法历次修改条文对照表（含十一个刑法修正案）——

1997年刑法条文 (阴影部分为历次修改删去的内容，楷体部分为说明文字)	1997年以来历次 修改后的刑法条文 (黑体部分为历次修改增加或修改的内容，楷体部分为说明文字)
第三百四十八条　非法持有鸦片一千克以上、海洛因或者甲基苯丙胺五十克以上或者其他毒品数量大的，处七年以上有期徒刑或者无期徒刑，并处罚金；非法持有鸦片二百克以上不满一千克、海洛因或者甲基苯丙胺十克以上不满五十克或者其他毒品数量较大的，处三年以下有期徒刑、拘役或者管制，并处罚金；情节严重的，处三年以上七年以下有期徒刑，并处罚金。	第三百四十八条　非法持有鸦片一千克以上、海洛因或者甲基苯丙胺五十克以上或者其他毒品数量大的，处七年以上有期徒刑或者无期徒刑，并处罚金；非法持有鸦片二百克以上不满一千克、海洛因或者甲基苯丙胺十克以上不满五十克或者其他毒品数量较大的，处三年以下有期徒刑、拘役或者管制，并处罚金；情节严重的，处三年以上七年以下有期徒刑，并处罚金。
第三百四十九条　包庇走私、贩卖、运输、制造毒品的犯罪分子的，为犯罪分子窝藏、转移、隐瞒毒品或者犯罪所得的财物的，处三年以下有期徒刑、拘役或者管制；情节严重的，处三年以上十年以下有期徒刑。 　　缉毒人员或者其他国家机关工作人员掩护、包庇走私、贩卖、运输、制造毒品的犯罪分子的，依照前款的规定从重处罚。 　　犯前两款罪，事先通谋的，以走私、贩卖、运输、制造毒品罪的共犯论处。	第三百四十九条　包庇走私、贩卖、运输、制造毒品的犯罪分子的，为犯罪分子窝藏、转移、隐瞒毒品或者犯罪所得的财物的，处三年以下有期徒刑、拘役或者管制；情节严重的，处三年以上十年以下有期徒刑。 　　缉毒人员或者其他国家机关工作人员掩护、包庇走私、贩卖、运输、制造毒品的犯罪分子的，依照前款的规定从重处罚。 　　犯前两款罪，事先通谋的，以走私、贩卖、运输、制造毒品罪的共犯论处。

1997年刑法条文 (阴影部分为历次修改删去的内容，楷体部分为说明文字)	1997年以来历次修改后的刑法条文 (黑体部分为历次修改增加或修改的内容，楷体部分为说明文字)
第三百五十条　违反国家规定，非法运输、携带醋酸酐、乙醚、三氯甲烷或者其他用于制造毒品的原料或者配剂进出境的，或者违反国家规定，在境内非法买卖上述物品的，处三年以下有期徒刑、拘役或者管制，并处罚金；数量大的，处三年以上十年以下有期徒刑，并处罚金。 明知他人制造毒品而为其提供前款规定的物品的，以制造毒品罪的共犯论处。 单位犯前两款罪的，对单位判处罚金，并对其直接负责的主管人员和其他直接责任人员，依照前两款的规定处罚。	第三百五十条　违反国家规定，非法**生产**、买卖、运输醋酸酐、乙醚、三氯甲烷或者其他用于制造毒品的原料、配剂，或者携带上述物品进出境，**情节较重**的，处三年以下有期徒刑、拘役或者管制，并处罚金；**情节严重**的，处三年以上**七年以下**有期徒刑，并处罚金；**情节特别严重**的，**处七年以上有期徒刑，并处罚金或者没收财产**。 明知他人制造毒品而为其**生产、买卖、运输**前款规定的物品的，以制造毒品罪的共犯论处。 单位犯前两款罪的，对单位判处罚金，并对其直接负责的主管人员和其他直接责任人员，依照前两款的规定处罚。 〔根据2015年8月29日通过的刑法修正案（九）修改，修改的内容自2015年11月1日起施行。〕

1997年刑法条文 (阴影部分为历次修改删去的内容,楷体部分为说明文字)	1997年以来历次修改后的刑法条文 (黑体部分为历次修改增加或修改的内容,楷体部分为说明文字)
第三百五十一条 非法种植罂粟、大麻等毒品原植物的,一律强制铲除。有下列情形之一的,处五年以下有期徒刑、拘役或者管制,并处罚金: （一）种植罂粟五百株以上不满三千株或者其他毒品原植物数量较大的; （二）经公安机关处理后又种植的; （三）抗拒铲除的。 　　非法种植罂粟三千株以上或者其他毒品原植物数量大的,处五年以上有期徒刑,并处罚金或者没收财产。 　　非法种植罂粟或者其他毒品原植物,在收获前自动铲除的,可以免除处罚。	第三百五十一条 非法种植罂粟、大麻等毒品原植物的,一律强制铲除。有下列情形之一的,处五年以下有期徒刑、拘役或者管制,并处罚金: （一）种植罂粟五百株以上不满三千株或者其他毒品原植物数量较大的; （二）经公安机关处理后又种植的; （三）抗拒铲除的。 　　非法种植罂粟三千株以上或者其他毒品原植物数量大的,处五年以上有期徒刑,并处罚金或者没收财产。 　　非法种植罂粟或者其他毒品原植物,在收获前自动铲除的,可以免除处罚。
第三百五十二条 非法买卖、运输、携带、持有未经灭活的罂粟等毒品原植物种子或者幼苗,数量较大的,处三年以下有期徒刑、拘役或者管制,并处或者单处罚金。	第三百五十二条 非法买卖、运输、携带、持有未经灭活的罂粟等毒品原植物种子或者幼苗,数量较大的,处三年以下有期徒刑、拘役或者管制,并处或者单处罚金。

1997年刑法条文 (阴影部分为历次修改删去的内容，楷体部分为说明文字)	1997年以来历次 修改后的刑法条文 (黑体部分为历次修改增加或修改的内容，楷体部分为说明文字)
第三百五十三条　引诱、教唆、欺骗他人吸食、注射毒品的，处三年以下有期徒刑、拘役或者管制，并处罚金；情节严重的，处三年以上七年以下有期徒刑，并处罚金。 　　强迫他人吸食、注射毒品的，处三年以上十年以下有期徒刑，并处罚金。 　　引诱、教唆、欺骗或者强迫未成年人吸食、注射毒品的，从重处罚。	第三百五十三条　引诱、教唆、欺骗他人吸食、注射毒品的，处三年以下有期徒刑、拘役或者管制，并处罚金；情节严重的，处三年以上七年以下有期徒刑，并处罚金。 　　强迫他人吸食、注射毒品的，处三年以上十年以下有期徒刑，并处罚金。 　　引诱、教唆、欺骗或者强迫未成年人吸食、注射毒品的，从重处罚。
第三百五十四条　容留他人吸食、注射毒品的，处三年以下有期徒刑、拘役或者管制，并处罚金。	第三百五十四条　容留他人吸食、注射毒品的，处三年以下有期徒刑、拘役或者管制，并处罚金。

1997年刑法条文 (阴影部分为历次修改删去的内容，楷体部分为说明文字)	1997年以来历次 修改后的刑法条文 (黑体部分为历次修改增加或修改的内容，楷体部分为说明文字)
第三百五十五条　依法从事生产、运输、管理、使用国家管制的麻醉药品、精神药品的人员，违反国家规定，向吸食、注射毒品的人提供国家规定管制的能够使人形成瘾癖的麻醉药品、精神药品的，处三年以下有期徒刑或者拘役，并处罚金；情节严重的，处三年以上七年以下有期徒刑，并处罚金。向走私、贩卖毒品的犯罪分子或者以牟利为目的，向吸食、注射毒品的人提供国家规定管制的能够使人形成瘾癖的麻醉药品、精神药品的，依照本法第三百四十七条的规定定罪处罚。 单位犯前款罪的，对单位判处罚金，并对其直接负责的主管人员和其他直接责任人员，依照前款的规定处罚。	第三百五十五条　依法从事生产、运输、管理、使用国家管制的麻醉药品、精神药品的人员，违反国家规定，向吸食、注射毒品的人提供国家规定管制的能够使人形成瘾癖的麻醉药品、精神药品的，处三年以下有期徒刑或者拘役，并处罚金；情节严重的，处三年以上七年以下有期徒刑，并处罚金。向走私、贩卖毒品的犯罪分子或者以牟利为目的，向吸食、注射毒品的人提供国家规定管制的能够使人形成瘾癖的麻醉药品、精神药品的，依照本法第三百四十七条的规定定罪处罚。 单位犯前款罪的，对单位判处罚金，并对其直接负责的主管人员和其他直接责任人员，依照前款的规定处罚。

1997年刑法条文 (阴影部分为历次修改删去的内容，楷体部分为说明文字)	1997年以来历次修改后的刑法条文 (黑体部分为历次修改增加或修改的内容，楷体部分为说明文字)
〔刑法修正案（十一）增加本条规定。〕	第三百五十五条之一　引诱、教唆、欺骗运动员使用兴奋剂参加国内、国际重大体育竞赛，或者明知运动员参加上述竞赛而向其提供兴奋剂，情节严重的，处三年以下有期徒刑或者拘役，并处罚金。 组织、强迫运动员使用兴奋剂参加国内、国际重大体育竞赛的，依照前款的规定从重处罚。 〔根据2020年12月26日通过的刑法修正案（十一）增加，自2021年3月1日起施行。〕
第三百五十六条　因走私、贩卖、运输、制造、非法持有毒品罪被判过刑，又犯本节规定之罪的，从重处罚。	第三百五十六条　因走私、贩卖、运输、制造、非法持有毒品罪被判过刑，又犯本节规定之罪的，从重处罚。

1997年刑法条文 (阴影部分为历次修改删去的内容,楷体部分为说明文字)	1997年以来历次 修改后的刑法条文 (黑体部分为历次修改增加或修改的内容,楷体部分为说明文字)
第三百五十七条　本法所称的毒品,是指鸦片、海洛因、甲基苯丙胺(冰毒)、吗啡、大麻、可卡因以及国家规定管制的其他能够使人形成瘾癖的麻醉药品和精神药品。 　　毒品的数量以查证属实的走私、贩卖、运输、制造、非法持有毒品的数量计算,不以纯度折算。	第三百五十七条　本法所称的毒品,是指鸦片、海洛因、甲基苯丙胺(冰毒)、吗啡、大麻、可卡因以及国家规定管制的其他能够使人形成瘾癖的麻醉药品和精神药品。 　　毒品的数量以查证属实的走私、贩卖、运输、制造、非法持有毒品的数量计算,不以纯度折算。

1997 年刑法条文 (阴影部分为历次修改删去的内容，楷体部分为说明文字)	1997 年以来历次修改后的刑法条文 (黑体部分为历次修改增加或修改的内容，楷体部分为说明文字)
第八节　组织、强迫、引诱、容留、介绍卖淫罪	第八节　组织、强迫、引诱、容留、介绍卖淫罪
第三百五十八条　组织他人卖淫或者强迫他人卖淫的,处五年以上十年以下有期徒刑,并处罚金;有下列情形之一的,处十年以上有期徒刑或者无期徒刑,并处罚金或者没收财产: 　　(一)组织他人卖淫,情节严重的; 　　(二)强迫不满十四周岁的幼女卖淫的; 　　(三)强迫多人卖淫或者多次强迫他人卖淫的; 　　(四)强奸后迫使卖淫的; 　　(五)造成被强迫卖淫的人重伤、死亡或者其他严重后果的。 　　有前款所列情形之一,情节特别严重的,处无期徒刑或者死刑,并处没收财产。 　　协助组织他人卖淫的,处五年以下有期徒刑,并处罚金;情节严重的,处五年以上十年以下有期徒刑,并处罚金。 　　〔本条经刑法修正案(八)、刑法修正案(九)两次修改。〕	第三百五十八条　组织、强迫他人卖淫的,处五年以上十年以下有期徒刑,并处罚金;**情节严重**的,处十年以上有期徒刑或者无期徒刑,并处罚金或者没收财产。 　　**组织、强迫未成年人卖淫的,依照前款的规定从重处罚。** 　　**犯前两款罪,并有杀害、伤害、强奸、绑架等犯罪行为的,依照数罪并罚的规定处罚。** 　　**为组织卖淫的人招募、运送人员或者有其他**协助组织他人卖淫**行为**的,处五年以下有期徒刑,并处罚金;情节严重的,处五年以上十年以下有期徒刑,并处罚金。 　　〔根据 2015 年 8 月 29 日通过的刑法修正案(九)第二次修改,修改的内容自 2015 年 11 月 1 日起施行。〕

1997年刑法条文 (阴影部分为历次修改删去的内容，楷体部分为说明文字)	1997年以来历次修改后的刑法条文 (黑体部分为历次修改增加或修改的内容，楷体部分为说明文字)
	刑法修正案(八)修改后的第三百五十八条 组织他人卖淫或者强迫他人卖淫的，处五年以上十年以下有期徒刑，并处罚金；有下列情形之一的，处十年以上有期徒刑或者无期徒刑，并处罚金或者没收财产： （一）组织他人卖淫，情节严重的； （二）强迫不满十四周岁的幼女卖淫的； （三）强迫多人卖淫或者多次强迫他人卖淫的； （四）强奸后迫使卖淫的； （五）造成被强迫卖淫的人重伤、死亡或者其他严重后果的。 有前款所列情形之一，情节特别严重的，处无期徒刑或者死刑，并处没收财产。 为组织卖淫的人招募、运送人员或者有其他协助组织他人卖淫行为的，处五年以下有期徒刑，并处罚金；情节严重的，处五年以上十年以下有期徒刑，并处罚金。 〔根据2011年2月25日通过的刑法修正案(八)第一次修改，修改的内容自2011年5月1日起施行。〕

1997年刑法条文 （阴影部分为历次修改删去的内容，楷体部分为说明文字）	1997年以来历次修改后的刑法条文 （黑体部分为历次修改增加或修改的内容，楷体部分为说明文字）
第三百五十九条　引诱、容留、介绍他人卖淫的，处五年以下有期徒刑、拘役或者管制，并处罚金；情节严重的，处五年以上有期徒刑，并处罚金。 　　引诱不满十四周岁的幼女卖淫的，处五年以上有期徒刑，并处罚金。	第三百五十九条　引诱、容留、介绍他人卖淫的，处五年以下有期徒刑、拘役或者管制，并处罚金；情节严重的，处五年以上有期徒刑，并处罚金。 　　引诱不满十四周岁的幼女卖淫的，处五年以上有期徒刑，并处罚金。
第三百六十条　明知自己患有梅毒、淋病等严重性病卖淫、嫖娼的，处五年以下有期徒刑、拘役或者管制，并处罚金。 　　嫖宿不满十四周岁的幼女的，处五年以上有期徒刑，并处罚金。	第三百六十条　明知自己患有梅毒、淋病等严重性病卖淫、嫖娼的，处五年以下有期徒刑、拘役或者管制，并处罚金。 〔根据2015年8月29日通过的刑法修正案（九）修改，修改的内容自2015年11月1日起施行。〕
第三百六十一条　旅馆业、饮食服务业、文化娱乐业、出租汽车业等单位的人员，利用本单位的条件，组织、强迫、引诱、容留、介绍他人卖淫的，依照本法第三百五十八条、第三百五十九条的规定定罪处罚。 　　前款所列单位的主要负责人，犯前款罪的，从重处罚。	第三百六十一条　旅馆业、饮食服务业、文化娱乐业、出租汽车业等单位的人员，利用本单位的条件，组织、强迫、引诱、容留、介绍他人卖淫的，依照本法第三百五十八条、第三百五十九条的规定定罪处罚。 　　前款所列单位的主要负责人，犯前款罪的，从重处罚。

1997 年刑法条文 (阴影部分为历次修改删去的内容，楷体部分为说明文字)	1997 年以来历次 修改后的刑法条文 (黑体部分为历次修改增加或修改的内容，楷体部分为说明文字)
第三百六十二条　旅馆业、饮食服务业、文化娱乐业、出租汽车业等单位的人员，在公安机关查处卖淫、嫖娼活动时，为违法犯罪分子通风报信，情节严重的，依照本法第三百一十条的规定定罪处罚。	第三百六十二条　旅馆业、饮食服务业、文化娱乐业、出租汽车业等单位的人员，在公安机关查处卖淫、嫖娼活动时，为违法犯罪分子通风报信，情节严重的，依照本法第三百一十条的规定定罪处罚。
第九节　制作、贩卖、传播淫秽物品罪	第九节　制作、贩卖、传播淫秽物品罪
第三百六十三条　以牟利为目的，制作、复制、出版、贩卖、传播淫秽物品的，处三年以下有期徒刑、拘役或者管制，并处罚金；情节严重的，处三年以上十年以下有期徒刑，并处罚金；情节特别严重的，处十年以上有期徒刑或者无期徒刑，并处罚金或者没收财产。 　　为他人提供书号，出版淫秽书刊的，处三年以下有期徒刑、拘役或者管制，并处或者单处罚金；明知他人用于出版淫秽书刊而提供书号的，依照前款的规定处罚。	第三百六十三条　以牟利为目的，制作、复制、出版、贩卖、传播淫秽物品的，处三年以下有期徒刑、拘役或者管制，并处罚金；情节严重的，处三年以上十年以下有期徒刑，并处罚金；情节特别严重的，处十年以上有期徒刑或者无期徒刑，并处罚金或者没收财产。 　　为他人提供书号，出版淫秽书刊的，处三年以下有期徒刑、拘役或者管制，并处或者单处罚金；明知他人用于出版淫秽书刊而提供书号的，依照前款的规定处罚。

1997年刑法条文 (阴影部分为历次修改删去的内容,楷体部分为说明文字)	1997年以来历次修改后的刑法条文 (黑体部分为历次修改增加或修改的内容,楷体部分为说明文字)
第三百六十四条 传播淫秽的书刊、影片、音像、图片或者其他淫秽物品,情节严重的,处二年以下有期徒刑、拘役或者管制。 组织播放淫秽的电影、录像等音像制品的,处三年以下有期徒刑、拘役或者管制,并处罚金;情节严重的,处三年以上十年以下有期徒刑,并处罚金。 制作、复制淫秽的电影、录像等音像制品组织播放的,依照第二款的规定从重处罚。 向不满十八周岁的未成年人传播淫秽物品的,从重处罚。	第三百六十四条 传播淫秽的书刊、影片、音像、图片或者其他淫秽物品,情节严重的,处二年以下有期徒刑、拘役或者管制。 组织播放淫秽的电影、录像等音像制品的,处三年以下有期徒刑、拘役或者管制,并处罚金;情节严重的,处三年以上十年以下有期徒刑,并处罚金。 制作、复制淫秽的电影、录像等音像制品组织播放的,依照第二款的规定从重处罚。 向不满十八周岁的未成年人传播淫秽物品的,从重处罚。
第三百六十五条 组织进行淫秽表演的,处三年以下有期徒刑、拘役或者管制,并处罚金;情节严重的,处三年以上十年以下有期徒刑,并处罚金。	第三百六十五条 组织进行淫秽表演的,处三年以下有期徒刑、拘役或者管制,并处罚金;情节严重的,处三年以上十年以下有期徒刑,并处罚金。
第三百六十六条 单位犯本节第三百六十三条、第三百六十四条、第三百六十五条规定之罪的,对单位判处罚金,并对其直接负责的主管人员和其他直接责任人员,依照各该条的规定处罚。	第三百六十六条 单位犯本节第三百六十三条、第三百六十四条、第三百六十五条规定之罪的,对单位判处罚金,并对其直接负责的主管人员和其他直接责任人员,依照各该条的规定处罚。

1997年刑法条文 (阴影部分为历次修改删去的内容，楷体部分为说明文字)	1997年以来历次修改后的刑法条文 (黑体部分为历次修改增加或修改的内容，楷体部分为说明文字)
第三百六十七条　本法所称淫秽物品，是指具体描绘性行为或者露骨宣扬色情的诲淫性的书刊、影片、录像带、录音带、图片及其他淫秽物品。 　　有关人体生理、医学知识的科学著作不是淫秽物品。 　　包含有色情内容的有艺术价值的文学、艺术作品不视为淫秽物品。	第三百六十七条　本法所称淫秽物品，是指具体描绘性行为或者露骨宣扬色情的诲淫性的书刊、影片、录像带、录音带、图片及其他淫秽物品。 　　有关人体生理、医学知识的科学著作不是淫秽物品。 　　包含有色情内容的有艺术价值的文学、艺术作品不视为淫秽物品。
第七章　危害国防利益罪	第七章　危害国防利益罪
第三百六十八条　以暴力、威胁方法阻碍军人依法执行职务的，处三年以下有期徒刑、拘役、管制或者罚金。 　　故意阻碍武装部队军事行动，造成严重后果的，处五年以下有期徒刑或者拘役。	第三百六十八条　以暴力、威胁方法阻碍军人依法执行职务的，处三年以下有期徒刑、拘役、管制或者罚金。 　　故意阻碍武装部队军事行动，造成严重后果的，处五年以下有期徒刑或者拘役。

1997 年刑法条文 (阴影部分为历次修改删去的内容,楷体部分为说明文字)	1997 年以来历次 修改后的刑法条文 (黑体部分为历次修改增加或修改的内容,楷体部分为说明文字)
第三百六十九条 破坏武器装备、军事设施、军事通信的,处三年以下有期徒刑、拘役或者管制;破坏重要武器装备、军事设施、军事通信的,处三年以上十年以下有期徒刑;情节特别严重的,处十年以上有期徒刑、无期徒刑或者死刑。战时从重处罚。	第三百六十九条 破坏武器装备、军事设施、军事通信的,处三年以下有期徒刑、拘役或者管制;破坏重要武器装备、军事设施、军事通信的,处三年以上十年以下有期徒刑;情节特别严重的,处十年以上有期徒刑、无期徒刑或者死刑。 **过失犯前款罪,造成严重后果的,处三年以下有期徒刑或者拘役;造成特别严重后果的,处三年以上七年以下有期徒刑。** **战时犯前两款罪的,从重处罚。** 〔根据2005年2月28日通过的刑法修正案(五)修改,修改的内容自2005年2月28日起施行。〕

1997 年刑法条文 (阴影部分为历次修改删去的内容,楷体部分为说明文字)	1997 年以来历次 修改后的刑法条文 (黑体部分为历次修改增加或修改的内容,楷体部分为说明文字)
第三百七十条　明知是不合格的武器装备、军事设施而提供给武装部队的,处五年以下有期徒刑或者拘役;情节严重的,处五年以上十年以下有期徒刑;情节特别严重的,处十年以上有期徒刑、无期徒刑或者死刑。 　　过失犯前款罪,造成严重后果的,处三年以下有期徒刑或者拘役;造成特别严重后果的,处三年以上七年以下有期徒刑。 　　单位犯第一款罪的,对单位判处罚金,并对其直接负责的主管人员和其他直接责任人员,依照第一款的规定处罚。	第三百七十条　明知是不合格的武器装备、军事设施而提供给武装部队的,处五年以下有期徒刑或者拘役;情节严重的,处五年以上十年以下有期徒刑;情节特别严重的,处十年以上有期徒刑、无期徒刑或者死刑。 　　过失犯前款罪,造成严重后果的,处三年以下有期徒刑或者拘役;造成特别严重后果的,处三年以上七年以下有期徒刑。 　　单位犯第一款罪的,对单位判处罚金,并对其直接负责的主管人员和其他直接责任人员,依照第一款的规定处罚。

1997年刑法条文 (阴影部分为历次修改删去的内容，楷体部分为说明文字)	1997年以来历次修改后的刑法条文 (黑体部分为历次修改增加或修改的内容，楷体部分为说明文字)
第三百七十一条　聚众冲击军事禁区，严重扰乱军事禁区秩序的，对首要分子，处五年以上十年以下有期徒刑；对其他积极参加的，处五年以下有期徒刑、拘役、管制或者剥夺政治权利。 　　聚众扰乱军事管理区秩序，情节严重，致使军事管理区工作无法进行，造成严重损失的，对首要分子，处三年以上七年以下有期徒刑；对其他积极参加的，处三年以下有期徒刑、拘役、管制或者剥夺政治权利。	第三百七十一条　聚众冲击军事禁区，严重扰乱军事禁区秩序的，对首要分子，处五年以上十年以下有期徒刑；对其他积极参加的，处五年以下有期徒刑、拘役、管制或者剥夺政治权利。 　　聚众扰乱军事管理区秩序，情节严重，致使军事管理区工作无法进行，造成严重损失的，对首要分子，处三年以上七年以下有期徒刑；对其他积极参加的，处三年以下有期徒刑、拘役、管制或者剥夺政治权利。
第三百七十二条　冒充军人招摇撞骗的，处三年以下有期徒刑、拘役、管制或者剥夺政治权利；情节严重的，处三年以上十年以下有期徒刑。	第三百七十二条　冒充军人招摇撞骗的，处三年以下有期徒刑、拘役、管制或者剥夺政治权利；情节严重的，处三年以上十年以下有期徒刑。

1997年刑法条文 (阴影部分为历次修改删去的内容,楷体部分为说明文字)	1997年以来历次 修改后的刑法条文 (黑体部分为历次修改增加或修改的内容,楷体部分为说明文字)
第三百七十三条 煽动军人逃离部队或者明知是逃离部队的军人而雇用,情节严重的,处三年以下有期徒刑、拘役或者管制。	第三百七十三条 煽动军人逃离部队或者明知是逃离部队的军人而雇用,情节严重的,处三年以下有期徒刑、拘役或者管制。
第三百七十四条 在征兵工作中徇私舞弊,接送不合格兵员,情节严重的,处三年以下有期徒刑或者拘役;造成特别严重后果的,处三年以上七年以下有期徒刑。	第三百七十四条 在征兵工作中徇私舞弊,接送不合格兵员,情节严重的,处三年以下有期徒刑或者拘役;造成特别严重后果的,处三年以上七年以下有期徒刑。

1997年刑法条文 (阴影部分为历次修改删去的内容,楷体部分为说明文字)	1997年以来历次修改后的刑法条文 (黑体部分为历次修改增加或修改的内容,楷体部分为说明文字)
第三百七十五条　伪造、变造、买卖或者盗窃、抢夺武装部队公文、证件、印章的,处三年以下有期徒刑、拘役、管制或者剥夺政治权利;情节严重的,处三年以上十年以下有期徒刑。 非法生产、买卖武装部队制式服装、车辆号牌等专用标志,情节严重的,处三年以下有期徒刑、拘役或者管制,并处或者单处罚金。 单位犯第二款罪的,对单位判处罚金,并对其直接负责的主管人员和其他直接责任人员,依照该款的规定处罚。	第三百七十五条　伪造、变造、买卖或者盗窃、抢夺武装部队公文、证件、印章的,处三年以下有期徒刑、拘役、管制或者剥夺政治权利;情节严重的,处三年以上十年以下有期徒刑。 非法生产、买卖武装部队制式服装,情节严重的,处三年以下有期徒刑、拘役或者管制,并处或者单处罚金。 **伪造、盗窃、买卖或者非法提供、使用武装部队车辆号牌等专用标志,情节严重的,处三年以下有期徒刑、拘役或者管制,并处或者单处罚金;情节特别严重的,处三年以上七年以下有期徒刑,并处罚金。** 单位犯第二款、**第三款**罪的,对单位判处罚金,并对其直接负责的主管人员和其他直接责任人员,依照**各**该款的规定处罚。 〔根据2009年2月28日通过的刑法修正案(七)修改,修改的内容自2009年2月28日起施行。〕

1997 年刑法条文 (阴影部分为历次修改删去的内容，楷体部分为说明文字)	1997 年以来历次 修改后的刑法条文 (黑体部分为历次修改增加或修改的内容，楷体部分为说明文字)
第三百七十六条　预备役人员战时拒绝、逃避征召或者军事训练，情节严重的，处三年以下有期徒刑或者拘役。 　　公民战时拒绝、逃避服役，情节严重的，处二年以下有期徒刑或者拘役。	第三百七十六条　预备役人员战时拒绝、逃避征召或者军事训练，情节严重的，处三年以下有期徒刑或者拘役。 　　公民战时拒绝、逃避服役，情节严重的，处二年以下有期徒刑或者拘役。
第三百七十七条　战时故意向武装部队提供虚假敌情，造成严重后果的，处三年以上十年以下有期徒刑；造成特别严重后果的，处十年以上有期徒刑或者无期徒刑。	第三百七十七条　战时故意向武装部队提供虚假敌情，造成严重后果的，处三年以上十年以下有期徒刑；造成特别严重后果的，处十年以上有期徒刑或者无期徒刑。
第三百七十八条　战时造谣惑众，扰乱军心的，处三年以下有期徒刑、拘役或者管制；情节严重的，处三年以上十年以下有期徒刑。	第三百七十八条　战时造谣惑众，扰乱军心的，处三年以下有期徒刑、拘役或者管制；情节严重的，处三年以上十年以下有期徒刑。
第三百七十九条　战时明知是逃离部队的军人而为其提供隐蔽处所、财物，情节严重的，处三年以下有期徒刑或者拘役。	第三百七十九条　战时明知是逃离部队的军人而为其提供隐蔽处所、财物，情节严重的，处三年以下有期徒刑或者拘役。

1997年刑法条文 (阴影部分为历次修改删去的内容，楷体部分为说明文字)	1997年以来历次 修改后的刑法条文 (黑体部分为历次修改增加或修改的内容，楷体部分为说明文字)
第三百八十条　战时拒绝或者故意延误军事订货，情节严重的，对单位判处罚金，并对其直接负责的主管人员和其他直接责任人员，处五年以下有期徒刑或者拘役；造成严重后果的，处五年以上有期徒刑。	第三百八十条　战时拒绝或者故意延误军事订货，情节严重的，对单位判处罚金，并对其直接负责的主管人员和其他直接责任人员，处五年以下有期徒刑或者拘役；造成严重后果的，处五年以上有期徒刑。
第三百八十一条　战时拒绝军事征用，情节严重的，处三年以下有期徒刑或者拘役。	第三百八十一条　战时拒绝军事**征收**、征用，情节严重的，处三年以下有期徒刑或者拘役。 〔根据2009年8月27日通过的《全国人民代表大会常务委员会关于修改部分法律的决定》修改，修改的内容自2009年8月27日起施行。〕

刑法历次修改条文对照表（含十一个刑法修正案）

1997年刑法条文 （阴影部分为历次修改删去的内容，楷体部分为说明文字）	1997年以来历次修改后的刑法条文 （黑体部分为历次修改增加或修改的内容，楷体部分为说明文字）
第八章　贪污贿赂罪	第八章　贪污贿赂罪
第三百八十二条　国家工作人员利用职务上的便利，侵吞、窃取、骗取或者以其他手段非法占有公共财物的，是贪污罪。 　　受国家机关、国有公司、企业、事业单位、人民团体委托管理、经营国有财产的人员，利用职务上的便利，侵吞、窃取、骗取或者以其他手段非法占有国有财物的，以贪污论。 　　与前两款所列人员勾结，伙同贪污的，以共犯论处。	第三百八十二条　国家工作人员利用职务上的便利，侵吞、窃取、骗取或者以其他手段非法占有公共财物的，是贪污罪。 　　受国家机关、国有公司、企业、事业单位、人民团体委托管理、经营国有财产的人员，利用职务上的便利，侵吞、窃取、骗取或者以其他手段非法占有国有财物的，以贪污论。 　　与前两款所列人员勾结，伙同贪污的，以共犯论处。

刑法历次修改条文对照表

1997年刑法条文 (阴影部分为历次修改删去的内容,楷体部分为说明文字)	1997年以来历次修改后的刑法条文 (黑体部分为历次修改增加或修改的内容,楷体部分为说明文字)
第三百八十三条 对犯贪污罪的,根据情节轻重,分别依照下列规定处罚: (一)个人贪污数额在十万元以上的,处十年以上有期徒刑或者无期徒刑,可以并处没收财产;情节特别严重的,处死刑,并处没收财产。 (二)个人贪污数额在五万元以上不满十万元的,处五年以上有期徒刑,可以并处没收财产;情节特别严重的,处无期徒刑,并处没收财产。 (三)个人贪污数额在五千元以上不满五万元的,处一年以上七年以下有期徒刑;情节严重的,处七年以上十年以下有期徒刑。个人贪污数额在五千元以上不满一万元,犯罪后有悔改表现、积极退赃的,可以减轻处罚或者免予刑事处罚,由其所在单位或者上级主管机关给予行政处分。 (四)个人贪污数额不满五千元,情节较重的,处二年以下有期徒刑或者拘役;情节较轻的,由其所在单位或者上级主管机关酌情给予行政处分。 对多次贪污未经处理的,按照累计贪污数额处罚。	第三百八十三条 对犯贪污罪的,根据情节轻重,分别依照下列规定处罚: (一)贪污数额**较大或者有其他较重情节**的,处三年以下有期徒刑**或者拘役,并处罚金**。 (二)贪污数额**巨大或者有其他严重情节**的,处三年以上十年以下有期徒刑,并处**罚金或者没收财产**。 (三)贪污数额**特别巨大或者有其他特别严重情节**的,处十年以上有期徒刑或者无期徒刑,并处**罚金或者没收财产;数额特别巨大,并使国家和人民利益遭受特别重大损失**的,处**无期徒刑或者死刑**,并处没收财产。 对多次贪污未经处理的,按照累计贪污数额处罚。 **犯第一款罪,在提起公诉前如实供述自己罪行、真诚悔罪、积极退赃,避免、减少损害结果的发生,有第一项规定情形的,可以从轻、减轻或者免除处罚;有第二项、第三项规定情形的,可以从轻处罚。**

1997年刑法条文 (阴影部分为历次修改删去的内容,楷体部分为说明文字)	1997年以来历次修改后的刑法条文 (黑体部分为历次修改增加或修改的内容,楷体部分为说明文字)
	犯第一款罪,有第三项规定情形被判处死刑缓期执行的,人民法院根据犯罪情节等情况可以同时决定在其死刑缓期执行二年期满依法减为无期徒刑后,终身监禁,不得减刑、假释。 　　〔根据2015年8月29日通过的刑法修正案(九)修改,修改的内容自2015年11月1日起施行。〕
第三百八十四条　国家工作人员利用职务上的便利,挪用公款归个人使用,进行非法活动的,或者挪用公款数额较大、进行营利活动的,或者挪用公款数额较大、超过三个月未还的,是挪用公款罪,处五年以下有期徒刑或者拘役;情节严重的,处五年以上有期徒刑。挪用公款数额巨大不退还的,处十年以上有期徒刑或者无期徒刑。 　　挪用用于救灾、抢险、防汛、优抚、扶贫、移民、救济款物归个人使用的,从重处罚。	**第三百八十四条**　国家工作人员利用职务上的便利,挪用公款归个人使用,进行非法活动的,或者挪用公款数额较大、进行营利活动的,或者挪用公款数额较大、超过三个月未还的,是挪用公款罪,处五年以下有期徒刑或者拘役;情节严重的,处五年以上有期徒刑。挪用公款数额巨大不退还的,处十年以上有期徒刑或者无期徒刑。 　　挪用用于救灾、抢险、防汛、优抚、扶贫、移民、救济款物归个人使用的,从重处罚。

1997年刑法条文 (阴影部分为历次修改删去的内容,楷体部分为说明文字)	1997年以来历次修改后的刑法条文 (黑体部分为历次修改增加或修改的内容,楷体部分为说明文字)
第三百八十五条 国家工作人员利用职务上的便利,索取他人财物的,或者非法收受他人财物,为他人谋取利益的,是受贿罪。 国家工作人员在经济往来中,违反国家规定,收受各种名义的回扣、手续费,归个人所有的,以受贿论处。	第三百八十五条 国家工作人员利用职务上的便利,索取他人财物的,或者非法收受他人财物,为他人谋取利益的,是受贿罪。 国家工作人员在经济往来中,违反国家规定,收受各种名义的回扣、手续费,归个人所有的,以受贿论处。
第三百八十六条 对犯受贿罪的,根据受贿所得数额及情节,依照本法第三百八十三条的规定处罚。索贿的从重处罚。	第三百八十六条 对犯受贿罪的,根据受贿所得数额及情节,依照本法第三百八十三条的规定处罚。索贿的从重处罚。

——刑法历次修改条文对照表（含十一个刑法修正案）——

1997年刑法条文 (阴影部分为历次修改删去的内容,楷体部分为说明文字)	1997年以来历次修改后的刑法条文 (黑体部分为历次修改增加或修改的内容,楷体部分为说明文字)
第三百八十七条　国家机关、国有公司、企业、事业单位、人民团体,索取、非法收受他人财物,为他人谋取利益,情节严重的,对单位判处罚金,并对其直接负责的主管人员和其他直接责任人员,处五年以下有期徒刑或者拘役。 　　前款所列单位,在经济往来中,在帐外暗中收受各种名义的回扣、手续费的,以受贿论,依照前款的规定处罚。	第三百八十七条　国家机关、国有公司、企业、事业单位、人民团体,索取、非法收受他人财物,为他人谋取利益,情节严重的,对单位判处罚金,并对其直接负责的主管人员和其他直接责任人员,处五年以下有期徒刑或者拘役。 　　前款所列单位,在经济往来中,在帐外暗中收受各种名义的回扣、手续费的,以受贿论,依照前款的规定处罚。
第三百八十八条　国家工作人员利用本人职权或者地位形成的便利条件,通过其他国家工作人员职务上的行为,为请托人谋取不正当利益,索取请托人财物或者收受请托人财物的,以受贿论处。	第三百八十八条　国家工作人员利用本人职权或者地位形成的便利条件,通过其他国家工作人员职务上的行为,为请托人谋取不正当利益,索取请托人财物或者收受请托人财物的,以受贿论处。

1997年刑法条文 (阴影部分为历次修改删去的内容，楷体部分为说明文字)	1997年以来历次修改后的刑法条文 (黑体部分为历次修改增加或修改的内容，楷体部分为说明文字)
〔刑法修正案（七）增加本条规定。〕	第三百八十八条之一　国家工作人员的近亲属或者其他与该国家工作人员关系密切的人，通过该国家工作人员职务上的行为，或者利用该国家工作人员职权或者地位形成的便利条件，通过其他国家工作人员职务上的行为，为请托人谋取不正当利益，索取请托人财物或者收受请托人财物，数额较大或者有其他较重情节的，处三年以下有期徒刑或者拘役，并处罚金；数额巨大或者有其他严重情节的，处三年以上七年以下有期徒刑，并处罚金；数额特别巨大或者有其他特别严重情节的，处七年以上有期徒刑，并处罚金或者没收财产。 离职的国家工作人员或者其近亲属以及其他与其关系密切的人，利用该离职的国家工作人员原职权或者地位形成的便利条件实施前款行为的，依照前款的规定定罪处罚。 〔根据2009年2月28日通过的刑法修正案（七）增加，自2009年2月28日起施行。〕

——刑法历次修改条文对照表（含十一个刑法修正案）——

1997年刑法条文 (阴影部分为历次修改删去的内容，楷体部分为说明文字)	1997年以来历次修改后的刑法条文 (黑体部分为历次修改增加或修改的内容，楷体部分为说明文字)
第三百八十九条 为谋取不正当利益，给予国家工作人员以财物的，是行贿罪。 　　在经济往来中，违反国家规定，给予国家工作人员以财物，数额较大的，或者违反国家规定，给予国家工作人员以各种名义的回扣、手续费的，以行贿论处。 　　因被勒索给予国家工作人员以财物，没有获得不正当利益的，不是行贿。	**第三百八十九条** 为谋取不正当利益，给予国家工作人员以财物的，是行贿罪。 　　在经济往来中，违反国家规定，给予国家工作人员以财物，数额较大的，或者违反国家规定，给予国家工作人员以各种名义的回扣、手续费的，以行贿论处。 　　因被勒索给予国家工作人员以财物，没有获得不正当利益的，不是行贿。

1997年刑法条文 (阴影部分为历次修改删去的内容，楷体部分为说明文字)	1997年以来历次 修改后的刑法条文 (黑体部分为历次修改增加或修改的内容，楷体部分为说明文字)
第三百九十条　对犯行贿罪的，处五年以下有期徒刑或者拘役；因行贿谋取不正当利益，情节严重的，或者使国家利益遭受重大损失的，处五年以上十年以下有期徒刑；情节特别严重的，处十年以上有期徒刑或者无期徒刑，可以并处没收财产。 　　行贿人在被追诉前主动交待行贿行为的，可以减轻处罚或者免除处罚。	第三百九十条　对犯行贿罪的，处五年以下有期徒刑或者拘役，**并处罚金**；因行贿谋取不正当利益，情节严重的，或者使国家利益遭受重大损失的，处五年以上十年以下有期徒刑，**并处罚金**；情节特别严重的，**或者使国家利益遭受特别重大损失的**，处十年以上有期徒刑或者无期徒刑，并处**罚金或者**没收财产。 　　行贿人在被追诉前主动交待行贿行为的，可以**从轻或者**减轻处罚。**其中，犯罪较轻的，对侦破重大案件起关键作用的，或者有重大立功表现的**，可以减轻或者免除处罚。 　　〔根据2015年8月29日通过的刑法修正案(九)修改，修改的内容自2015年11月1日起施行。〕

1997年刑法条文 (阴影部分为历次修改删去的内容,楷体部分为说明文字)	1997年以来历次修改后的刑法条文 (黑体部分为历次修改增加或修改的内容,楷体部分为说明文字)
〔刑法修正案(九)增加本条规定。〕	第三百九十条之一 为谋取不正当利益,向国家工作人员的近亲属或者其他与该国家工作人员关系密切的人,或者向离职的国家工作人员或者其近亲属以及其他与其关系密切的人行贿的,处三年以下有期徒刑或者拘役,并处罚金;情节严重的,或者使国家利益遭受重大损失的,处三年以上七年以下有期徒刑,并处罚金;情节特别严重的,或者使国家利益遭受特别重大损失的,处七年以上十年以下有期徒刑,并处罚金。 单位犯前款罪的,对单位判处罚金,并对其直接负责的主管人员和其他直接责任人员,处三年以下有期徒刑或者拘役,并处罚金。 〔根据2015年8月29日通过的刑法修正案(九)增加,自2015年11月1日起施行。〕

1997年刑法条文 (阴影部分为历次修改删去的内容，楷体部分为说明文字)	1997年以来历次 修改后的刑法条文 (黑体部分为历次修改增加或修改的内容，楷体部分为说明文字)
第三百九十一条　为谋取不正当利益，给予国家机关、国有公司、企业、事业单位、人民团体以财物的，或者在经济往来中，违反国家规定，给予各种名义的回扣、手续费的，处三年以下有期徒刑或者拘役。 　　单位犯前款罪的，对单位判处罚金，并对其直接负责的主管人员和其他直接责任人员，依照前款的规定处罚。	第三百九十一条　为谋取不正当利益，给予国家机关、国有公司、企业、事业单位、人民团体以财物的，或者在经济往来中，违反国家规定，给予各种名义的回扣、手续费的，处三年以下有期徒刑或者拘役，**并处罚金**。 　　单位犯前款罪的，对单位判处罚金，并对其直接负责的主管人员和其他直接责任人员，依照前款的规定处罚。 　　〔根据2015年8月29日通过的刑法修正案(九)修改，修改的内容自2015年11月1日起施行。〕
第三百九十二条　向国家工作人员介绍贿赂，情节严重的，处三年以下有期徒刑或者拘役。 　　介绍贿赂人在被追诉前主动交待介绍贿赂行为的，可以减轻处罚或者免除处罚。	第三百九十二条　向国家工作人员介绍贿赂，情节严重的，处三年以下有期徒刑或者拘役，**并处罚金**。 　　介绍贿赂人在被追诉前主动交待介绍贿赂行为的，可以减轻处罚或者免除处罚。 　　〔根据2015年8月29日通过的刑法修正案(九)修改，修改的内容自2015年11月1日起施行。〕

1997年刑法条文 (阴影部分为历次修改删去的内容,楷体部分为说明文字)	1997年以来历次修改后的刑法条文 (黑体部分为历次修改增加或修改的内容,楷体部分为说明文字)
第三百九十三条　单位为谋取不正当利益而行贿,或者违反国家规定,给予国家工作人员以回扣、手续费,情节严重的,对单位判处罚金,并对其直接负责的主管人员和其他直接责任人员,处五年以下有期徒刑或者拘役。因行贿取得的违法所得归个人所有的,依照本法第三百八十九条、第三百九十条的规定定罪处罚。	第三百九十三条　单位为谋取不正当利益而行贿,或者违反国家规定,给予国家工作人员以回扣、手续费,情节严重的,对单位判处罚金,并对其直接负责的主管人员和其他直接责任人员,处五年以下有期徒刑或者拘役,**并处罚金**。因行贿取得的违法所得归个人所有的,依照本法第三百八十九条、第三百九十条的规定定罪处罚。 〔根据2015年8月29日通过的刑法修正案(九)修改,修改的内容自2015年11月1日起施行。〕
第三百九十四条　国家工作人员在国内公务活动或者对外交往中接受礼物,依照国家规定应当交公而不交公,数额较大的,依照本法第三百八十二条、第三百八十三条的规定定罪处罚。	第三百九十四条　国家工作人员在国内公务活动或者对外交往中接受礼物,依照国家规定应当交公而不交公,数额较大的,依照本法第三百八十二条、第三百八十三条的规定定罪处罚。

1997年刑法条文 (阴影部分为历次修改删去的内容，楷体部分为说明文字)	1997年以来历次修改后的刑法条文 (黑体部分为历次修改增加或修改的内容，楷体部分为说明文字)
第三百九十五条　国家工作人员的财产或者支出明显超过合法收入，差额巨大的，可以责令说明来源。本人不能说明其来源是合法的，差额部分以非法所得论，处五年以下有期徒刑或者拘役，财产的差额部分予以追缴。 　　国家工作人员在境外的存款，应当依照国家规定申报。数额较大、隐瞒不报的，处二年以下有期徒刑或者拘役；情节较轻的，由其所在单位或者上级主管机关酌情给予行政处分。	第三百九十五条　国家工作人员的财产、支出明显超过合法收入，差额巨大的，可以责令**该国家工作人员**说明来源，不能说明来源的，差额部分以非法所得论，处五年以下有期徒刑或者拘役；**差额特别巨大的，处五年以上十年以下有期徒刑**。财产的差额部分予以追缴。 　　国家工作人员在境外的存款，应当依照国家规定申报。数额较大、隐瞒不报的，处二年以下有期徒刑或者拘役；情节较轻的，由其所在单位或者上级主管机关酌情给予行政处分。 　　〔根据2009年2月28日通过的刑法修正案(七)修改，修改的内容自2009年2月28日起施行。〕

―― 刑法历次修改条文对照表（含十一个刑法修正案）――

1997年刑法条文 （阴影部分为历次修改删去的内容，楷体部分为说明文字）	1997年以来历次 修改后的刑法条文 （黑体部分为历次修改增加或修改的内容，楷体部分为说明文字）
第三百九十六条　国家机关、国有公司、企业、事业单位、人民团体，违反国家规定，以单位名义将国有资产集体私分给个人，数额较大的，对其直接负责的主管人员和其他直接责任人员，处三年以下有期徒刑或者拘役，并处或者单处罚金；数额巨大的，处三年以上七年以下有期徒刑，并处罚金。 司法机关、行政执法机关违反国家规定，将应当上缴国家的罚没财物，以单位名义集体私分给个人的，依照前款的规定处罚。	第三百九十六条　国家机关、国有公司、企业、事业单位、人民团体，违反国家规定，以单位名义将国有资产集体私分给个人，数额较大的，对其直接负责的主管人员和其他直接责任人员，处三年以下有期徒刑或者拘役，并处或者单处罚金；数额巨大的，处三年以上七年以下有期徒刑，并处罚金。 司法机关、行政执法机关违反国家规定，将应当上缴国家的罚没财物，以单位名义集体私分给个人的，依照前款的规定处罚。

1997年刑法条文 （阴影部分为历次修改删去的内容，楷体部分为说明文字）	1997年以来历次修改后的刑法条文 （黑体部分为历次修改增加或修改的内容，楷体部分为说明文字）
第九章　渎职罪	第九章　渎职罪
第三百九十七条　国家机关工作人员滥用职权或者玩忽职守，致使公共财产、国家和人民利益遭受重大损失的，处三年以下有期徒刑或者拘役；情节特别严重的，处三年以上七年以下有期徒刑。本法另有规定的，依照规定。 　　国家机关工作人员徇私舞弊，犯前款罪的，处五年以下有期徒刑或者拘役；情节特别严重的，处五年以上十年以下有期徒刑。本法另有规定的，依照规定。	第三百九十七条　国家机关工作人员滥用职权或者玩忽职守，致使公共财产、国家和人民利益遭受重大损失的，处三年以下有期徒刑或者拘役；情节特别严重的，处三年以上七年以下有期徒刑。本法另有规定的，依照规定。 　　国家机关工作人员徇私舞弊，犯前款罪的，处五年以下有期徒刑或者拘役；情节特别严重的，处五年以上十年以下有期徒刑。本法另有规定的，依照规定。
〔《全国人民代表大会常务委员会关于惩治骗购外汇、逃汇和非法买卖外汇犯罪的决定》增加本条规定。〕	**六、海关、外汇管理部门的工作人员严重不负责任，造成大量外汇被骗购或者逃汇，致使国家利益遭受重大损失的，依照刑法第三百九十七条的规定定罪处罚。** 　　〔根据1998年12月29日通过的《全国人民代表大会常务委员会关于惩治骗购外汇、逃汇和非法买卖外汇犯罪的决定》增加，自1998年12月29日起施行。〕

——刑法历次修改条文对照表（含十一个刑法修正案）——

1997年刑法条文 （阴影部分为历次修改删去的内容，楷体部分为说明文字）	1997年以来历次修改后的刑法条文 （黑体部分为历次修改增加或修改的内容，楷体部分为说明文字）
第三百九十八条　国家机关工作人员违反保守国家秘密法的规定，故意或者过失泄露国家秘密，情节严重的，处三年以下有期徒刑或者拘役；情节特别严重的，处三年以上七年以下有期徒刑。 　　非国家机关工作人员犯前款罪的，依照前款的规定酌情处罚。	第三百九十八条　国家机关工作人员违反保守国家秘密法的规定，故意或者过失泄露国家秘密，情节严重的，处三年以下有期徒刑或者拘役；情节特别严重的，处三年以上七年以下有期徒刑。 　　非国家机关工作人员犯前款罪的，依照前款的规定酌情处罚。

1997 年刑法条文 (阴影部分为历次修改删去的内容，楷体部分为说明文字)	1997 年以来历次修改后的刑法条文 (黑体部分为历次修改增加或修改的内容，楷体部分为说明文字)
第三百九十九条　司法工作人员徇私枉法、徇情枉法，对明知是无罪的人而使他受追诉、对明知是有罪的人而故意包庇不使他受追诉，或者在刑事审判活动中故意违背事实和法律作枉法裁判的，处五年以下有期徒刑或者拘役；情节严重的，处五年以上十年以下有期徒刑；情节特别严重的，处十年以上有期徒刑。 　　在民事、行政审判活动中故意违背事实和法律作枉法裁判，情节严重的，处五年以下有期徒刑或者拘役；情节特别严重的，处五年以上十年以下有期徒刑。 　　司法工作人员贪赃枉法，有前两款行为的，同时又构成本法第三百八十五条规定之罪的，依照处罚较重的规定定罪处罚。	第三百九十九条　司法工作人员徇私枉法、徇情枉法，对明知是无罪的人而使他受追诉、对明知是有罪的人而故意包庇不使他受追诉，或者在刑事审判活动中故意违背事实和法律作枉法裁判的，处五年以下有期徒刑或者拘役；情节严重的，处五年以上十年以下有期徒刑；情节特别严重的，处十年以上有期徒刑。 　　在民事、行政审判活动中故意违背事实和法律作枉法裁判，情节严重的，处五年以下有期徒刑或者拘役；情节特别严重的，处五年以上十年以下有期徒刑。 　　**在执行判决、裁定活动中，严重不负责任或者滥用职权，不依法采取诉讼保全措施、不履行法定执行职责，或者违法采取诉讼保全措施、强制执行措施，致使当事人或者其他人的利益遭受重大损失的，处五年以下有期徒刑或者拘役；致使当事人或者其他人的利益遭受特别重大损失的，处五年以上十年以下有期徒刑。**

——刑法历次修改条文对照表（含十一个刑法修正案）——

1997年刑法条文 (阴影部分为历次修改删去的内容，楷体部分为说明文字)	1997年以来历次修改后的刑法条文 (黑体部分为历次修改增加或修改的内容，楷体部分为说明文字)
	司法工作人员**收受贿赂**，有前三款行为的，同时又构成本法第三百八十五条规定之罪的，依照处罚较重的规定定罪处罚。 〔根据2002年12月28日通过的刑法修正案(四)修改，修改的内容自2002年12月28日起施行。〕
〔刑法修正案(六)增加本条规定。〕	**第三百九十九条之一　依法承担仲裁职责的人员，在仲裁活动中故意违背事实和法律作枉法裁决，情节严重的，处三年以下有期徒刑或者拘役；情节特别严重的，处三年以上七年以下有期徒刑。** 〔根据2006年6月29日通过的刑法修正案(六)增加，自2006年6月29日起施行。〕

1997年刑法条文 (阴影部分为历次修改删去的内容,楷体部分为说明文字)	1997年以来历次修改后的刑法条文 (黑体部分为历次修改增加或修改的内容,楷体部分为说明文字)
第四百条　司法工作人员私放在押的犯罪嫌疑人、被告人或者罪犯的,处五年以下有期徒刑或者拘役;情节严重的,处五年以上十年以下有期徒刑;情节特别严重的,处十年以上有期徒刑。 　　司法工作人员由于严重不负责任,致使在押的犯罪嫌疑人、被告人或者罪犯脱逃,造成严重后果的,处三年以下有期徒刑或者拘役;造成特别严重后果的,处三年以上十年以下有期徒刑。	第四百条　司法工作人员私放在押的犯罪嫌疑人、被告人或者罪犯的,处五年以下有期徒刑或者拘役;情节严重的,处五年以上十年以下有期徒刑;情节特别严重的,处十年以上有期徒刑。 　　司法工作人员由于严重不负责任,致使在押的犯罪嫌疑人、被告人或者罪犯脱逃,造成严重后果的,处三年以下有期徒刑或者拘役;造成特别严重后果的,处三年以上十年以下有期徒刑。
第四百零一条　司法工作人员徇私舞弊,对不符合减刑、假释、暂予监外执行条件的罪犯,予以减刑、假释或者暂予监外执行的,处三年以下有期徒刑或者拘役;情节严重的,处三年以上七年以下有期徒刑。	第四百零一条　司法工作人员徇私舞弊,对不符合减刑、假释、暂予监外执行条件的罪犯,予以减刑、假释或者暂予监外执行的,处三年以下有期徒刑或者拘役;情节严重的,处三年以上七年以下有期徒刑。

1997年刑法条文 (阴影部分为历次修改删去的内容,楷体部分为说明文字)	1997年以来历次修改后的刑法条文 (黑体部分为历次修改增加或修改的内容,楷体部分为说明文字)
第四百零二条 行政执法人员徇私舞弊,对依法应当移交司法机关追究刑事责任的不移交,情节严重的,处三年以下有期徒刑或者拘役;造成严重后果的,处三年以上七年以下有期徒刑。	第四百零二条 行政执法人员徇私舞弊,对依法应当移交司法机关追究刑事责任的不移交,情节严重的,处三年以下有期徒刑或者拘役;造成严重后果的,处三年以上七年以下有期徒刑。
第四百零三条 国家有关主管部门的国家机关工作人员,徇私舞弊,滥用职权,对不符合法律规定条件的公司设立、登记申请或者股票、债券发行、上市申请,予以批准或者登记,致使公共财产、国家和人民利益遭受重大损失的,处五年以下有期徒刑或者拘役。 上级部门强令登记机关及其工作人员实施前款行为的,对其直接负责的主管人员,依照前款的规定处罚。	第四百零三条 国家有关主管部门的国家机关工作人员,徇私舞弊,滥用职权,对不符合法律规定条件的公司设立、登记申请或者股票、债券发行、上市申请,予以批准或者登记,致使公共财产、国家和人民利益遭受重大损失的,处五年以下有期徒刑或者拘役。 上级部门强令登记机关及其工作人员实施前款行为的,对其直接负责的主管人员,依照前款的规定处罚。
第四百零四条 税务机关的工作人员徇私舞弊,不征或者少征应征税款,致使国家税收遭受重大损失的,处五年以下有期徒刑或者拘役;造成特别重大损失的,处五年以上有期徒刑。	第四百零四条 税务机关的工作人员徇私舞弊,不征或者少征应征税款,致使国家税收遭受重大损失的,处五年以下有期徒刑或者拘役;造成特别重大损失的,处五年以上有期徒刑。

1997年刑法条文 (阴影部分为历次修改删去的内容，楷体部分为说明文字)	1997年以来历次修改后的刑法条文 (黑体部分为历次修改增加或修改的内容，楷体部分为说明文字)
第四百零五条 税务机关的工作人员违反法律、行政法规的规定，在办理发售发票、抵扣税款、出口退税工作中，徇私舞弊，致使国家利益遭受重大损失的，处五年以下有期徒刑或者拘役；致使国家利益遭受特别重大损失的，处五年以上有期徒刑。 其他国家机关工作人员违反国家规定，在提供出口货物报关单、出口收汇核销单等出口退税凭证的工作中，徇私舞弊，致使国家利益遭受重大损失的，依照前款的规定处罚。	第四百零五条 税务机关的工作人员违反法律、行政法规的规定，在办理发售发票、抵扣税款、出口退税工作中，徇私舞弊，致使国家利益遭受重大损失的，处五年以下有期徒刑或者拘役；致使国家利益遭受特别重大损失的，处五年以上有期徒刑。 其他国家机关工作人员违反国家规定，在提供出口货物报关单、出口收汇核销单等出口退税凭证的工作中，徇私舞弊，致使国家利益遭受重大损失的，依照前款的规定处罚。
第四百零六条 国家机关工作人员在签订、履行合同过程中，因严重不负责任被诈骗，致使国家利益遭受重大损失的，处三年以下有期徒刑或者拘役；致使国家利益遭受特别重大损失的，处三年以上七年以下有期徒刑。	第四百零六条 国家机关工作人员在签订、履行合同过程中，因严重不负责任被诈骗，致使国家利益遭受重大损失的，处三年以下有期徒刑或者拘役；致使国家利益遭受特别重大损失的，处三年以上七年以下有期徒刑。

——刑法历次修改条文对照表（含十一个刑法修正案）——

1997 年刑法条文 (阴影部分为历次修改删去的内容，楷体部分为说明文字)	1997 年以来历次 修改后的刑法条文 (黑体部分为历次修改增加或修改的内容，楷体部分为说明文字)
第四百零七条　林业主管部门的工作人员违反森林法的规定,超过批准的年采伐限额发放林木采伐许可证或者违反规定滥发林木采伐许可证,情节严重,致使森林遭受严重破坏的,处三年以下有期徒刑或者拘役。	第四百零七条　林业主管部门的工作人员违反森林法的规定,超过批准的年采伐限额发放林木采伐许可证或者违反规定滥发林木采伐许可证,情节严重,致使森林遭受严重破坏的,处三年以下有期徒刑或者拘役。
第四百零八条　负有环境保护监督管理职责的国家机关工作人员严重不负责任,导致发生重大环境污染事故,致使公私财产遭受重大损失或者造成人身伤亡的严重后果的,处三年以下有期徒刑或者拘役。	第四百零八条　负有环境保护监督管理职责的国家机关工作人员严重不负责任,导致发生重大环境污染事故,致使公私财产遭受重大损失或者造成人身伤亡的严重后果的,处三年以下有期徒刑或者拘役。

1997年刑法条文 (阴影部分为历次修改删去的内容,楷体部分为说明文字)	1997年以来历次修改后的刑法条文 (黑体部分为历次修改增加或修改的内容,楷体部分为说明文字)
〔刑法修正案(八)增加本条规定,刑法修正案(十一)作了修改。〕	第四百零八条之一　负有食品药品安全监督管理职责的国家机关工作人员,滥用职权或者玩忽职守,有下列情形之一,造成严重后果或者有其他严重情节的,处五年以下有期徒刑或者拘役;造成特别严重后果或者有其他特别严重情节的,处五年以上十年以下有期徒刑: (一)瞒报、谎报食品安全事故、药品安全事件的; (二)对发现的严重食品药品安全违法行为未按规定查处的; (三)在药品和特殊食品审批审评过程中,对不符合条件的申请准予许可的; (四)依法应当移交司法机关追究刑事责任不移交的; (五)有其他滥用职权或者玩忽职守行为的。 徇私舞弊犯前款罪的,从重处罚。 〔根据2020年12月26日通过的刑法修正案(十一)修改,修改的内容自2021年3月1日起施行。〕

——刑法历次修改条文对照表（含十一个刑法修正案）——

1997年刑法条文 (阴影部分为历次修改删去的内容,楷体部分为说明文字)	1997年以来历次 修改后的刑法条文 (黑体部分为历次修改增加或修改的内容,楷体部分为说明文字)
	刑法修正案(八)增加的第四百零八条之一 负有食品安全监督管理职责的国家机关工作人员,滥用职权或者玩忽职守,导致发生重大食品安全事故或者造成其他严重后果的,处五年以下有期徒刑或者拘役;造成特别严重后果的,处五年以上十年以下有期徒刑。 徇私舞弊犯前款罪的,从重处罚。 〔根据2011年2月25日通过的刑法修正案(八)增加,自2011年5月1日起施行。〕
第四百零九条 从事传染病防治的政府卫生行政部门的工作人员严重不负责任,导致传染病传播或者流行,情节严重的,处三年以下有期徒刑或者拘役。	**第四百零九条** 从事传染病防治的政府卫生行政部门的工作人员严重不负责任,导致传染病传播或者流行,情节严重的,处三年以下有期徒刑或者拘役。

——刑法历次修改条文对照表——

1997年刑法条文 (阴影部分为历次修改删去的内容,楷体部分为说明文字)	1997年以来历次修改后的刑法条文 (黑体部分为历次修改增加或修改的内容,楷体部分为说明文字)
第四百一十条 国家机关工作人员徇私舞弊,违反土地管理法规,滥用职权,非法批准征用、占用土地,或者非法低价出让国有土地使用权,情节严重的,处三年以下有期徒刑或者拘役;致使国家或者集体利益遭受特别重大损失的,处三年以上七年以下有期徒刑。	第四百一十条 国家机关工作人员徇私舞弊,违反土地管理法规,滥用职权,非法批准**征收**、征用、占用土地,或者非法低价出让国有土地使用权,情节严重的,处三年以下有期徒刑或者拘役;致使国家或者集体利益遭受特别重大损失的,处三年以上七年以下有期徒刑。 〔根据2009年8月27日通过的《全国人民代表大会常务委员会关于修改部分法律的决定》修改,修改的内容自2009年8月27日起施行。〕
第四百一十一条 海关工作人员徇私舞弊,放纵走私,情节严重的,处五年以下有期徒刑或者拘役;情节特别严重的,处五年以上有期徒刑。	第四百一十一条 海关工作人员徇私舞弊,放纵走私,情节严重的,处五年以下有期徒刑或者拘役;情节特别严重的,处五年以上有期徒刑。

1997年刑法条文 (阴影部分为历次修改删去的内容，楷体部分为说明文字)	1997年以来历次修改后的刑法条文 (黑体部分为历次修改增加或修改的内容，楷体部分为说明文字)
第四百一十二条　国家商检部门、商检机构的工作人员徇私舞弊，伪造检验结果的，处五年以下有期徒刑或者拘役；造成严重后果的，处五年以上十年以下有期徒刑。 　　前款所列人员严重不负责任，对应当检验的物品不检验，或者延误检验出证、错误出证，致使国家利益遭受重大损失的，处三年以下有期徒刑或者拘役。	第四百一十二条　国家商检部门、商检机构的工作人员徇私舞弊，伪造检验结果的，处五年以下有期徒刑或者拘役；造成严重后果的，处五年以上十年以下有期徒刑。 　　前款所列人员严重不负责任，对应当检验的物品不检验，或者延误检验出证、错误出证，致使国家利益遭受重大损失的，处三年以下有期徒刑或者拘役。
第四百一十三条　动植物检疫机关的检疫人员徇私舞弊，伪造检疫结果的，处五年以下有期徒刑或者拘役；造成严重后果的，处五年以上十年以下有期徒刑。 　　前款所列人员严重不负责任，对应当检疫的检疫物不检疫，或者延误检疫出证、错误出证，致使国家利益遭受重大损失的，处三年以下有期徒刑或者拘役。	第四百一十三条　动植物检疫机关的检疫人员徇私舞弊，伪造检疫结果的，处五年以下有期徒刑或者拘役；造成严重后果的，处五年以上十年以下有期徒刑。 　　前款所列人员严重不负责任，对应当检疫的检疫物不检疫，或者延误检疫出证、错误出证，致使国家利益遭受重大损失的，处三年以下有期徒刑或者拘役。

1997年刑法条文 (阴影部分为历次修改删去的内容,楷体部分为说明文字)	1997年以来历次 修改后的刑法条文 (黑体部分为历次修改增加或修改的内容,楷体部分为说明文字)
第四百一十四条 对生产、销售伪劣商品犯罪行为负有追究责任的国家机关工作人员,徇私舞弊,不履行法律规定的追究职责,情节严重的,处五年以下有期徒刑或者拘役。	第四百一十四条 对生产、销售伪劣商品犯罪行为负有追究责任的国家机关工作人员,徇私舞弊,不履行法律规定的追究职责,情节严重的,处五年以下有期徒刑或者拘役。
第四百一十五条 负责办理护照、签证以及其他出入境证件的国家机关工作人员,对明知是企图偷越国(边)境的人员,予以办理出入境证件的,或者边防、海关等国家机关工作人员,对明知是偷越国(边)境的人员,予以放行的,处三年以下有期徒刑或者拘役;情节严重的,处三年以上七年以下有期徒刑。	第四百一十五条 负责办理护照、签证以及其他出入境证件的国家机关工作人员,对明知是企图偷越国(边)境的人员,予以办理出入境证件的,或者边防、海关等国家机关工作人员,对明知是偷越国(边)境的人员,予以放行的,处三年以下有期徒刑或者拘役;情节严重的,处三年以上七年以下有期徒刑。

1997年刑法条文 (阴影部分为历次修改删去的内容,楷体部分为说明文字)	1997年以来历次 修改后的刑法条文 (黑体部分为历次修改增加或修改的内容,楷体部分为说明文字)
第四百一十六条 对被拐卖、绑架的妇女、儿童负有解救职责的国家机关工作人员,接到被拐卖、绑架的妇女、儿童及其家属的解救要求或者接到其他人的举报,而对被拐卖、绑架的妇女、儿童不进行解救,造成严重后果的,处五年以下有期徒刑或者拘役。 负有解救职责的国家机关工作人员利用职务阻碍解救的,处二年以上七年以下有期徒刑;情节较轻的,处二年以下有期徒刑或者拘役。	第四百一十六条 对被拐卖、绑架的妇女、儿童负有解救职责的国家机关工作人员,接到被拐卖、绑架的妇女、儿童及其家属的解救要求或者接到其他人的举报,而对被拐卖、绑架的妇女、儿童不进行解救,造成严重后果的,处五年以下有期徒刑或者拘役。 负有解救职责的国家机关工作人员利用职务阻碍解救的,处二年以上七年以下有期徒刑;情节较轻的,处二年以下有期徒刑或者拘役。
第四百一十七条 有查禁犯罪活动职责的国家机关工作人员,向犯罪分子通风报信、提供便利,帮助犯罪分子逃避处罚的,处三年以下有期徒刑或者拘役;情节严重的,处三年以上十年以下有期徒刑。	第四百一十七条 有查禁犯罪活动职责的国家机关工作人员,向犯罪分子通风报信、提供便利,帮助犯罪分子逃避处罚的,处三年以下有期徒刑或者拘役;情节严重的,处三年以上十年以下有期徒刑。
第四百一十八条 国家机关工作人员在招收公务员、学生工作中徇私舞弊,情节严重的,处三年以下有期徒刑或者拘役。	第四百一十八条 国家机关工作人员在招收公务员、学生工作中徇私舞弊,情节严重的,处三年以下有期徒刑或者拘役。

1997年刑法条文 (阴影部分为历次修改删去的内容,楷体部分为说明文字)	1997年以来历次修改后的刑法条文 (黑体部分为历次修改增加或修改的内容,楷体部分为说明文字)
第四百一十九条 国家机关工作人员严重不负责任,造成珍贵文物损毁或者流失,后果严重的,处三年以下有期徒刑或者拘役。	**第四百一十九条** 国家机关工作人员严重不负责任,造成珍贵文物损毁或者流失,后果严重的,处三年以下有期徒刑或者拘役。
第十章 军人违反职责罪	**第十章 军人违反职责罪**
第四百二十条 军人违反职责,危害国家军事利益,依照法律应当受刑罚处罚的行为,是军人违反职责罪。	**第四百二十条** 军人违反职责,危害国家军事利益,依照法律应当受刑罚处罚的行为,是军人违反职责罪。
第四百二十一条 战时违抗命令,对作战造成危害的,处三年以上十年以下有期徒刑;致使战斗、战役遭受重大损失的,处十年以上有期徒刑、无期徒刑或者死刑。	**第四百二十一条** 战时违抗命令,对作战造成危害的,处三年以上十年以下有期徒刑;致使战斗、战役遭受重大损失的,处十年以上有期徒刑、无期徒刑或者死刑。
第四百二十二条 故意隐瞒、谎报军情或者拒传、假传军令,对作战造成危害的,处三年以上十年以下有期徒刑;致使战斗、战役遭受重大损失的,处十年以上有期徒刑、无期徒刑或者死刑。	**第四百二十二条** 故意隐瞒、谎报军情或者拒传、假传军令,对作战造成危害的,处三年以上十年以下有期徒刑;致使战斗、战役遭受重大损失的,处十年以上有期徒刑、无期徒刑或者死刑。

——刑法历次修改条文对照表（含十一个刑法修正案）——

1997年刑法条文 （阴影部分为历次修改删去的内容，楷体部分为说明文字）	1997年以来历次 修改后的刑法条文 （黑体部分为历次修改增加或修改的内容，楷体部分为说明文字）
第四百二十三条　在战场上贪生怕死，自动放下武器投降敌人的，处三年以上十年以下有期徒刑；情节严重的，处十年以上有期徒刑或者无期徒刑。 　　投降后为敌人效劳的，处十年以上有期徒刑、无期徒刑或者死刑。	第四百二十三条　在战场上贪生怕死，自动放下武器投降敌人的，处三年以上十年以下有期徒刑；情节严重的，处十年以上有期徒刑或者无期徒刑。 　　投降后为敌人效劳的，处十年以上有期徒刑、无期徒刑或者死刑。
第四百二十四条　战时临阵脱逃的，处三年以下有期徒刑；情节严重的，处三年以上十年以下有期徒刑；致使战斗、战役遭受重大损失的，处十年以上有期徒刑、无期徒刑或者死刑。	第四百二十四条　战时临阵脱逃的，处三年以下有期徒刑；情节严重的，处三年以上十年以下有期徒刑；致使战斗、战役遭受重大损失的，处十年以上有期徒刑、无期徒刑或者死刑。
第四百二十五条　指挥人员和值班、值勤人员擅离职守或者玩忽职守，造成严重后果的，处三年以下有期徒刑或者拘役；造成特别严重后果的，处三年以上七年以下有期徒刑。 　　战时犯前款罪的，处五年以上有期徒刑。	第四百二十五条　指挥人员和值班、值勤人员擅离职守或者玩忽职守，造成严重后果的，处三年以下有期徒刑或者拘役；造成特别严重后果的，处三年以上七年以下有期徒刑。 　　战时犯前款罪的，处五年以上有期徒刑。

· 324 ·

1997年刑法条文 (阴影部分为历次修改删去的内容，楷体部分为说明文字)	1997年以来历次修改后的刑法条文 (黑体部分为历次修改增加或修改的内容，楷体部分为说明文字)
第四百二十六条　以暴力、威胁方法，阻碍指挥人员或者值班、值勤人员执行职务的，处五年以下有期徒刑或者拘役；情节严重的，处五年以上有期徒刑；致人重伤、死亡的，或者有其他特别严重情节的，处无期徒刑或者死刑。战时从重处罚。	第四百二十六条　以暴力、威胁方法，阻碍指挥人员或者值班、值勤人员执行职务的，处五年以下有期徒刑或者拘役；情节严重的，处五年以上**十年以下有期徒刑**；**情节特别严重的，处十年以上有期徒刑或者无期徒刑**。战时从重处罚。 〔根据2015年8月29日通过的刑法修正案(九)修改，修改的内容自2015年11月1日起施行。〕
第四百二十七条　滥用职权，指使部属进行违反职责的活动，造成严重后果的，处五年以下有期徒刑或者拘役；情节特别严重的，处五年以上十年以下有期徒刑。	第四百二十七条　滥用职权，指使部属进行违反职责的活动，造成严重后果的，处五年以下有期徒刑或者拘役；情节特别严重的，处五年以上十年以下有期徒刑。
第四百二十八条　指挥人员违抗命令，临阵畏缩，作战消极，造成严重后果的，处五年以下有期徒刑；致使战斗、战役遭受重大损失或者有其他特别严重情节的，处五年以上有期徒刑。	第四百二十八条　指挥人员违抗命令，临阵畏缩，作战消极，造成严重后果的，处五年以下有期徒刑；致使战斗、战役遭受重大损失或者有其他特别严重情节的，处五年以上有期徒刑。

1997年刑法条文 (阴影部分为历次修改删去的内容，楷体部分为说明文字)	1997年以来历次 修改后的刑法条文 (黑体部分为历次修改增加或修改的内容，楷体部分为说明文字)
第四百二十九条 在战场上明知友邻部队处境危急请求救援，能救援而不救援，致使友邻部队遭受重大损失的，对指挥人员，处五年以下有期徒刑。	第四百二十九条 在战场上明知友邻部队处境危急请求救援，能救援而不救援，致使友邻部队遭受重大损失的，对指挥人员，处五年以下有期徒刑。
第四百三十条 在履行公务期间，擅离岗位，叛逃境外或者在境外叛逃，危害国家军事利益的，处五年以下有期徒刑或者拘役；情节严重的，处五年以上有期徒刑。 驾驶航空器、舰船叛逃的，或者有其他特别严重情节的，处十年以上有期徒刑、无期徒刑或者死刑。	第四百三十条 在履行公务期间，擅离岗位，叛逃境外或者在境外叛逃，危害国家军事利益的，处五年以下有期徒刑或者拘役；情节严重的，处五年以上有期徒刑。 驾驶航空器、舰船叛逃的，或者有其他特别严重情节的，处十年以上有期徒刑、无期徒刑或者死刑。

1997年刑法条文 (阴影部分为历次修改删去的内容,楷体部分为说明文字)	1997年以来历次 修改后的刑法条文 (黑体部分为历次修改增加或修改的内容,楷体部分为说明文字)
第四百三十一条 以窃取、刺探、收买方法,非法获取军事秘密的,处五年以下有期徒刑;情节严重的,处五年以上十年以下有期徒刑;情节特别严重的,处十年以上有期徒刑。 为境外的机构、组织、人员窃取、刺探、收买、非法提供军事秘密的,处十年以上有期徒刑、无期徒刑或者死刑。	第四百三十一条 以窃取、刺探、收买方法,非法获取军事秘密的,处五年以下有期徒刑;情节严重的,处五年以上十年以下有期徒刑;情节特别严重的,处十年以上有期徒刑。 为境外的机构、组织、人员窃取、刺探、收买、非法提供军事秘密的,**处五年以上十年以下有期徒刑;情节严重的,**处十年以上有期徒刑、无期徒刑或者死刑。 〔根据2020年12月26日通过的刑法修正案(十一)修改,修改的内容自2021年3月1日起施行。〕
第四百三十二条 违反保守国家秘密法规,故意或者过失泄露军事秘密,情节严重的,处五年以下有期徒刑或者拘役;情节特别严重的,处五年以上十年以下有期徒刑。 战时犯前款罪的,处五年以上十年以下有期徒刑;情节特别严重的,处十年以上有期徒刑或者无期徒刑。	第四百三十二条 违反保守国家秘密法规,故意或者过失泄露军事秘密,情节严重的,处五年以下有期徒刑或者拘役;情节特别严重的,处五年以上十年以下有期徒刑。 战时犯前款罪的,处五年以上十年以下有期徒刑;情节特别严重的,处十年以上有期徒刑或者无期徒刑。

——刑法历次修改条文对照表（含十一个刑法修正案）——

1997年刑法条文 (阴影部分为历次修改删去的内容，楷体部分为说明文字)	1997年以来历次 修改后的刑法条文 (黑体部分为历次修改增加或修改的内容，楷体部分为说明文字)
第四百三十三条　战时造谣惑众，动摇军心的，处三年以下有期徒刑；情节严重的，处三年以上十年以下有期徒刑。勾结敌人造谣惑众，动摇军心的，处十年以上有期徒刑或者无期徒刑；情节特别严重的，可以判处死刑。	第四百三十三条　战时造谣惑众，动摇军心的，处三年以下有期徒刑；情节严重的，处三年以上十年以下有期徒刑；**情节特别严重的，处十年以上有期徒刑或者无期徒刑。**〔根据2015年8月29日通过的刑法修正案（九）修改，修改的内容自2015年11月1日起施行。〕
第四百三十四条　战时自伤身体，逃避军事义务的，处三年以下有期徒刑；情节严重的，处三年以上七年以下有期徒刑。	第四百三十四条　战时自伤身体，逃避军事义务的，处三年以下有期徒刑；情节严重的，处三年以上七年以下有期徒刑。
第四百三十五条　违反兵役法规，逃离部队，情节严重的，处三年以下有期徒刑或者拘役。 战时犯前款罪的，处三年以上七年以下有期徒刑。	第四百三十五条　违反兵役法规，逃离部队，情节严重的，处三年以下有期徒刑或者拘役。 战时犯前款罪的，处三年以上七年以下有期徒刑。

1997年刑法条文 (阴影部分为历次修改删去的内容,楷体部分为说明文字)	1997年以来历次修改后的刑法条文 (黑体部分为历次修改增加或修改的内容,楷体部分为说明文字)
第四百三十六条　违反武器装备使用规定,情节严重,因而发生责任事故,致人重伤、死亡或者造成其他严重后果的,处三年以下有期徒刑或者拘役;后果特别严重的,处三年以上七年以下有期徒刑。	第四百三十六条　违反武器装备使用规定,情节严重,因而发生责任事故,致人重伤、死亡或者造成其他严重后果的,处三年以下有期徒刑或者拘役;后果特别严重的,处三年以上七年以下有期徒刑。
第四百三十七条　违反武器装备管理规定,擅自改变武器装备的编配用途,造成严重后果的,处三年以下有期徒刑或者拘役;造成特别严重后果的,处三年以上七年以下有期徒刑。	第四百三十七条　违反武器装备管理规定,擅自改变武器装备的编配用途,造成严重后果的,处三年以下有期徒刑或者拘役;造成特别严重后果的,处三年以上七年以下有期徒刑。
第四百三十八条　盗窃、抢夺武器装备或者军用物资的,处五年以下有期徒刑或者拘役;情节严重的,处五年以上十年以下有期徒刑;情节特别严重的,处十年以上有期徒刑、无期徒刑或者死刑。 　　盗窃、抢夺枪支、弹药、爆炸物的,依照本法第一百二十七条的规定处罚。	第四百三十八条　盗窃、抢夺武器装备或者军用物资的,处五年以下有期徒刑或者拘役;情节严重的,处五年以上十年以下有期徒刑;情节特别严重的,处十年以上有期徒刑、无期徒刑或者死刑。 　　盗窃、抢夺枪支、弹药、爆炸物的,依照本法第一百二十七条的规定处罚。

——刑法历次修改条文对照表（含十一个刑法修正案）——

1997年刑法条文 (阴影部分为历次修改删去的内容,楷体部分为说明文字)	1997年以来历次 修改后的刑法条文 (黑体部分为历次修改增加或修改的内容,楷体部分为说明文字)
第四百三十九条 非法出卖、转让军队武器装备的,处三年以上十年以下有期徒刑;出卖、转让大量武器装备或者有其他特别严重情节的,处十年以上有期徒刑、无期徒刑或者死刑。	第四百三十九条 非法出卖、转让军队武器装备的,处三年以上十年以下有期徒刑;出卖、转让大量武器装备或者有其他特别严重情节的,处十年以上有期徒刑、无期徒刑或者死刑。
第四百四十条 违抗命令,遗弃武器装备的,处五年以下有期徒刑或者拘役;遗弃重要或者大量武器装备的,或者有其他严重情节的,处五年以上有期徒刑。	第四百四十条 违抗命令,遗弃武器装备的,处五年以下有期徒刑或者拘役;遗弃重要或者大量武器装备的,或者有其他严重情节的,处五年以上有期徒刑。
第四百四十一条 遗失武器装备,不及时报告或者有其他严重情节的,处三年以下有期徒刑或者拘役。	第四百四十一条 遗失武器装备,不及时报告或者有其他严重情节的,处三年以下有期徒刑或者拘役。
第四百四十二条 违反规定,擅自出卖、转让军队房地产,情节严重的,对直接责任人员,处三年以下有期徒刑或者拘役;情节特别严重的,处三年以上十年以下有期徒刑。	第四百四十二条 违反规定,擅自出卖、转让军队房地产,情节严重的,对直接责任人员,处三年以下有期徒刑或者拘役;情节特别严重的,处三年以上十年以下有期徒刑。

1997年刑法条文 (阴影部分为历次修改删去的内容,楷体部分为说明文字)	1997年以来历次修改后的刑法条文 (黑体部分为历次修改增加或修改的内容,楷体部分为说明文字)
第四百四十三条 滥用职权,虐待部属,情节恶劣,致人重伤或者造成其他严重后果的,处五年以下有期徒刑或者拘役;致人死亡的,处五年以上有期徒刑。	第四百四十三条 滥用职权,虐待部属,情节恶劣,致人重伤或者造成其他严重后果的,处五年以下有期徒刑或者拘役;致人死亡的,处五年以上有期徒刑。
第四百四十四条 在战场上故意遗弃伤病军人,情节恶劣的,对直接责任人员,处五年以下有期徒刑。	第四百四十四条 在战场上故意遗弃伤病军人,情节恶劣的,对直接责任人员,处五年以下有期徒刑。
第四百四十五条 战时在救护治疗职位上,有条件救治而拒不救治危重伤病军人的,处五年以下有期徒刑或者拘役;造成伤病军人重残、死亡或者有其他严重情节的,处五年以上十年以下有期徒刑。	第四百四十五条 战时在救护治疗职位上,有条件救治而拒不救治危重伤病军人的,处五年以下有期徒刑或者拘役;造成伤病军人重残、死亡或者有其他严重情节的,处五年以上十年以下有期徒刑。
第四百四十六条 战时在军事行动地区,残害无辜居民或者掠夺无辜居民财物的,处五年以下有期徒刑;情节严重的,处五年以上十年以下有期徒刑;情节特别严重的,处十年以上有期徒刑、无期徒刑或者死刑。	第四百四十六条 战时在军事行动地区,残害无辜居民或者掠夺无辜居民财物的,处五年以下有期徒刑;情节严重的,处五年以上十年以下有期徒刑;情节特别严重的,处十年以上有期徒刑、无期徒刑或者死刑。

1997年刑法条文 (阴影部分为历次修改删去的内容,楷体部分为说明文字)	1997年以来历次修改后的刑法条文 (黑体部分为历次修改增加或修改的内容,楷体部分为说明文字)
第四百四十七条 私放俘虏的,处五年以下有期徒刑;私放重要俘虏、私放俘虏多人或者有其他严重情节的,处五年以上有期徒刑。	第四百四十七条 私放俘虏的,处五年以下有期徒刑;私放重要俘虏、私放俘虏多人或者有其他严重情节的,处五年以上有期徒刑。
第四百四十八条 虐待俘虏,情节恶劣的,处三年以下有期徒刑。	第四百四十八条 虐待俘虏,情节恶劣的,处三年以下有期徒刑。
第四百四十九条 在战时,对被判处三年以下有期徒刑没有现实危险宣告缓刑的犯罪军人,允许其戴罪立功,确有立功表现时,可以撤销原判刑罚,不以犯罪论处。	第四百四十九条 在战时,对被判处三年以下有期徒刑没有现实危险宣告缓刑的犯罪军人,允许其戴罪立功,确有立功表现时,可以撤销原判刑罚,不以犯罪论处。
第四百五十条 本章适用于中国人民解放军的现役军官、文职干部、士兵及具有军籍的学员和中国人民武装警察部队的现役警官、文职干部、士兵及具有军籍的学员以及执行军事任务的预备役人员和其他人员。	第四百五十条 本章适用于中国人民解放军的现役军官、文职干部、士兵及具有军籍的学员和中国人民武装警察部队的现役警官、文职干部、士兵及具有军籍的学员以及**文职人员**、执行军事任务的预备役人员和其他人员。 〔根据2020年12月26日通过的刑法修正案(十一)修改,修改的内容自2021年3月1日起施行。〕

1997年刑法条文 (阴影部分为历次修改删去的内容，楷体部分为说明文字)	1997年以来历次 修改后的刑法条文 (黑体部分为历次修改增加或修改的内容，楷体部分为说明文字)
第四百五十一条 本章所称战时，是指国家宣布进入战争状态、部队受领作战任务或者遭敌突然袭击时。 部队执行戒严任务或者处置突发性暴力事件时，以战时论。	**第四百五十一条** 本章所称战时，是指国家宣布进入战争状态、部队受领作战任务或者遭敌突然袭击时。 部队执行戒严任务或者处置突发性暴力事件时，以战时论。
附　　则	附　　则
第四百五十二条 本法自1997年10月1日起施行。 列于本法附件一的全国人大常委会制定的条例、补充规定和决定，已纳入本法或者已不适用，自本法施行之日起，予以废止。 列于本法附件二的全国人大常委会制定的补充规定和决定予以保留。其中，有关行政处罚和行政措施的规定继续有效；有关刑事责任的规定已纳入本法，自本法施行之日起，适用本法规定。	**第四百五十二条** 本法自1997年10月1日起施行。 列于本法附件一的全国人大常委会制定的条例、补充规定和决定，已纳入本法或者已不适用，自本法施行之日起，予以废止。 列于本法附件二的全国人大常委会制定的补充规定和决定予以保留。其中，有关行政处罚和行政措施的规定继续有效；有关刑事责任的规定已纳入本法，自本法施行之日起，适用本法规定。

——刑法历次修改条文对照表（含十一个刑法修正案）——

1997 年刑法条文 (阴影部分为历次修改删去的内容，楷体部分为说明文字)	1997 年以来历次修改后的刑法条文 (黑体部分为历次修改增加或修改的内容，楷体部分为说明文字)
附件一 　　全国人大常委会制定的下列条例、补充规定和决定,已纳入本法或者已不适用,自本法施行之日起,予以废止： 　　1. 中华人民共和国惩治军人违反职责罪暂行条例 　　2. 关于严惩严重破坏经济的罪犯的决定 　　3. 关于严惩严重危害社会治安的犯罪分子的决定 　　4. 关于惩治走私罪的补充规定 　　5. 关于惩治贪污罪贿赂罪的补充规定 　　6. 关于惩治泄露国家秘密犯罪的补充规定 　　7. 关于惩治捕杀国家重点保护的珍贵、濒危野生动物犯罪的补充规定 　　8. 关于惩治侮辱中华人民共和国国旗国徽罪的决定 　　9. 关于惩治盗掘古文化遗址古墓葬犯罪的补充规定 　　10. 关于惩治劫持航空器犯罪分子的决定 　　11. 关于惩治假冒注册商标犯罪的补充规定	附件一 　　全国人大常委会制定的下列条例、补充规定和决定,已纳入本法或者已不适用,自本法施行之日起,予以废止： 　　1. 中华人民共和国惩治军人违反职责罪暂行条例 　　2. 关于严惩严重破坏经济的罪犯的决定 　　3. 关于严惩严重危害社会治安的犯罪分子的决定 　　4. 关于惩治走私罪的补充规定 　　5. 关于惩治贪污罪贿赂罪的补充规定 　　6. 关于惩治泄露国家秘密犯罪的补充规定 　　7. 关于惩治捕杀国家重点保护的珍贵、濒危野生动物犯罪的补充规定 　　8. 关于惩治侮辱中华人民共和国国旗国徽罪的决定 　　9. 关于惩治盗掘古文化遗址古墓葬犯罪的补充规定 　　10. 关于惩治劫持航空器犯罪分子的决定 　　11. 关于惩治假冒注册商标犯罪的补充规定

1997年刑法条文 (阴影部分为历次修改删去的内容,楷体部分为说明文字)	1997年以来历次 修改后的刑法条文 (黑体部分为历次修改增加或修改的内容,楷体部分为说明文字)
12. 关于惩治生产、销售伪劣商品犯罪的决定 13. 关于惩治侵犯著作权的犯罪的决定 14. 关于惩治违反公司法的犯罪的决定 15. 关于处理逃跑或者重新犯罪的劳改犯和劳教人员的决定	12. 关于惩治生产、销售伪劣商品犯罪的决定 13. 关于惩治侵犯著作权的犯罪的决定 14. 关于惩治违反公司法的犯罪的决定 15. 关于处理逃跑或者重新犯罪的劳改犯和劳教人员的决定
附件二 　　全国人大常委会制定的下列补充规定和决定予以保留,其中,有关行政处罚和行政措施的规定继续有效;有关刑事责任的规定已纳入本法,自本法施行之日起,适用本法规定: 　　1. 关于禁毒的决定 　　2. 关于惩治走私、制作、贩卖、传播淫秽物品的犯罪分子的决定 　　3. 关于严禁卖淫嫖娼的决定 　　4. 关于严惩拐卖、绑架妇女、儿童的犯罪分子的决定 　　5. 关于惩治偷税、抗税犯罪的补充规定 　　6. 关于严惩组织、运送他人偷越国(边)境犯罪的补充规定	附件二 　　全国人大常委会制定的下列补充规定和决定予以保留,其中,有关行政处罚和行政措施的规定继续有效;有关刑事责任的规定已纳入本法,自本法施行之日起,适用本法规定: 　　1. 关于禁毒的决定 　　〔根据2007年12月29日通过的《中华人民共和国禁毒法》,本决定自2008年6月1日起废止。〕

1997 年刑法条文 (阴影部分为历次修改删去的内容，楷体部分为说明文字)	1997 年以来历次 修改后的刑法条文 (黑体部分为历次修改增加或修改的内容,楷体部分为说明文字)
7. 关于惩治破坏金融秩序犯罪的决定 8. 关于惩治虚开、伪造和非法出售增值税专用发票犯罪的决定	2. 关于惩治走私、制作、贩卖、传播淫秽物品的犯罪分子的决定 〔根据 2009 年 8 月 27 日第十一届全国人民代表大会常务委员会第十次会议通过的《全国人民代表大会常务委员会关于修改部分法律的决定》修改,该决定将第二条、第三条规定的"治安管理处罚条例"修改为"治安管理处罚法"。〕 3. 关于严禁卖淫嫖娼的决定 〔根据 2009 年 8 月 27 日第十一届全国人民代表大会常务委员会第十次会议通过的《全国人民代表大会常务委员会关于修改部分法律的决定》修改,该决定将第三条、第四条中的"依照治安管理处罚条例第三十条的规定处罚"修改为"依照《中华人民共和国治安管理处罚法》的规定处罚"。 根据 2019 年 12 月 28 日通过的《全国人民代表大会常务委员会关于废止有关收容教育法律规定和制度的决定》,废止收容教育制度,自 2019 年 12 月 29 日起施行。〕

1997年刑法条文 (阴影部分为历次修改删去的内容，楷体部分为说明文字)	1997年以来历次 修改后的刑法条文 (黑体部分为历次修改增加或修改的内容，楷体部分为说明文字)
	4. 关于严惩拐卖、绑架妇女、儿童的犯罪分子的决定
	5. 关于惩治偷税、抗税犯罪的补充规定
	〔根据2009年6月27日通过的《全国人民代表大会常务委员会关于废止部分法律的决定》，本规定自2009年6月27日起废止。〕
	6. 关于严惩组织、运送他人偷越国(边)境犯罪的补充规定
	〔根据2009年6月27日通过的《全国人民代表大会常务委员会关于废止部分法律的决定》，本规定自2009年6月27日起废止。〕
	7. 关于惩治破坏金融秩序犯罪的决定
	8. 关于惩治虚开、伪造和非法出售增值税专用发票犯罪的决定

附 录

全国人民代表大会常务委员会
关于惩治骗购外汇、逃汇和非法买卖外汇犯罪的决定

（1998年12月29日第九届全国人民代表大会常务委员会第六次会议通过 1998年12月29日中华人民共和国主席令第十四号公布）

为了惩治骗购外汇、逃汇和非法买卖外汇的犯罪行为，维护国家外汇管理秩序，对刑法作如下补充修改：

一、有下列情形之一，骗购外汇，数额较大的，处五年以下有期徒刑或者拘役，并处骗购外汇数额百分之五以上百分之三十以下罚金；数额巨大或者有其他严重情节的，处五年以上十年以下有期徒刑，并处骗购外汇数额百分之五以上百分之三十以下罚金；数额特别巨大或者有其他特别严重情节的，处十年以上有期徒刑或者无期徒刑，并处骗购外汇数额百分之五以上百分之三十以下罚金或者没收财产：

（一）使用伪造、变造的海关签发的报关单、进口证明、外汇管理部门核准件等凭证和单据的；

（二）重复使用海关签发的报关单、进口证明、外汇管理部门核准件等凭证和单据的；

（三）以其他方式骗购外汇的。

伪造、变造海关签发的报关单、进口证明、外汇管理部门核准件等凭证和单据，并用于骗购外汇的，依照前款的规定从重处罚。

明知用于骗购外汇而提供人民币资金的，以共犯论处。

单位犯前三款罪的，对单位依照第一款的规定判处罚金，并

对其直接负责的主管人员和其他直接责任人员，处五年以下有期徒刑或者拘役；数额巨大或者有其他严重情节的，处五年以上十年以下有期徒刑；数额特别巨大或者有其他特别严重情节的，处十年以上有期徒刑或者无期徒刑。

二、买卖伪造、变造的海关签发的报关单、进口证明、外汇管理部门核准件等凭证和单据或者国家机关的其他公文、证件、印章的，依照刑法第二百八十条的规定定罪处罚。

三、将刑法第一百九十条修改为：公司、企业或者其他单位，违反国家规定，擅自将外汇存放境外，或者将境内的外汇非法转移到境外，数额较大的，对单位判处逃汇数额百分之五以上百分之三十以下罚金，并对其直接负责的主管人员和其他直接责任人员处五年以下有期徒刑或者拘役；数额巨大或者有其他严重情节的，对单位判处逃汇数额百分之五以上百分之三十以下罚金，并对其直接负责的主管人员和其他直接责任人员处五年以上有期徒刑。

四、在国家规定的交易场所以外非法买卖外汇，扰乱市场秩序，情节严重的，依照刑法第二百二十五条的规定定罪处罚。

单位犯前款罪的，依照刑法第二百三十一条的规定处罚。

五、海关、外汇管理部门以及金融机构、从事对外贸易经营活动的公司、企业或者其他单位的工作人员与骗购外汇或者逃汇的行为人通谋，为其提供购买外汇的有关凭证或者其他便利的，或者明知是伪造、变造的凭证和单据而售汇、付汇的，以共犯论，依照本决定从重处罚。

六、海关、外汇管理部门的工作人员严重不负责任，造成大量外汇被骗购或者逃汇，致使国家利益遭受重大损失的，依照刑法第三百九十七条的规定定罪处罚。

七、金融机构、从事对外贸易经营活动的公司、企业的工作人员严重不负责任，造成大量外汇被骗购或者逃汇，致使国家利益遭受重大损失的，依照刑法第一百六十七条的规定定罪处罚。

八、犯本决定规定之罪，依法被追缴、没收的财物和罚金，一律上缴国库。

九、本决定自公布之日起施行。

中华人民共和国刑法修正案

(1999年12月25日第九届全国人民代表大会常务委员会第十三次会议通过　1999年12月25日中华人民共和国主席令第二十七号公布)

为了惩治破坏社会主义市场经济秩序的犯罪，保障社会主义现代化建设的顺利进行，对刑法作如下补充修改：

一、第一百六十二条后增加一条，作为第一百六十二条之一："隐匿或者故意销毁依法应当保存的会计凭证、会计帐簿、财务会计报告，情节严重的，处五年以下有期徒刑或者拘役，并处或者单处二万元以上二十万元以下罚金。

"单位犯前款罪的，对单位判处罚金，并对其直接负责的主管人员和其他直接责任人员，依照前款的规定处罚。"

二、将刑法第一百六十八条修改为："国有公司、企业的工作人员，由于严重不负责任或者滥用职权，造成国有公司、企业破产或者严重损失，致使国家利益遭受重大损失的，处三年以下有期徒刑或者拘役；致使国家利益遭受特别重大损失的，处三年以上七年以下有期徒刑。

"国有事业单位的工作人员有前款行为，致使国家利益遭受重大损失的，依照前款的规定处罚。

"国有公司、企业、事业单位的工作人员，徇私舞弊，犯前两款罪的，依照第一款的规定从重处罚。"

三、将刑法第一百七十四条修改为："未经国家有关主管部门批准，擅自设立商业银行、证券交易所、期货交易所、证券公司、期货经纪公司、保险公司或者其他金融机构的，处三年以下有期徒刑或者拘役，并处或者单处二万元以上二十万元以下罚金；情节严重的，处三年以上十年以下有期徒刑，并处五万元以上五十万元以下罚金。

"伪造、变造、转让商业银行、证券交易所、期货交易所、证券公司、期货经纪公司、保险公司或者其他金融机构的经营许可证或者批准文件的,依照前款的规定处罚。

"单位犯前两款罪的,对单位判处罚金,并对其直接负责的主管人员和其他直接责任人员,依照第一款的规定处罚。"

四、将刑法第一百八十条修改为:"证券、期货交易内幕信息的知情人员或者非法获取证券、期货交易内幕信息的人员,在涉及证券的发行,证券、期货交易或者其他对证券、期货交易价格有重大影响的信息尚未公开前,买入或者卖出该证券,或者从事与该内幕信息有关的期货交易,或者泄露该信息,情节严重的,处五年以下有期徒刑或者拘役,并处或者单处违法所得一倍以上五倍以下罚金;情节特别严重的,处五年以上十年以下有期徒刑,并处违法所得一倍以上五倍以下罚金。

"单位犯前款罪的,对单位判处罚金,并对其直接负责的主管人员和其他直接责任人员,处五年以下有期徒刑或者拘役。

"内幕信息、知情人员的范围,依照法律、行政法规的规定确定。"

五、将刑法第一百八十一条修改为:"编造并且传播影响证券、期货交易的虚假信息,扰乱证券、期货交易市场,造成严重后果的,处五年以下有期徒刑或者拘役,并处或者单处一万元以上十万元以下罚金。

"证券交易所、期货交易所、证券公司、期货经纪公司的从业人员,证券业协会、期货业协会或者证券期货监督管理部门的工作人员,故意提供虚假信息或者伪造、变造、销毁交易记录,诱骗投资者买卖证券、期货合约,造成严重后果的,处五年以下有期徒刑或者拘役,并处或者单处一万元以上十万元以下罚金;情节特别恶劣的,处五年以上十年以下有期徒刑,并处二万元以上二十万元以下罚金。

"单位犯前两款罪的,对单位判处罚金,并对其直接负责的主管人员和其他直接责任人员,处五年以下有期徒刑或者拘役。"

六、将刑法第一百八十二条修改为:"有下列情形之一,操纵证券、期货交易价格,获取不正当利益或者转嫁风险,情节严重的,处五年以下有期徒刑或者拘役,并处或者单处违法所得一倍以上五倍以下罚金:

(一)单独或者合谋,集中资金优势、持股或者持仓优势或者利用信息优势联合或者连续买卖，操纵证券、期货交易价格的；

（二）与他人串通，以事先约定的时间、价格和方式相互进行证券、期货交易，或者相互买卖并不持有的证券，影响证券、期货交易价格或者证券、期货交易量的；

（三）以自己为交易对象，进行不转移证券所有权的自买自卖，或者以自己为交易对象，自买自卖期货合约，影响证券、期货交易价格或者证券、期货交易量的；

（四）以其他方法操纵证券、期货交易价格的。

"单位犯前款罪的，对单位判处罚金，并对其直接负责的主管人员和其他直接责任人员，处五年以下有期徒刑或者拘役。"

七、将刑法第一百八十五条修改为："商业银行、证券交易所、期货交易所、证券公司、期货经纪公司、保险公司或者其他金融机构的工作人员利用职务上的便利，挪用本单位或者客户资金的，依照本法第二百七十二条的规定定罪处罚。

"国有商业银行、证券交易所、期货交易所、证券公司、期货经纪公司、保险公司或者其他国有金融机构的工作人员和国有商业银行、证券交易所、期货交易所、证券公司、期货经纪公司、保险公司或者其他国有金融机构委派到前款规定中的非国有机构从事公务的人员有前款行为的，依照本法第三百八十四条的规定定罪处罚。"

八、刑法第二百二十五条增加一项，作为第三项："未经国家有关主管部门批准，非法经营证券、期货或者保险业务的；"原第三项改为第四项。

九、本修正案自公布之日起施行。

中华人民共和国刑法修正案（二）

（2001年8月31日第九届全国人民代表大会常务委员会第二十三次会议通过　2001年8月31日中华人民共和国主席令第五十六号公布）

为了惩治毁林开垦和乱占滥用林地的犯罪，切实保护森林资源，将刑法第三百四十二条修改为：

"违反土地管理法规，非法占用耕地、林地等农用地，改变被占用土地用途，数量较大，造成耕地、林地等农用地大量毁坏的，处五年以下有期徒刑或者拘役，并处或者单处罚金。"

本修正案自公布之日起施行。

中华人民共和国刑法修正案（三）

（2001年12月29日第九届全国人民代表大会常务委员会第二十五次会议通过　2001年12月29日中华人民共和国主席令第六十四号公布）

为了惩治恐怖活动犯罪，保障国家和人民生命、财产安全，维护社会秩序，对刑法作如下补充修改：

一、将刑法第一百一十四条修改为："放火、决水、爆炸以及投放毒害性、放射性、传染病病原体等物质或者以其他危险方法危害公共安全，尚未造成严重后果的，处三年以上十年以下有期徒刑。"

二、将刑法第一百一十五条第一款修改为："放火、决水、爆炸以及投放毒害性、放射性、传染病病原体等物质或者以其他危险方法致人重伤、死亡或者使公私财产遭受重大损失的，处十年以上有期徒刑、无期徒刑或者死刑。"

三、将刑法第一百二十条第一款修改为："组织、领导恐怖活动组织的，处十年以上有期徒刑或者无期徒刑；积极参加的，处三年以上十年以下有期徒刑；其他参加的，处三年以下有期徒刑、拘役、管制或者剥夺政治权利。"

四、刑法第一百二十条后增加一条，作为第一百二十条之一："资助恐怖活动组织或者实施恐怖活动的个人的，处五年以下有期徒刑、拘役、管制或者剥夺政治权利，并处罚金；情节严重的，处五年以上有期徒刑，并处罚金或者没收财产。

"单位犯前款罪的，对单位判处罚金，并对其直接负责的主管人员和其他直接责任人员，依照前款的规定处罚。"

五、将刑法第一百二十五条第二款修改为："非法制造、买卖、运输、储存毒害性、放射性、传染病病原体等物质，危害公共安全的，依照前款的规定处罚。"

六、将刑法第一百二十七条修改为："盗窃、抢夺枪支、弹药、爆炸物的，或者盗窃、抢夺毒害性、放射性、传染病病原体等物质，危害公共安全的，处三年以上十年以下有期徒刑；情节严重的，处十年以上有期徒刑、无期徒刑或者死刑。

"抢劫枪支、弹药、爆炸物的，或者抢劫毒害性、放射性、传染病病原体等物质，危害公共安全的，或者盗窃、抢夺国家机关、军警人员、民兵的枪支、弹药、爆炸物的，处十年以上有期徒刑、无期徒刑或者死刑。"

七、将刑法第一百九十一条修改为："明知是毒品犯罪、黑社会性质的组织犯罪、恐怖活动犯罪、走私犯罪的违法所得及其产生的收益，为掩饰、隐瞒其来源和性质，有下列行为之一的，没收实施以上犯罪的违法所得及其产生的收益，处五年以下有期徒刑或者拘役，并处或者单处洗钱数额百分之五以上百分之二十以下罚金；情节严重的，处五年以上十年以下有期徒刑，并处洗钱数额百分之五以上百分之二十以下罚金：（一）提供资金帐户的；（二）协助将财产转换为现金或者金融票据的；（三）通过转帐或者其他结算方式协助资金转移的；（四）协助将资金汇往境外的；（五）以其他方法掩饰、隐瞒犯罪的违法所得及其收益的来源和性质的。

"单位犯前款罪的，对单位判处罚金，并对其直接负责的主管人员和其他直接责任人员，处五年以下有期徒刑或者拘役；情节严重的，处五年以上十年以下有期徒刑。"

八、刑法第二百九十一条后增加一条，作为第二百九十一条之一："投放虚假的爆炸性、毒害性、放射性、传染病病原体等物质，或者编造爆炸威胁、生化威胁、放射威胁等恐怖信息，或者明知是编造的恐怖信息而故意传播，严重扰乱社会秩序的，处五年以下有期徒刑、拘役或者管制；造成严重后果的，处五年以上有期徒刑。"

九、本修正案自公布之日起施行。

中华人民共和国刑法修正案（四）

(2002年12月28日第九届全国人民代表大会常务委员会第三十一次会议通过 2002年12月28日中华人民共和国主席令第八十三号公布)

为了惩治破坏社会主义市场经济秩序、妨害社会管理秩序和国家机关工作人员的渎职犯罪行为，保障社会主义现代化建设的顺利进行，保障公民的人身安全，对刑法作如下修改和补充：

一、将刑法第一百四十五条修改为："生产不符合保障人体健康的国家标准、行业标准的医疗器械、医用卫生材料，或者销售明知是不符合保障人体健康的国家标准、行业标准的医疗器械、医用卫生材料，足以严重危害人体健康的，处三年以下有期徒刑或者拘役，并处销售金额百分之五十以上二倍以下罚金；对人体健康造成严重危害的，处三年以上十年以下有期徒刑，并处销售金额百分之五十以上二倍以下罚金；后果特别严重的，处十年以上有期徒刑或者无期徒刑，并处销售金额百分之五十以上二倍以下罚金或者没收财产。"

二、在第一百五十二条中增加一款作为第二款："逃避海关监管将境外固体废物、液态废物和气态废物运输进境，情节严重的，处五年以下有期徒刑，并处或者单处罚金；情节特别严重的，处五年以上有期徒刑，并处罚金。"

原第二款作为第三款，修改为："单位犯前两款罪的，对单位判处罚金，并对其直接负责的主管人员和其他直接责任人员，依照前两款的规定处罚。"

三、将刑法第一百五十五条修改为："下列行为，以走私罪论处，依照本节的有关规定处罚：（一）直接向走私人非法收购国家禁止进口物品的，或者直接向走私人非法收购走私进口的其他货物、物品，数额较大的；（二）在内海、领海、界河、界湖运输、收购、贩卖国家禁止进出口物品的，或者运输、收购、贩卖国家限制进出口货物、物品,数额较大,没有合法证明的。"

四、刑法第二百四十四条后增加一条,作为第二百四十四条之一:"违反劳动管理法规,雇用未满十六周岁的未成年人从事超强度体力劳动的,或者从事高空、井下作业的,或者在爆炸性、易燃性、放射性、毒害性等危险环境下从事劳动,情节严重的,对直接责任人员,处三年以下有期徒刑或者拘役,并处罚金;情节特别严重的,处三年以上七年以下有期徒刑,并处罚金。

"有前款行为,造成事故,又构成其他犯罪的,依照数罪并罚的规定处罚。"

五、将刑法第三百三十九条第三款修改为:"以原料利用为名,进口不能用作原料的固体废物、液态废物和气态废物的,依照本法第一百五十二条第二款、第三款的规定定罪处罚。"

六、将刑法第三百四十四条修改为:"违反国家规定,非法采伐、毁坏珍贵树木或者国家重点保护的其他植物的,或者非法收购、运输、加工、出售珍贵树木或者国家重点保护的其他植物及其制品的,处三年以下有期徒刑、拘役或者管制,并处罚金;情节严重的,处三年以上七年以下有期徒刑,并处罚金。"

七、将刑法第三百四十五条修改为:"盗伐森林或者其他林木,数量较大的,处三年以下有期徒刑、拘役或者管制,并处或者单处罚金;数量巨大的,处三年以上七年以下有期徒刑,并处罚金;数量特别巨大的,处七年以上有期徒刑,并处罚金。

"违反森林法的规定,滥伐森林或者其他林木,数量较大的,处三年以下有期徒刑、拘役或者管制,并处或者单处罚金;数量巨大的,处三年以上七年以下有期徒刑,并处罚金。

"非法收购、运输明知是盗伐、滥伐的林木,情节严重的,处三年以下有期徒刑、拘役或者管制,并处或者单处罚金;情节特别严重的,处三年以上七年以下有期徒刑,并处罚金。

"盗伐、滥伐国家级自然保护区内的森林或者其他林木的,从重处罚。"

八、将刑法第三百九十九条修改为:"司法工作人员徇私枉法、徇情枉法,对明知是无罪的人而使他受追诉、对明知是有罪的人而故意包庇不使他受追诉,或者在刑事审判活动中故意违背事实和法律作枉法裁判的,处五年以下有期徒刑或者拘役;情节严重的，处五年以上十年以下有期徒刑；情节特别严重的，处十年以上有期徒刑。

"在民事、行政审判活动中故意违背事实和法律作枉法裁判，情节严重的，处五年以下有期徒刑或者拘役；情节特别严重的，处五年以上十年以下有期徒刑。

"在执行判决、裁定活动中，严重不负责任或者滥用职权，不依法采取诉讼保全措施、不履行法定执行职责，或者违法采取诉讼保全措施、强制执行措施，致使当事人或者其他人的利益遭受重大损失的，处五年以下有期徒刑或者拘役；致使当事人或者其他人的利益遭受特别重大损失的，处五年以上十年以下有期徒刑。

"司法工作人员收受贿赂，有前三款行为的，同时又构成本法第三百八十五条规定之罪的，依照处罚较重的规定定罪处罚。"

九、本修正案自公布之日起施行。

中华人民共和国刑法修正案（五）

（2005年2月28日第十届全国人民代表大会常务委员会第十四次会议通过　2005年2月28日中华人民共和国主席令第三十二号公布）

一、在刑法第一百七十七条后增加一条，作为第一百七十七条之一："有下列情形之一，妨害信用卡管理的，处三年以下有期徒刑或者拘役，并处或者单处一万元以上十万元以下罚金；数量巨大或者有其他严重情节的，处三年以上十年以下有期徒刑，并处二万元以上二十万元以下罚金：

"（一）明知是伪造的信用卡而持有、运输的，或者明知是伪造的空白信用卡而持有、运输，数量较大的；

"（二）非法持有他人信用卡，数量较大的；

"（三）使用虚假的身份证明骗领信用卡的；

"（四）出售、购买、为他人提供伪造的信用卡或者以虚假的身份证明骗领的信用卡的。

"窃取、收买或者非法提供他人信用卡信息资料的，依照前款规定处罚。

"银行或者其他金融机构的工作人员利用职务上的便利，犯第二款罪的，从重处罚。"

二、将刑法第一百九十六条修改为："有下列情形之一，进行信用卡诈骗活动，数额较大的，处五年以下有期徒刑或者拘役，并处二万元以上二十万元以下罚金；数额巨大或者有其他严重情节的，处五年以上十年以下有期徒刑，并处五万元以上五十万元以下罚金；数额特别巨大或者有其他特别严重情节的，处十年以上有期徒刑或者无期徒刑，并处五万元以上五十万元以下罚金或者没收财产：

"（一）使用伪造的信用卡，或者使用以虚假的身份证明骗领的信用卡的；

"（二）使用作废的信用卡的；

"（三）冒用他人信用卡的；

"（四）恶意透支的。

"前款所称恶意透支，是指持卡人以非法占有为目的，超过规定限额或者规定期限透支，并且经发卡银行催收后仍不归还的行为。

"盗窃信用卡并使用的，依照本法第二百六十四条的规定定罪处罚。"

三、在刑法第三百六十九条中增加一款作为第二款，将该条修改为："破坏武器装备、军事设施、军事通信的，处三年以下有期徒刑、拘役或者管制；破坏重要武器装备、军事设施、军事通信的，处三年以上十年以下有期徒刑；情节特别严重的，处十年以上有期徒刑、无期徒刑或者死刑。

"过失犯前款罪，造成严重后果的，处三年以下有期徒刑或者拘役；造成特别严重后果的，处三年以上七年以下有期徒刑。

"战时犯前两款罪的，从重处罚。"

四、本修正案自公布之日起施行。

中华人民共和国刑法修正案（六）

（2006年6月29日第十届全国人民代表大会常务委员会第二十二次会议通过 2006年6月29日中华人民共和国主席令第五十一号公布）

一、将刑法第一百三十四条修改为："在生产、作业中违反有关安全管理的规定，因而发生重大伤亡事故或者造成其他严重后果的，处三年以下有期徒刑或者拘役；情节特别恶劣的，处三年以上七年以下有期徒刑。

"强令他人违章冒险作业，因而发生重大伤亡事故或者造成其他严重后果的，处五年以下有期徒刑或者拘役；情节特别恶劣的，处五年以上有期徒刑。"

二、将刑法第一百三十五条修改为："安全生产设施或者安全生产条件不符合国家规定，因而发生重大伤亡事故或者造成其他严重后果的，对直接负责的主管人员和其他直接责任人员，处三年以下有期徒刑或者拘役；情节特别恶劣的，处三年以上七年以下有期徒刑。"

三、在刑法第一百三十五条后增加一条，作为第一百三十五条之一："举办大型群众性活动违反安全管理规定，因而发生重大伤亡事故或者造成其他严重后果的，对直接负责的主管人员和其他直接责任人员，处三年以下有期徒刑或者拘役；情节特别恶劣的，处三年以上七年以下有期徒刑。"

四、在刑法第一百三十九条后增加一条，作为第一百三十九条之一："在安全事故发生后，负有报告职责的人员不报或者谎报事故情况，贻误事故抢救，情节严重的，处三年以下有期徒刑或者拘役；情节特别严重的，处三年以上七年以下有期徒刑。"

五、将刑法第一百六十一条修改为："依法负有信息披露义务的公司、企业向股东和社会公众提供虚假的或者隐瞒重要事实的财务会计报告，或者对依法应当披露的其他重要信息不按照规定披露，严重损害股东或者其他人利益，或者有其他严重情节的，对其直接负责的主管人员和其他直接责任人员，处三年以下有期徒刑或者拘役，并处或者单处二万元以上二十万元以下罚金。"

六、在刑法第一百六十二条之一后增加一条，作为第一百六十二条之二："公司、企业通过隐匿财产、承担虚构的债务或者以其他方法转移、处分财产，实施虚假破产，严重损害债权人或者其他人利益的，对其直接负责的主管人员和其他直接责任人员，处五年以下有期徒刑或者拘役，并处或者单处二万元以上二十万元以下罚金。"

七、将刑法第一百六十三条修改为："公司、企业或者其他单位的工作人员利用职务上的便利，索取他人财物或者非法收受他人财物，为他人谋取利益，数额较大的，处五年以下有期徒刑或者拘役；数额巨大的，处五年以上有期徒刑，可以并处没收财产。

"公司、企业或者其他单位的工作人员在经济往来中，利用职务上的便利，违反国家规定，收受各种名义的回扣、手续费，归个人所有的，依照前款的规定处罚。

"国有公司、企业或者其他国有单位中从事公务的人员和国有公司、企业或者其他国有单位委派到非国有公司、企业以及其他单位从事公务的人员有前两款行为的，依照本法第三百八十五条、第三百八十六条的规定定罪处罚。"

八、将刑法第一百六十四条第一款修改为："为谋取不正当利益，给予公司、企业或者其他单位的工作人员以财物，数额较大的，处三年以下有期徒刑或者拘役；数额巨大的，处三年以上十年以下有期徒刑，并处罚金。"

九、在刑法第一百六十九条后增加一条，作为第一百六十九条之一："上市公司的董事、监事、高级管理人员违背对公司的忠实义务，利用职务便利，操纵上市公司从事下列行为之一，致使上市公司利益遭受重大损失的，处三年以下有期徒刑或者拘役，并处或者单处罚金；致使上市公司利益遭受特别重大损失的，处三年以上七年以下有期徒刑，并处罚金：

"（一）无偿向其他单位或者个人提供资金、商品、服务或者其他资产的；

"(二) 以明显不公平的条件,提供或者接受资金、商品、服务或者其他资产的;

"(三) 向明显不具有清偿能力的单位或者个人提供资金、商品、服务或者其他资产的;

"(四) 为明显不具有清偿能力的单位或者个人提供担保,或者无正当理由为其他单位或者个人提供担保的;

"(五) 无正当理由放弃债权、承担债务的;

"(六) 采用其他方式损害上市公司利益的。

"上市公司的控股股东或者实际控制人,指使上市公司董事、监事、高级管理人员实施前款行为的,依照前款的规定处罚。

"犯前款罪的上市公司的控股股东或者实际控制人是单位的,对单位判处罚金,并对其直接负责的主管人员和其他直接责任人员,依照第一款的规定处罚。"

十、在刑法第一百七十五条后增加一条,作为第一百七十五条之一:"以欺骗手段取得银行或者其他金融机构贷款、票据承兑、信用证、保函等,给银行或者其他金融机构造成重大损失或者有其他严重情节的,处三年以下有期徒刑或者拘役,并处或者单处罚金;给银行或者其他金融机构造成特别重大损失或者有其他特别严重情节的,处三年以上七年以下有期徒刑,并处罚金。

"单位犯前款罪的,对单位判处罚金,并对其直接负责的主管人员和其他直接责任人员,依照前款的规定处罚。"

十一、将刑法第一百八十二条修改为:"有下列情形之一,操纵证券、期货市场,情节严重的,处五年以下有期徒刑或者拘役,并处或者单处罚金;情节特别严重的,处五年以上十年以下有期徒刑,并处罚金:

"(一) 单独或者合谋,集中资金优势、持股或者持仓优势或者利用信息优势联合或者连续买卖,操纵证券、期货交易价格或者证券、期货交易量的;

"(二) 与他人串通,以事先约定的时间、价格和方式相互进行证券、期货交易,影响证券、期货交易价格或者证券、期货交易量的;

"(三) 在自己实际控制的账户之间进行证券交易,或者以自己为交易对象,自买自卖期货合约,影响证券、期货交易价格或者证券、期货交易量的;

"（四）以其他方法操纵证券、期货市场的。

"单位犯前款罪的，对单位判处罚金，并对其直接负责的主管人员和其他直接责任人员，依照前款的规定处罚。"

十二、在刑法第一百八十五条后增加一条，作为第一百八十五条之一："商业银行、证券交易所、期货交易所、证券公司、期货经纪公司、保险公司或者其他金融机构，违背受托义务，擅自运用客户资金或者其他委托、信托的财产，情节严重的，对单位判处罚金，并对其直接负责的主管人员和其他直接责任人员，处三年以下有期徒刑或者拘役，并处三万元以上三十万元以下罚金；情节特别严重的，处三年以上十年以下有期徒刑，并处五万元以上五十万元以下罚金。

"社会保障基金管理机构、住房公积金管理机构等公众资金管理机构，以及保险公司、保险资产管理公司、证券投资基金管理公司，违反国家规定运用资金的，对其直接负责的主管人员和其他直接责任人员，依照前款的规定处罚。"

十三、将刑法第一百八十六条第一款、第二款修改为："银行或者其他金融机构的工作人员违反国家规定发放贷款，数额巨大或者造成重大损失的，处五年以下有期徒刑或者拘役，并处一万元以上十万元以下罚金；数额特别巨大或者造成特别重大损失的，处五年以上有期徒刑，并处二万元以上二十万元以下罚金。

"银行或者其他金融机构的工作人员违反国家规定，向关系人发放贷款的，依照前款的规定从重处罚。"

十四、将刑法第一百八十七条第一款修改为："银行或者其他金融机构的工作人员吸收客户资金不入账，数额巨大或者造成重大损失的，处五年以下有期徒刑或者拘役，并处二万元以上二十万元以下罚金；数额特别巨大或者造成特别重大损失的，处五年以上有期徒刑，并处五万元以上五十万元以下罚金。"

十五、将刑法第一百八十八条第一款修改为："银行或者其他金融机构的工作人员违反规定，为他人出具信用证或者其他保函、票据、存单、资信证明，情节严重的，处五年以下有期徒刑或者拘役；情节特别严重的，处五年以上有期徒刑。"

十六、将刑法第一百九十一条第一款修改为："明知是毒品犯罪、黑社会性质的组织犯罪、恐怖活动犯罪、走私犯罪、贪污贿赂犯罪、破坏金融管理秩序犯罪、金融诈骗犯罪的所得及其产生的收益,为掩饰、隐瞒其来源和性质,有下列行为之一的,没收实施以上犯罪的所得及其产生的收益,处五年以下有期徒刑或者拘役,并处或者单处洗钱数额百分之五以上百分之二十以下罚金;情节严重的,处五年以上十年以下有期徒刑,并处洗钱数额百分之五以上百分之二十以下罚金:

"(一)提供资金账户的;

"(二)协助将财产转换为现金、金融票据、有价证券的;

"(三)通过转账或者其他结算方式协助资金转移的;

"(四)协助将资金汇往境外的;

"(五)以其他方法掩饰、隐瞒犯罪所得及其收益的来源和性质的。"

十七、在刑法第二百六十二条后增加一条,作为第二百六十二条之一:"以暴力、胁迫手段组织残疾人或者不满十四周岁的未成年人乞讨的,处三年以下有期徒刑或者拘役,并处罚金;情节严重的,处三年以上七年以下有期徒刑,并处罚金。"

十八、将刑法第三百零三条修改为:"以营利为目的,聚众赌博或者以赌博为业的,处三年以下有期徒刑、拘役或者管制,并处罚金。

"开设赌场的,处三年以下有期徒刑、拘役或者管制,并处罚金;情节严重的,处三年以上十年以下有期徒刑,并处罚金。"

十九、将刑法第三百一十二条修改为:"明知是犯罪所得及其产生的收益而予以窝藏、转移、收购、代为销售或者以其他方法掩饰、隐瞒的,处三年以下有期徒刑、拘役或者管制,并处或者单处罚金;情节严重的,处三年以上七年以下有期徒刑,并处罚金。"

二十、在刑法第三百九十九条后增加一条,作为第三百九十九条之一:"依法承担仲裁职责的人员,在仲裁活动中故意违背事实和法律作枉法裁决,情节严重的,处三年以下有期徒刑或者拘役;情节特别严重的,处三年以上七年以下有期徒刑。"

二十一、本修正案自公布之日起施行。

中华人民共和国刑法修正案（七）

（2009年2月28日第十一届全国人民代表大会常务委员会第七次会议通过　2009年2月28日中华人民共和国主席令第十号公布）

一、将刑法第一百五十一条第三款修改为："走私珍稀植物及其制品等国家禁止进出口的其他货物、物品的，处五年以下有期徒刑或者拘役，并处或者单处罚金；情节严重的，处五年以上有期徒刑，并处罚金。"

二、将刑法第一百八十条第一款修改为："证券、期货交易内幕信息的知情人员或者非法获取证券、期货交易内幕信息的人员，在涉及证券的发行，证券、期货交易或者其他对证券、期货交易价格有重大影响的信息尚未公开前，买入或者卖出该证券，或者从事与该内幕信息有关的期货交易，或者泄露该信息，或者明示、暗示他人从事上述交易活动，情节严重的，处五年以下有期徒刑或者拘役，并处或者单处违法所得一倍以上五倍以下罚金；情节特别严重的，处五年以上十年以下有期徒刑，并处违法所得一倍以上五倍以下罚金。"

增加一款作为第四款："证券交易所、期货交易所、证券公司、期货经纪公司、基金管理公司、商业银行、保险公司等金融机构的从业人员以及有关监管部门或者行业协会的工作人员，利用因职务便利获取的内幕信息以外的其他未公开的信息，违反规定，从事与该信息相关的证券、期货交易活动，或者明示、暗示他人从事相关交易活动，情节严重的，依照第一款的规定处罚。"

三、将刑法第二百零一条修改为："纳税人采取欺骗、隐瞒手段进行虚假纳税申报或者不申报，逃避缴纳税款数额较大并且占应纳税额百分之十以上的，处三年以下有期徒刑或者拘役，并处罚金；数额巨大并且占应纳税额百分之三十以上的，处三年以上七年以下有期徒刑，并处罚金。

"扣缴义务人采取前款所列手段，不缴或者少缴已扣、已收税款，数额较大的，依照前款的规定处罚。

"对多次实施前两款行为，未经处理的，按照累计数额计算。

"有第一款行为，经税务机关依法下达追缴通知后，补缴应纳税款，缴纳滞纳金，已受行政处罚的，不予追究刑事责任；但是，五年内因逃避缴纳税款受过刑事处罚或者被税务机关给予二次以上行政处罚的除外。"

四、在刑法第二百二十四条后增加一条，作为第二百二十四条之一："组织、领导以推销商品、提供服务等经营活动为名，要求参加者以缴纳费用或者购买商品、服务等方式获得加入资格，并按照一定顺序组成层级，直接或者间接以发展人员的数量作为计酬或者返利依据，引诱、胁迫参加者继续发展他人参加，骗取财物，扰乱经济社会秩序的传销活动的，处五年以下有期徒刑或者拘役，并处罚金；情节严重的，处五年以上有期徒刑，并处罚金。"

五、将刑法第二百二十五条第三项修改为："未经国家有关主管部门批准非法经营证券、期货、保险业务的，或者非法从事资金支付结算业务的；"

六、将刑法第二百三十九条修改为："以勒索财物为目的绑架他人的，或者绑架他人作为人质的，处十年以上有期徒刑或者无期徒刑，并处罚金或者没收财产；情节较轻的，处五年以上十年以下有期徒刑，并处罚金。

"犯前款罪，致使被绑架人死亡或者杀害被绑架人的，处死刑，并处没收财产。

"以勒索财物为目的偷盗婴幼儿的，依照前两款的规定处罚。"

七、在刑法第二百五十三条后增加一条，作为第二百五十三条之一："国家机关或者金融、电信、交通、教育、医疗等单位的工作人员，违反国家规定，将本单位在履行职责或者提供服务过程中获得的公民个人信息，出售或者非法提供给他人，情节严重的，处三年以下有期徒刑或者拘役，并处或者单处罚金。

"窃取或者以其他方法非法获取上述信息，情节严重的，依照前款的规定处罚。

"单位犯前两款罪的，对单位判处罚金，并对其直接负责的主管人员和其他直接责任人员，依照各该款的规定处罚。"

八、在刑法第二百六十二条之一后增加一条，作为第二百六十二条之二："组织未成年人进行盗窃、诈骗、抢夺、敲诈勒索等违反治安管理活动的，处三年以下有期徒刑或者拘役，并处罚金；情节严重的，处三年以上七年以下有期徒刑，并处罚金。"

九、在刑法第二百八十五条中增加两款作为第二款、第三款："违反国家规定，侵入前款规定以外的计算机信息系统或者采用其他技术手段，获取该计算机信息系统中存储、处理或者传输的数据，或者对该计算机信息系统实施非法控制，情节严重的，处三年以下有期徒刑或者拘役，并处或者单处罚金；情节特别严重的，处三年以上七年以下有期徒刑，并处罚金。

"提供专门用于侵入、非法控制计算机信息系统的程序、工具，或者明知他人实施侵入、非法控制计算机信息系统的违法犯罪行为而为其提供程序、工具，情节严重的，依照前款的规定处罚。"

十、在刑法第三百一十二条中增加一款作为第二款："单位犯前款罪的，对单位判处罚金，并对其直接负责的主管人员和其他直接责任人员，依照前款的规定处罚。"

十一、将刑法第三百三十七条第一款修改为："违反有关动植物防疫、检疫的国家规定，引起重大动植物疫情的，或者有引起重大动植物疫情危险，情节严重的，处三年以下有期徒刑或者拘役，并处或者单处罚金。"

十二、将刑法第三百七十五条第二款修改为："非法生产、买卖武装部队制式服装，情节严重的，处三年以下有期徒刑、拘役或者管制，并处或者单处罚金。"

增加一款作为第三款："伪造、盗窃、买卖或者非法提供、使用武装部队车辆号牌等专用标志，情节严重的，处三年以下有期徒刑、拘役或者管制，并处或者单处罚金；情节特别严重的，处三年以上七年以下有期徒刑，并处罚金。"

原第三款作为第四款，修改为："单位犯第二款、第三款罪的，对单位判处罚金，并对其直接负责的主管人员和其他直接责任人员，依照各该款的规定处罚。"

十三、在刑法第三百八十八条后增加一条作为第三百八十八条之一："国家工作人员的近亲属或者其他与该国家工作人员关系密切的人，通过该国家工作人员职务上的行为，或者利用该国家工作人员职权或者地位形成的便利条件，通过其他国家工作人员职务上的行为，为请托人谋取不正当利益，索取请托人财物或者收受请托人财物，数额较大或者有其他较重情节的，处三年以下有期徒刑或者拘役，并处罚金；数额巨大或者有其他严重情节的，处三年以上七年以下有期徒刑，并处罚金；数额特别巨大或者有其他特别严重情节的，处七年以上有期徒刑，并处罚金或者没收财产。

"离职的国家工作人员或者其近亲属以及其他与其关系密切的人，利用该离职的国家工作人员原职权或者地位形成的便利条件实施前款行为的，依照前款的规定定罪处罚。"

十四、将刑法第三百九十五条第一款修改为："国家工作人员的财产、支出明显超过合法收入，差额巨大的，可以责令该国家工作人员说明来源，不能说明来源的，差额部分以非法所得论，处五年以下有期徒刑或者拘役；差额特别巨大的，处五年以上十年以下有期徒刑。财产的差额部分予以追缴。"

十五、本修正案自公布之日起施行。

中华人民共和国刑法修正案（八）

（2011年2月25日第十一届全国人民代表大会常务委员会第十九次会议通过　2011年2月25日中华人民共和国主席令第四十一号公布）

一、在刑法第十七条后增加一条，作为第十七条之一："已满七十五周岁的人故意犯罪的，可以从轻或者减轻处罚；过失犯罪的，应当从轻或者减轻处罚。"

二、在刑法第三十八条中增加一款作为第二款："判处管制，可以根据犯罪情况，同时禁止犯罪分子在执行期间从事特定活动，进入特定区域、场所，接触特定的人。"

原第二款作为第三款，修改为："对判处管制的犯罪分子，依法实行社区矫正。"

增加一款作为第四款："违反第二款规定的禁止令的，由公安机关依照《中华人民共和国治安管理处罚法》的规定处罚。"

三、在刑法第四十九条中增加一款作为第二款："审判的时候已满七十五周岁的人，不适用死刑，但以特别残忍手段致人死亡的除外。"

四、将刑法第五十条修改为："判处死刑缓期执行的，在死刑缓期执行期间，如果没有故意犯罪，二年期满以后，减为无期徒刑；如果确有重大立功表现，二年期满以后，减为二十五年有期徒刑；如果故意犯罪，查证属实的，由最高人民法院核准，执行死刑。

"对被判处死刑缓期执行的累犯以及因故意杀人、强奸、抢劫、绑架、放火、爆炸、投放危险物质或者有组织的暴力性犯罪被判处死刑缓期执行的犯罪分子，人民法院根据犯罪情节等情况可以同时决定对其限制减刑。"

五、将刑法第六十三条第一款修改为："犯罪分子具有本法规定的减轻处罚情节的，应当在法定刑以下判处刑罚；本法规定有数个量刑幅度的,应当在法定量刑幅度的下一个量刑幅度内判处刑罚。"

六、将刑法第六十五条第一款修改为:"被判处有期徒刑以上刑罚的犯罪分子,刑罚执行完毕或者赦免以后,在五年以内再犯应当判处有期徒刑以上刑罚之罪的,是累犯,应当从重处罚,但是过失犯罪和不满十八周岁的人犯罪的除外。"

七、将刑法第六十六条修改为:"危害国家安全犯罪、恐怖活动犯罪、黑社会性质的组织犯罪的犯罪分子,在刑罚执行完毕或者赦免以后,在任何时候再犯上述任一类罪的,都以累犯论处。"

八、在刑法第六十七条中增加一款作为第三款:"犯罪嫌疑人虽不具有前两款规定的自首情节,但是如实供述自己罪行的,可以从轻处罚;因其如实供述自己罪行,避免特别严重后果发生的,可以减轻处罚。"

九、删去刑法第六十八条第二款。

十、将刑法第六十九条修改为:"判决宣告以前一人犯数罪的,除判处死刑和无期徒刑的以外,应当在总和刑期以下、数刑中最高刑期以上,酌情决定执行的刑期,但是管制最高不能超过三年,拘役最高不能超过一年,有期徒刑总和刑期不满三十五年的,最高不能超过二十年,总和刑期在三十五年以上的,最高不能超过二十五年。

"数罪中有判处附加刑的,附加刑仍须执行,其中附加刑种类相同的,合并执行,种类不同的,分别执行。"

十一、将刑法第七十二条修改为:"对于被判处拘役、三年以下有期徒刑的犯罪分子,同时符合下列条件的,可以宣告缓刑,对其中不满十八周岁的人、怀孕的妇女和已满七十五周岁的人,应当宣告缓刑:

"(一)犯罪情节较轻;

"(二)有悔罪表现;

"(三)没有再犯罪的危险;

"(四)宣告缓刑对所居住社区没有重大不良影响。

"宣告缓刑,可以根据犯罪情况,同时禁止犯罪分子在缓刑考验期限内从事特定活动,进入特定区域、场所,接触特定的人。

"被宣告缓刑的犯罪分子,如果被判处附加刑,附加刑仍须执行。"

十二、将刑法第七十四条修改为:"对于累犯和犯罪集团的首要分子,不适用缓刑。"

十三、将刑法第七十六条修改为:"对宣告缓刑的犯罪分子,在缓刑考验期限内,依法实行社区矫正,如果没有本法第七十七条规定的情形,缓刑考验期满,原判的刑罚就不再执行,并公开予以宣告。"

十四、将刑法第七十七条第二款修改为:"被宣告缓刑的犯罪分子,在缓刑考验期限内,违反法律、行政法规或者国务院有关部门关于缓刑的监督管理规定,或者违反人民法院判决中的禁止令,情节严重的,应当撤销缓刑,执行原判刑罚。"

十五、将刑法第七十八条第二款修改为:"减刑以后实际执行的刑期不能少于下列期限:

"(一)判处管制、拘役、有期徒刑的,不能少于原判刑期的二分之一;

"(二)判处无期徒刑的,不能少于十三年;

"(三)人民法院依照本法第五十条第二款规定限制减刑的死刑缓期执行的犯罪分子,缓期执行期满后依法减为无期徒刑的,不能少于二十五年,缓期执行期满后依法减为二十五年有期徒刑的,不能少于二十年。"

十六、将刑法第八十一条修改为:"被判处有期徒刑的犯罪分子,执行原判刑期二分之一以上,被判处无期徒刑的犯罪分子,实际执行十三年以上,如果认真遵守监规,接受教育改造,确有悔改表现,没有再犯罪的危险的,可以假释。如果有特殊情况,经最高人民法院核准,可以不受上述执行刑期的限制。

"对累犯以及因故意杀人、强奸、抢劫、绑架、放火、爆炸、投放危险物质或者有组织的暴力性犯罪被判处十年以上有期徒刑、无期徒刑的犯罪分子,不得假释。

"对犯罪分子决定假释时,应当考虑其假释后对所居住社区的影响。"

十七、将刑法第八十五条修改为:"对假释的犯罪分子,在假释考验期限内,依法实行社区矫正,如果没有本法第八十六条规定的情形,假释考验期满,就认为原判刑罚已经执行完毕,并公开予以宣告。"

十八、将刑法第八十六条第三款修改为:"被假释的犯罪分子,在假释考验期限内,有违反法律、行政法规或者国务院有关部门关于假释的监督管理规定的行为,尚未构成新的犯罪的,应当依照法定程序撤销假释,收监执行未执行完毕的刑罚。"

十九、在刑法第一百条中增加一款作为第二款:"犯罪的时候不满十八周岁被判处五年有期徒刑以下刑罚的人,免除前款规定的报告义务。"

二十、将刑法第一百零七条修改为:"境内外机构、组织或者个人资助实施本章第一百零二条、第一百零三条、第一百零四条、第一百零五条规定之罪的,对直接责任人员,处五年以下有期徒刑、拘役、管制或者剥夺政治权利;情节严重的,处五年以上有期徒刑。"

二十一、将刑法第一百零九条修改为:"国家机关工作人员在履行公务期间,擅离岗位,叛逃境外或者在境外叛逃的,处五年以下有期徒刑、拘役、管制或者剥夺政治权利;情节严重的,处五年以上十年以下有期徒刑。

"掌握国家秘密的国家工作人员叛逃境外或者在境外叛逃的,依照前款的规定从重处罚。"

二十二、在刑法第一百三十三条后增加一条,作为第一百三十三条之一:"在道路上驾驶机动车追逐竞驶,情节恶劣的,或者在道路上醉酒驾驶机动车的,处拘役,并处罚金。

"有前款行为,同时构成其他犯罪的,依照处罚较重的规定定罪处罚。"

二十三、将刑法第一百四十一条第一款修改为:"生产、销售假药的,处三年以下有期徒刑或者拘役,并处罚金;对人体健康造成严重危害或者有其他严重情节的,处三年以上十年以下有期徒刑,并处罚金;致人死亡或者有其他特别严重情节的,处十年以上有期徒刑、无期徒刑或者死刑,并处罚金或者没收财产。"

二十四、将刑法第一百四十三条修改为:"生产、销售不符合食品安全标准的食品,足以造成严重食物中毒事故或者其他严重食源性疾病的,处三年以下有期徒刑或者拘役,并处罚金;对人体健康造成严重危害或者有其他严重情节的,处三年以上七年以下有期徒刑,并处罚金;后果特别严重的,处七年以上有期徒刑或者无期徒刑，并处罚金或者没收财产。"

二十五、将刑法第一百四十四条修改为："在生产、销售的食品中掺入有毒、有害的非食品原料的，或者销售明知掺有有毒、有害的非食品原料的食品的，处五年以下有期徒刑，并处罚金；对人体健康造成严重危害或者有其他严重情节的，处五年以上十年以下有期徒刑，并处罚金；致人死亡或者有其他特别严重情节的，依照本法第一百四十一条的规定处罚。"

二十六、将刑法第一百五十一条修改为："走私武器、弹药、核材料或者伪造的货币的，处七年以上有期徒刑，并处罚金或者没收财产；情节特别严重的，处无期徒刑或者死刑，并处没收财产；情节较轻的，处三年以上七年以下有期徒刑，并处罚金。

"走私国家禁止出口的文物、黄金、白银和其他贵重金属或者国家禁止进出口的珍贵动物及其制品的，处五年以上十年以下有期徒刑，并处罚金；情节特别严重的，处十年以上有期徒刑或者无期徒刑，并处没收财产；情节较轻的，处五年以下有期徒刑，并处罚金。

"走私珍稀植物及其制品等国家禁止进出口的其他货物、物品的，处五年以下有期徒刑或者拘役，并处或者单处罚金；情节严重的，处五年以上有期徒刑，并处罚金。

"单位犯本条规定之罪的，对单位判处罚金，并对其直接负责的主管人员和其他直接责任人员，依照本条各款的规定处罚。"

二十七、将刑法第一百五十三条第一款修改为："走私本法第一百五十一条、第一百五十二条、第三百四十七条规定以外的货物、物品的，根据情节轻重，分别依照下列规定处罚：

"（一）走私货物、物品偷逃应缴税额较大或者一年内曾因走私被给予二次行政处罚后又走私的，处三年以下有期徒刑或者拘役，并处偷逃应缴税额一倍以上五倍以下罚金。

"（二）走私货物、物品偷逃应缴税额巨大或者有其他严重情节的，处三年以上十年以下有期徒刑，并处偷逃应缴税额一倍以上五倍以下罚金。

"（三）走私货物、物品偷逃应缴税额特别巨大或者有其他特别严重情节的，处十年以上有期徒刑或者无期徒刑，并处偷逃应缴税额一倍以上五倍以下罚金或者没收财产。"

二十八、将刑法第一百五十七条第一款修改为："武装掩护走私的，依照本法第一百五十一条第一款的规定从重处罚。"

二十九、将刑法第一百六十四条修改为："为谋取不正当利益，给予公司、企业或者其他单位的工作人员以财物，数额较大的，处三年以下有期徒刑或者拘役；数额巨大的，处三年以上十年以下有期徒刑，并处罚金。

"为谋取不正当商业利益，给予外国公职人员或者国际公共组织官员以财物的，依照前款的规定处罚。

"单位犯前两款罪的，对单位判处罚金，并对其直接负责的主管人员和其他直接责任人员，依照第一款的规定处罚。

"行贿人在被追诉前主动交待行贿行为的，可以减轻处罚或者免除处罚。"

三十、将刑法第一百九十九条修改为："犯本节第一百九十二条规定之罪，数额特别巨大并且给国家和人民利益造成特别重大损失的，处无期徒刑或者死刑，并处没收财产。"

三十一、将刑法第二百条修改为："单位犯本节第一百九十二条、第一百九十四条、第一百九十五条规定之罪的，对单位判处罚金，并对其直接负责的主管人员和其他直接责任人员，处五年以下有期徒刑或者拘役，可以并处罚金；数额巨大或者有其他严重情节的，处五年以上十年以下有期徒刑，并处罚金；数额特别巨大或者有其他特别严重情节的，处十年以上有期徒刑或者无期徒刑，并处罚金。"

三十二、删去刑法第二百零五条第二款。

三十三、在刑法第二百零五条后增加一条，作为第二百零五条之一："虚开本法第二百零五条规定以外的其他发票，情节严重的，处二年以下有期徒刑、拘役或者管制，并处罚金；情节特别严重的，处二年以上七年以下有期徒刑，并处罚金。

"单位犯前款罪的，对单位判处罚金，并对其直接负责的主管人员和其他直接责任人员，依照前款的规定处罚。"

三十四、删去刑法第二百零六条第二款。

三十五、在刑法第二百一十条后增加一条，作为第二百一十条之一："明知是伪造的发票而持有，数量较大的，处二年以下有期徒刑、拘役或者管制，并处罚金；数量巨大的，处二年以上七年以下有期徒刑，并处罚金。

"单位犯前款罪的，对单位判处罚金，并对其直接负责的主管人员和其他直接责任人员,依照前款的规定处罚。"

三十六、将刑法第二百二十六条修改为:"以暴力、威胁手段,实施下列行为之一,情节严重的,处三年以下有期徒刑或者拘役,并处或者单处罚金;情节特别严重的,处三年以上七年以下有期徒刑,并处罚金:

"(一)强买强卖商品的;

"(二)强迫他人提供或者接受服务的;

"(三)强迫他人参与或者退出投标、拍卖的;

"(四)强迫他人转让或者收购公司、企业的股份、债券或者其他资产的;

"(五)强迫他人参与或者退出特定的经营活动的。"

三十七、在刑法第二百三十四条后增加一条,作为第二百三十四条之一:"组织他人出卖人体器官的,处五年以下有期徒刑,并处罚金;情节严重的,处五年以上有期徒刑,并处罚金或者没收财产。

"未经本人同意摘取其器官,或者摘取不满十八周岁的人的器官,或者强迫、欺骗他人捐献器官的,依照本法第二百三十四条、第二百三十二条的规定定罪处罚。

"违背本人生前意愿摘取其尸体器官,或者本人生前未表示同意,违反国家规定,违背其近亲属意愿摘取其尸体器官的,依照本法第三百零二条的规定定罪处罚。"

三十八、将刑法第二百四十四条修改为:"以暴力、威胁或者限制人身自由的方法强迫他人劳动的,处三年以下有期徒刑或者拘役,并处罚金;情节严重的,处三年以上十年以下有期徒刑,并处罚金。

"明知他人实施前款行为,为其招募、运送人员或者有其他协助强迫他人劳动行为的,依照前款的规定处罚。

"单位犯前两款罪的,对单位判处罚金,并对其直接负责的主管人员和其他直接责任人员,依照第一款的规定处罚。"

三十九、将刑法第二百六十四条修改为:"盗窃公私财物,数额较大的,或者多次盗窃、入户盗窃、携带凶器盗窃、扒窃的,处三年以下有期徒刑、拘役或者管制,并处或者单处罚金;数额巨大或者有其他严重情节的,处三年以上十年以下有期徒刑,并处罚金;数额特别巨大或者有其他特别严重情节的,处十年以上有期徒刑或者无期徒刑，并处罚金或者没收财产。"

四十、将刑法第二百七十四条修改为："敲诈勒索公私财物，数额较大或者多次敲诈勒索的，处三年以下有期徒刑、拘役或者管制，并处或者单处罚金；数额巨大或者有其他严重情节的，处三年以上十年以下有期徒刑，并处罚金；数额特别巨大或者有其他特别严重情节的，处十年以上有期徒刑，并处罚金。"

四十一、在刑法第二百七十六条后增加一条，作为第二百七十六条之一："以转移财产、逃匿等方法逃避支付劳动者的劳动报酬或者有能力支付而不支付劳动者的劳动报酬，数额较大，经政府有关部门责令支付仍不支付的，处三年以下有期徒刑或者拘役，并处或者单处罚金；造成严重后果的，处三年以上七年以下有期徒刑，并处罚金。

"单位犯前款罪的，对单位判处罚金，并对其直接负责的主管人员和其他直接责任人员，依照前款的规定处罚。

"有前两款行为，尚未造成严重后果，在提起公诉前支付劳动者的劳动报酬，并依法承担相应赔偿责任的，可以减轻或者免除处罚。"

四十二、将刑法第二百九十三条修改为："有下列寻衅滋事行为之一，破坏社会秩序的，处五年以下有期徒刑、拘役或者管制：

"（一）随意殴打他人，情节恶劣的；

"（二）追逐、拦截、辱骂、恐吓他人，情节恶劣的；

"（三）强拿硬要或者任意损毁、占用公私财物，情节严重的；

"（四）在公共场所起哄闹事，造成公共场所秩序严重混乱的。

"纠集他人多次实施前款行为，严重破坏社会秩序的，处五年以上十年以下有期徒刑，可以并处罚金。"

四十三、将刑法第二百九十四条修改为："组织、领导黑社会性质的组织的，处七年以上有期徒刑，并处没收财产；积极参加的，处三年以上七年以下有期徒刑，可以并处罚金或者没收财产；其他参加的，处三年以下有期徒刑、拘役、管制或者剥夺政治权利，可以并处罚金。

"境外的黑社会组织的人员到中华人民共和国境内发展组织

成员的,处三年以上十年以下有期徒刑。

"国家机关工作人员包庇黑社会性质的组织,或者纵容黑社会性质的组织进行违法犯罪活动的,处五年以下有期徒刑;情节严重的,处五年以上有期徒刑。

"犯前三款罪又有其他犯罪行为的,依照数罪并罚的规定处罚。

"黑社会性质的组织应当同时具备以下特征:

"(一)形成较稳定的犯罪组织,人数较多,有明确的组织者、领导者,骨干成员基本固定;

"(二)有组织地通过违法犯罪活动或者其他手段获取经济利益,具有一定的经济实力,以支持该组织的活动;

"(三)以暴力、威胁或者其他手段,有组织地多次进行违法犯罪活动,为非作恶,欺压、残害群众;

"(四)通过实施违法犯罪活动,或者利用国家工作人员的包庇或者纵容,称霸一方,在一定区域或者行业内,形成非法控制或者重大影响,严重破坏经济、社会生活秩序。"

四十四、将刑法第二百九十五条修改为:"传授犯罪方法的,处五年以下有期徒刑、拘役或者管制;情节严重的,处五年以上十年以下有期徒刑;情节特别严重的,处十年以上有期徒刑或者无期徒刑。"

四十五、将刑法第三百二十八条第一款修改为:"盗掘具有历史、艺术、科学价值的古文化遗址、古墓葬的,处三年以上十年以下有期徒刑,并处罚金;情节较轻的,处三年以下有期徒刑、拘役或者管制,并处罚金;有下列情形之一的,处十年以上有期徒刑或者无期徒刑,并处罚金或者没收财产:

"(一)盗掘确定为全国重点文物保护单位和省级文物保护单位的古文化遗址、古墓葬的;

"(二)盗掘古文化遗址、古墓葬集团的首要分子;

"(三)多次盗掘古文化遗址、古墓葬的;

"(四)盗掘古文化遗址、古墓葬,并盗窃珍贵文物或者造成珍贵文物严重破坏的。"

四十六、将刑法第三百三十八条修改为:"违反国家规定,排放、倾倒或者处置有放射性的废物、含传染病病原体的废物、有毒物质或者其他有害物质,严重污染环境的,处三年以下有期徒刑或者拘役，并处或者单处罚金；后果特别严重的，处三年以上七年以下有期徒刑，并处罚金。"

四十七、将刑法第三百四十三条第一款修改为："违反矿产资源法的规定，未取得采矿许可证擅自采矿，擅自进入国家规划矿区、对国民经济具有重要价值的矿区和他人矿区范围采矿，或者擅自开采国家规定实行保护性开采的特定矿种，情节严重的，处三年以下有期徒刑、拘役或者管制，并处或者单处罚金；情节特别严重的，处三年以上七年以下有期徒刑，并处罚金。"

四十八、将刑法第三百五十八条第三款修改为："为组织卖淫的人招募、运送人员或者有其他协助组织他人卖淫行为的，处五年以下有期徒刑，并处罚金；情节严重的，处五年以上十年以下有期徒刑，并处罚金。"

四十九、在刑法第四百零八条后增加一条，作为第四百零八条之一："负有食品安全监督管理职责的国家机关工作人员，滥用职权或者玩忽职守，导致发生重大食品安全事故或者造成其他严重后果的，处五年以下有期徒刑或者拘役；造成特别严重后果的，处五年以上十年以下有期徒刑。

"徇私舞弊犯前款罪的，从重处罚。"

五十、本修正案自2011年5月1日起施行。

中华人民共和国刑法修正案（九）

（2015年8月29日第十二届全国人民代表大会常务委员会第十六次会议通过　2015年8月29日中华人民共和国主席令第三十号公布）

一、在刑法第三十七条后增加一条，作为第三十七条之一："因利用职业便利实施犯罪，或者实施违背职业要求的特定义务的犯罪被判处刑罚的，人民法院可以根据犯罪情况和预防再犯罪的需要，禁止其自刑罚执行完毕之日或者假释之日起从事相关职业，期限为三年至五年。

"被禁止从事相关职业的人违反人民法院依照前款规定作出的决定的，由公安机关依法给予处罚；情节严重的，依照本法第三百一十三条的规定定罪处罚。

"其他法律、行政法规对其从事相关职业另有禁止或者限制性规定的，从其规定。"

二、将刑法第五十条第一款修改为："判处死刑缓期执行的，在死刑缓期执行期间，如果没有故意犯罪，二年期满以后，减为无期徒刑；如果确有重大立功表现，二年期满以后，减为二十五年有期徒刑；如果故意犯罪，情节恶劣的，报请最高人民法院核准后执行死刑；对于故意犯罪未执行死刑的，死刑缓期执行的期间重新计算，并报最高人民法院备案。"

三、将刑法第五十三条修改为："罚金在判决指定的期限内一次或者分期缴纳。期满不缴纳的，强制缴纳。对于不能全部缴纳罚金的，人民法院在任何时候发现被执行人有可以执行的财产，应当随时追缴。

"由于遭遇不能抗拒的灾祸等原因缴纳确实有困难的，经人民法院裁定，可以延期缴纳、酌情减少或者免除。"

四、在刑法第六十九条中增加一款作为第二款："数罪中有判处有期徒刑和拘役的，执行有期徒刑。数罪中有判处有期徒刑和管制,或者拘役和管制的,有期徒刑、拘役执行完毕后,管制仍须执行。"

原第二款作为第三款。

五、将刑法第一百二十条修改为:"组织、领导恐怖活动组织的,处十年以上有期徒刑或者无期徒刑,并处没收财产;积极参加的,处三年以上十年以下有期徒刑,并处罚金;其他参加的,处三年以下有期徒刑、拘役、管制或者剥夺政治权利,可以并处罚金。

"犯前款罪并实施杀人、爆炸、绑架等犯罪的,依照数罪并罚的规定处罚。"

六、将刑法第一百二十条之一修改为:"资助恐怖活动组织、实施恐怖活动的个人的,或者资助恐怖活动培训的,处五年以下有期徒刑、拘役、管制或者剥夺政治权利,并处罚金;情节严重的,处五年以上有期徒刑,并处罚金或者没收财产。

"为恐怖活动组织、实施恐怖活动或者恐怖活动培训招募、运送人员的,依照前款的规定处罚。

"单位犯前两款罪的,对单位判处罚金,并对其直接负责的主管人员和其他直接责任人员,依照第一款的规定处罚。"

七、在刑法第一百二十条之一后增加五条,作为第一百二十条之二、第一百二十条之三、第一百二十条之四、第一百二十条之五、第一百二十条之六:

"第一百二十条之二 有下列情形之一的,处五年以下有期徒刑、拘役、管制或者剥夺政治权利,并处罚金;情节严重的,处五年以上有期徒刑,并处罚金或者没收财产:

"(一)为实施恐怖活动准备凶器、危险物品或者其他工具的;

"(二)组织恐怖活动培训或者积极参加恐怖活动培训的;

"(三)为实施恐怖活动与境外恐怖活动组织或者人员联络的;

"(四)为实施恐怖活动进行策划或者其他准备的。

"有前款行为,同时构成其他犯罪的,依照处罚较重的规定定罪处罚。

"第一百二十条之三 以制作、散发宣扬恐怖主义、极端主义的图书、音频视频资料或者其他物品,或者通过讲授、发布信息等方式宣扬恐怖主义、极端主义的,或者煽动实施恐怖活动的,处五年以下有期徒刑、拘役、管制或者剥夺政治权利,并处罚金;情节严重的,处五年以上有期徒刑,并处罚金或者没收财产。

"第一百二十条之四 利用极端主义煽动、胁迫群众破坏国家法律确立的婚姻、司法、教育、社会管理等制度实施的,处三年以下有期徒刑、拘役或者管制,并处罚金;情节严重的,处三年以上七年以下有期徒刑,并处罚金;情节特别严重的,处七年以上有期徒刑,并处罚金或者没收财产。

"第一百二十条之五 以暴力、胁迫等方式强制他人在公共场所穿着、佩戴宣扬恐怖主义、极端主义服饰、标志的,处三年以下有期徒刑、拘役或者管制,并处罚金。

"第一百二十条之六 明知是宣扬恐怖主义、极端主义的图书、音频视频资料或者其他物品而非法持有,情节严重的,处三年以下有期徒刑、拘役或者管制,并处或者单处罚金。"

八、将刑法第一百三十三条之一修改为:"在道路上驾驶机动车,有下列情形之一的,处拘役,并处罚金:

"(一)追逐竞驶,情节恶劣的;

"(二)醉酒驾驶机动车的;

"(三)从事校车业务或者旅客运输,严重超过额定乘员载客,或者严重超过规定时速行驶的;

"(四)违反危险化学品安全管理规定运输危险化学品,危及公共安全的。

"机动车所有人、管理人对前款第三项、第四项行为负有直接责任的,依照前款的规定处罚。

"有前两款行为,同时构成其他犯罪的,依照处罚较重的规定定罪处罚。"

九、将刑法第一百五十一条第一款修改为:"走私武器、弹药、核材料或者伪造的货币的,处七年以上有期徒刑,并处罚金或者没收财产;情节特别严重的,处无期徒刑,并处没收财产;情节较轻的,处三年以上七年以下有期徒刑,并处罚金。"

十、将刑法第一百六十四条第一款修改为:"为谋取不正当利益,给予公司、企业或者其他单位的工作人员以财物,数额较大的,处三年以下有期徒刑或者拘役,并处罚金;数额巨大的,处三年以上十年以下有期徒刑,并处罚金。"

十一、将刑法第一百七十条修改为:"伪造货币的,处三年以上十年以下有期徒刑,并处罚金;有下列情形之一的,处十年以上有期徒刑或者无期徒刑,并处罚金或者没收财产:

"(一)伪造货币集团的首要分子;

"(二)伪造货币数额特别巨大的;

"(三)有其他特别严重情节的。"

十二、删去刑法第一百九十九条。

十三、将刑法第二百三十七条修改为:"以暴力、胁迫或者其他方法强制猥亵他人或者侮辱妇女的,处五年以下有期徒刑或者拘役。

"聚众或者在公共场所当众犯前款罪的,或者有其他恶劣情节的,处五年以上有期徒刑。

"猥亵儿童的,依照前两款的规定从重处罚。"

十四、将刑法第二百三十九条第二款修改为:"犯前款罪,杀害被绑架人的,或者故意伤害被绑架人,致人重伤、死亡的,处无期徒刑或者死刑,并处没收财产。"

十五、将刑法第二百四十一条第六款修改为:"收买被拐卖的妇女、儿童,对被买儿童没有虐待行为,不阻碍对其进行解救的,可以从轻处罚;按照被买妇女的意愿,不阻碍其返回原居住地的,可以从轻或者减轻处罚。"

十六、在刑法第二百四十六条中增加一款作为第三款:"通过信息网络实施第一款规定的行为,被害人向人民法院告诉,但提供证据确有困难的,人民法院可以要求公安机关提供协助。"

十七、将刑法第二百五十三条之一修改为:"违反国家有关规定,向他人出售或者提供公民个人信息,情节严重的,处三年以下有期徒刑或者拘役,并处或者单处罚金;情节特别严重的,处三年以上七年以下有期徒刑,并处罚金。

"违反国家有关规定,将在履行职责或者提供服务过程中获得的公民个人信息,出售或者提供给他人的,依照前款的规定从重处罚。

"窃取或者以其他方法非法获取公民个人信息的,依照第一款的规定处罚。

"单位犯前三款罪的,对单位判处罚金,并对其直接负责的主管人员和其他直接责任人员,依照各该款的规定处罚。"

十八、将刑法第二百六十条第三款修改为:"第一款罪,告诉的才处理,但被害人没有能力告诉的,或者因受到强制、威吓无法告诉的除外。"

十九、在刑法第二百六十条后增加一条,作为第二百六十条之一:"对未成年人、老年人、患病的人、残疾人等负有监护、看护职责的人虐待被监护、看护的人,情节恶劣的,处三年以下有期徒刑或者拘役。

"单位犯前款罪的,对单位判处罚金,并对其直接负责的主管人员和其他直接责任人员,依照前款的规定处罚。

"有第一款行为,同时构成其他犯罪的,依照处罚较重的规定定罪处罚。"

二十、将刑法第二百六十七条第一款修改为:"抢夺公私财物,数额较大的,或者多次抢夺的,处三年以下有期徒刑、拘役或者管制,并处或者单处罚金;数额巨大或者有其他严重情节的,处三年以上十年以下有期徒刑,并处罚金;数额特别巨大或者有其他特别严重情节的,处十年以上有期徒刑或者无期徒刑,并处罚金或者没收财产。"

二十一、在刑法第二百七十七条中增加一款作为第五款:"暴力袭击正在依法执行职务的人民警察的,依照第一款的规定从重处罚。"

二十二、将刑法第二百八十条修改为:"伪造、变造、买卖或者盗窃、抢夺、毁灭国家机关的公文、证件、印章的,处三年以下有期徒刑、拘役、管制或者剥夺政治权利,并处罚金;情节严重的,处三年以上十年以下有期徒刑,并处罚金。

"伪造公司、企业、事业单位、人民团体的印章的,处三年以下有期徒刑、拘役、管制或者剥夺政治权利,并处罚金。

"伪造、变造、买卖居民身份证、护照、社会保障卡、驾驶证等依法可以用于证明身份的证件的,处三年以下有期徒刑、拘役、管制或者剥夺政治权利,并处罚金;情节严重的,处三年以上七年以下有期徒刑,并处罚金。"

二十三、在刑法第二百八十条后增加一条作为第二百八十条之一:"在依照国家规定应当提供身份证明的活动中,使用伪造、变造的或者盗用他人的居民身份证、护照、社会保障卡、驾驶证等依法可以用于证明身份的证件，情节严重的，处拘役或者管制，并处或者单处罚金。

"有前款行为，同时构成其他犯罪的，依照处罚较重的规定定罪处罚。"

二十四、将刑法第二百八十三条修改为："非法生产、销售专用间谍器材或者窃听、窃照专用器材的，处三年以下有期徒刑、拘役或者管制，并处或者单处罚金；情节严重的，处三年以上七年以下有期徒刑，并处罚金。

"单位犯前款罪的，对单位判处罚金，并对其直接负责的主管人员和其他直接责任人员，依照前款的规定处罚。"

二十五、在刑法第二百八十四条后增加一条，作为第二百八十四条之一："在法律规定的国家考试中，组织作弊的，处三年以下有期徒刑或者拘役，并处或者单处罚金；情节严重的，处三年以上七年以下有期徒刑，并处罚金。

"为他人实施前款犯罪提供作弊器材或者其他帮助的，依照前款的规定处罚。

"为实施考试作弊行为，向他人非法出售或者提供第一款规定的考试的试题、答案的，依照第一款的规定处罚。

"代替他人或者让他人代替自己参加第一款规定的考试的，处拘役或者管制，并处或者单处罚金。"

二十六、在刑法第二百八十五条中增加一款作为第四款："单位犯前三款罪的，对单位判处罚金，并对其直接负责的主管人员和其他直接责任人员，依照各该款的规定处罚。"

二十七、在刑法第二百八十六条中增加一款作为第四款："单位犯前三款罪的，对单位判处罚金，并对其直接负责的主管人员和其他直接责任人员，依照第一款的规定处罚。"

二十八、在刑法第二百八十六条后增加一条，作为第二百八十六条之一："网络服务提供者不履行法律、行政法规规定的信息网络安全管理义务，经监管部门责令采取改正措施而拒不改正，有下列情形之一的，处三年以下有期徒刑、拘役或者管制，并处或者单处罚金：

"（一）致使违法信息大量传播的；

"（二）致使用户信息泄露，造成严重后果的；

"（三）致使刑事案件证据灭失，情节严重的；

"（四）有其他严重情节的。

"单位犯前款罪的，对单位判处罚金，并对其直接负责的主管人员和其他直接责任人员，依照前款的规定处罚。

"有前两款行为，同时构成其他犯罪的，依照处罚较重的规定定罪处罚。"

二十九、在刑法第二百八十七条后增加二条，作为第二百八十七条之一、第二百八十七条之二：

"第二百八十七条之一　利用信息网络实施下列行为之一，情节严重的，处三年以下有期徒刑或者拘役，并处或者单处罚金：

"（一）设立用于实施诈骗、传授犯罪方法、制作或者销售违禁物品、管制物品等违法犯罪活动的网站、通讯群组的；

"（二）发布有关制作或者销售毒品、枪支、淫秽物品等违禁物品、管制物品或者其他违法犯罪信息的；

"（三）为实施诈骗等违法犯罪活动发布信息的。

"单位犯前款罪的，对单位判处罚金，并对其直接负责的主管人员和其他直接责任人员，依照第一款的规定处罚。

"有前两款行为，同时构成其他犯罪的，依照处罚较重的规定定罪处罚。

"第二百八十七条之二　明知他人利用信息网络实施犯罪，为其犯罪提供互联网接入、服务器托管、网络存储、通讯传输等技术支持，或者提供广告推广、支付结算等帮助，情节严重的，处三年以下有期徒刑或者拘役，并处或者单处罚金。

"单位犯前款罪的，对单位判处罚金，并对其直接负责的主管人员和其他直接责任人员，依照第一款的规定处罚。

"有前两款行为，同时构成其他犯罪的，依照处罚较重的规定定罪处罚。"

三十、将刑法第二百八十八条第一款修改为："违反国家规定，擅自设置、使用无线电台（站），或者擅自使用无线电频率，干扰无线电通讯秩序，情节严重的，处三年以下有期徒刑、拘役或者管制，并处或者单处罚金；情节特别严重的，处三年以上七年以下有期徒刑，并处罚金。"

三十一、将刑法第二百九十条第一款修改为："聚众扰乱社会秩序，情节严重，致使工作、生产、营业和教学、科研、医疗无法进行,造成严重损失的,对首要分子,处三年以上七年以下有期徒刑;对其他积极参加的,处三年以下有期徒刑、拘役、管制或者剥夺政治权利。"

增加二款作为第三款、第四款:"多次扰乱国家机关工作秩序,经行政处罚后仍不改正,造成严重后果的,处三年以下有期徒刑、拘役或者管制。

"多次组织、资助他人非法聚集,扰乱社会秩序,情节严重的,依照前款的规定处罚。"

三十二、在刑法第二百九十一条之一中增加一款作为第二款:"编造虚假的险情、疫情、灾情、警情,在信息网络或者其他媒体上传播,或者明知是上述虚假信息,故意在信息网络或者其他媒体上传播,严重扰乱社会秩序的,处三年以下有期徒刑、拘役或者管制;造成严重后果的,处三年以上七年以下有期徒刑。"

三十三、将刑法第三百条修改为:"组织、利用会道门、邪教组织或者利用迷信破坏国家法律、行政法规实施的,处三年以上七年以下有期徒刑,并处罚金;情节特别严重的,处七年以上有期徒刑或者无期徒刑,并处罚金或者没收财产;情节较轻的,处三年以下有期徒刑、拘役、管制或者剥夺政治权利,并处或者单处罚金。

"组织、利用会道门、邪教组织或者利用迷信蒙骗他人,致人重伤、死亡的,依照前款的规定处罚。

"犯第一款罪又有奸淫妇女、诈骗财物等犯罪行为的,依照数罪并罚的规定处罚。"

三十四、将刑法第三百零二条修改为:"盗窃、侮辱、故意毁坏尸体、尸骨、骨灰的,处三年以下有期徒刑、拘役或者管制。"

三十五、在刑法第三百零七条后增加一条,作为第三百零七条之一:"以捏造的事实提起民事诉讼,妨害司法秩序或者严重侵害他人合法权益的,处三年以下有期徒刑、拘役或者管制,并处或者单处罚金;情节严重的,处三年以上七年以下有期徒刑,并处罚金。

"单位犯前款罪的,对单位判处罚金,并对其直接负责的主管人员和其他直接责任人员,依照前款的规定处罚。

"有第一款行为，非法占有他人财产或者逃避合法债务，又构成其他犯罪的，依照处罚较重的规定定罪从重处罚。

"司法工作人员利用职权，与他人共同实施前三款行为的，从重处罚；同时构成其他犯罪的，依照处罚较重的规定定罪从重处罚。"

三十六、在刑法第三百零八条后增加一条，作为第三百零八条之一："司法工作人员、辩护人、诉讼代理人或者其他诉讼参与人，泄露依法不公开审理的案件中不应当公开的信息，造成信息公开传播或者其他严重后果的，处三年以下有期徒刑、拘役或者管制，并处或者单处罚金。

"有前款行为，泄露国家秘密的，依照本法第三百九十八条的规定定罪处罚。

"公开披露、报道第一款规定的案件信息，情节严重的，依照第一款的规定处罚。

"单位犯前款罪的，对单位判处罚金，并对其直接负责的主管人员和其他直接责任人员，依照第一款的规定处罚。"

三十七、将刑法第三百零九条修改为："有下列扰乱法庭秩序情形之一的，处三年以下有期徒刑、拘役、管制或者罚金：

"（一）聚众哄闹、冲击法庭的；

"（二）殴打司法工作人员或者诉讼参与人的；

"（三）侮辱、诽谤、威胁司法工作人员或者诉讼参与人，不听法庭制止，严重扰乱法庭秩序的；

"（四）有毁坏法庭设施，抢夺、损毁诉讼文书、证据等扰乱法庭秩序行为，情节严重的。"

三十八、将刑法第三百一十一条修改为："明知他人有间谍犯罪或者恐怖主义、极端主义犯罪行为，在司法机关向其调查有关情况、收集有关证据时，拒绝提供，情节严重的，处三年以下有期徒刑、拘役或者管制。"

三十九、将刑法第三百一十三条修改为："对人民法院的判决、裁定有能力执行而拒不执行，情节严重的，处三年以下有期徒刑、拘役或者罚金；情节特别严重的，处三年以上七年以下有期徒刑，并处罚金。

"单位犯前款罪的，对单位判处罚金，并对其直接负责的主管人员和其他直接责任人员，依照前款的规定处罚。"

四十、将刑法第三百二十二条修改为："违反国（边）境管理法规，偷越国（边）境，情节严重的，处一年以下有期徒刑、拘役或者管制，并处罚金；为参加恐怖活动组织、接受恐怖活动培训或者实施恐怖活动，偷越国（边）境的，处一年以上三年以下有期徒刑，并处罚金。"

四十一、将刑法第三百五十条第一款、第二款修改为："违反国家规定，非法生产、买卖、运输醋酸酐、乙醚、三氯甲烷或者其他用于制造毒品的原料、配剂，或者携带上述物品进出境，情节较重的，处三年以下有期徒刑、拘役或者管制，并处罚金；情节严重的，处三年以上七年以下有期徒刑，并处罚金；情节特别严重的，处七年以上有期徒刑，并处罚金或者没收财产。

"明知他人制造毒品而为其生产、买卖、运输前款规定的物品的，以制造毒品罪的共犯论处。"

四十二、将刑法第三百五十八条修改为："组织、强迫他人卖淫的，处五年以上十年以下有期徒刑，并处罚金；情节严重的，处十年以上有期徒刑或者无期徒刑，并处罚金或者没收财产。

"组织、强迫未成年人卖淫的，依照前款的规定从重处罚。

"犯前两款罪，并有杀害、伤害、强奸、绑架等犯罪行为的，依照数罪并罚的规定处罚。

"为组织卖淫的人招募、运送人员或者有其他协助组织他人卖淫行为的，处五年以下有期徒刑，并处罚金；情节严重的，处五年以上十年以下有期徒刑，并处罚金。"

四十三、删去刑法第三百六十条第二款。

四十四、将刑法第三百八十三条修改为："对犯贪污罪的，根据情节轻重，分别依照下列规定处罚：

"（一）贪污数额较大或者有其他较重情节的，处三年以下有期徒刑或者拘役，并处罚金。

"（二）贪污数额巨大或者有其他严重情节的，处三年以上十年以下有期徒刑，并处罚金或者没收财产。

"（三）贪污数额特别巨大或者有其他特别严重情节的，处十年以上有期徒刑或者无期徒刑，并处罚金或者没收财产；数额特别巨大，并使国家和人民利益遭受特别重大损失的，处无期徒刑或者死刑，并处没收财产。

"对多次贪污未经处理的，按照累计贪污数额处罚。

"犯第一款罪，在提起公诉前如实供述自己罪行、真诚悔罪、积极退赃，避免、减少损害结果的发生，有第一项规定情形的，可以从轻、减轻或者免除处罚；有第二项、第三项规定情形的，可以从轻处罚。

"犯第一款罪，有第三项规定情形被判处死刑缓期执行的，人民法院根据犯罪情节等情况可以同时决定在其死刑缓期执行二年期满依法减为无期徒刑后，终身监禁，不得减刑、假释。"

四十五、将刑法第三百九十条修改为："对犯行贿罪的，处五年以下有期徒刑或者拘役，并处罚金；因行贿谋取不正当利益，情节严重的，或者使国家利益遭受重大损失的，处五年以上十年以下有期徒刑，并处罚金；情节特别严重的，或者使国家利益遭受特别重大损失的，处十年以上有期徒刑或者无期徒刑，并处罚金或者没收财产。

"行贿人在被追诉前主动交待行贿行为的，可以从轻或者减轻处罚。其中，犯罪较轻的，对侦破重大案件起关键作用的，或者有重大立功表现的，可以减轻或者免除处罚。"

四十六、在刑法第三百九十条后增加一条，作为第三百九十条之一："为谋取不正当利益，向国家工作人员的近亲属或者其他与该国家工作人员关系密切的人，或者向离职的国家工作人员或者其近亲属以及其他与其关系密切的人行贿的，处三年以下有期徒刑或者拘役，并处罚金；情节严重的，或者使国家利益遭受重大损失的，处三年以上七年以下有期徒刑，并处罚金；情节特别严重的，或者使国家利益遭受特别重大损失的，处七年以上十年以下有期徒刑，并处罚金。

"单位犯前款罪的，对单位判处罚金，并对其直接负责的主管人员和其他直接责任人员，处三年以下有期徒刑或者拘役，并处罚金。"

四十七、将刑法第三百九十一条第一款修改为："为谋取不正当利益，给予国家机关、国有公司、企业、事业单位、人民团体以财物的，或者在经济往来中，违反国家规定，给予各种名义的回扣、手续费的，处三年以下有期徒刑或者拘役，并处罚金。"

四十八、将刑法第三百九十二条第一款修改为："向国家工作人员介绍贿赂，情节严重的，处三年以下有期徒刑或者拘役，并处罚金。"

四十九、将刑法第三百九十三条修改为："单位为谋取不正当利益而行贿，或者违反国家规定，给予国家工作人员以回扣、手续费，情节严重的，对单位判处罚金，并对其直接负责的主管人员和其他直接责任人员，处五年以下有期徒刑或者拘役，并处罚金。因行贿取得的违法所得归个人所有的，依照本法第三百八十九条、第三百九十条的规定定罪处罚。"

五十、将刑法第四百二十六条修改为："以暴力、威胁方法，阻碍指挥人员或者值班、值勤人员执行职务的，处五年以下有期徒刑或者拘役；情节严重的，处五年以上十年以下有期徒刑；情节特别严重的，处十年以上有期徒刑或者无期徒刑。战时从重处罚。"

五十一、将刑法第四百三十三条修改为："战时造谣惑众，动摇军心的，处三年以下有期徒刑；情节严重的，处三年以上十年以下有期徒刑；情节特别严重的，处十年以上有期徒刑或者无期徒刑。"

五十二、本修正案自 2015 年 11 月 1 日起施行。

中华人民共和国刑法修正案（十）

（2017年11月4日第十二届全国人民代表大会常务委员会第三十次会议通过　2017年11月4日中华人民共和国主席令第八十号公布）

为了惩治侮辱国歌的犯罪行为，切实维护国歌奏唱、使用的严肃性和国家尊严，在刑法第二百九十九条中增加一款作为第二款，将该条修改为：

"在公共场合，故意以焚烧、毁损、涂划、玷污、践踏等方式侮辱中华人民共和国国旗、国徽的，处三年以下有期徒刑、拘役、管制或者剥夺政治权利。

"在公共场合，故意篡改中华人民共和国国歌歌词、曲谱，以歪曲、贬损方式奏唱国歌，或者以其他方式侮辱国歌，情节严重的，依照前款的规定处罚。"

本修正案自公布之日起施行。

中华人民共和国刑法修正案（十一）

（2020年12月26日第十三届全国人民代表大会常务委员会第二十四次会议通过　2020年12月26日中华人民共和国主席令第六十六号公布）

一、将刑法第十七条修改为："已满十六周岁的人犯罪，应当负刑事责任。

"已满十四周岁不满十六周岁的人，犯故意杀人、故意伤害致人重伤或者死亡、强奸、抢劫、贩卖毒品、放火、爆炸、投放危险物质罪的，应当负刑事责任。

"已满十二周岁不满十四周岁的人，犯故意杀人、故意伤害罪，致人死亡或者以特别残忍手段致人重伤造成严重残疾，情节恶劣，经最高人民检察院核准追诉的，应当负刑事责任。

"对依照前三款规定追究刑事责任的不满十八周岁的人，应当从轻或者减轻处罚。

"因不满十六周岁不予刑事处罚的，责令其父母或者其他监护人加以管教；在必要的时候，依法进行专门矫治教育。"

二、在刑法第一百三十三条之一后增加一条，作为第一百三十三条之二："对行驶中的公共交通工具的驾驶人员使用暴力或者抢控驾驶操纵装置，干扰公共交通工具正常行驶，危及公共安全的，处一年以下有期徒刑、拘役或者管制，并处或者单处罚金。

"前款规定的驾驶人员在行驶的公共交通工具上擅离职守，与他人互殴或者殴打他人，危及公共安全的，依照前款的规定处罚。

"有前两款行为，同时构成其他犯罪的，依照处罚较重的规定定罪处罚。"

三、将刑法第一百三十四条第二款修改为："强令他人违章冒险作业，或者明知存在重大事故隐患而不排除，仍冒险组织作业，因而发生重大伤亡事故或者造成其他严重后果的，处五年以下有期徒刑或者拘役；情节特别恶劣的，处五年以上有期徒刑。"

四、在刑法第一百三十四条后增加一条，作为第一百三十四条之一："在生产、作业中违反有关安全管理的规定，有下列情形之一，具有发生重大伤亡事故或者其他严重后果的现实危险的，处一年以下有期徒刑、拘役或者管制：

"（一）关闭、破坏直接关系生产安全的监控、报警、防护、救生设备、设施，或者篡改、隐瞒、销毁其相关数据、信息的；

"（二）因存在重大事故隐患被依法责令停产停业、停止施工、停止使用有关设备、设施、场所或者立即采取排除危险的整改措施，而拒不执行的；

"（三）涉及安全生产的事项未经依法批准或者许可，擅自从事矿山开采、金属冶炼、建筑施工，以及危险物品生产、经营、储存等高度危险的生产作业活动的。"

五、将刑法第一百四十一条修改为："生产、销售假药的，处三年以下有期徒刑或者拘役，并处罚金；对人体健康造成严重危害或者有其他严重情节的，处三年以上十年以下有期徒刑，并处罚金；致人死亡或者有其他特别严重情节的，处十年以上有期徒刑、无期徒刑或者死刑，并处罚金或者没收财产。

"药品使用单位的人员明知是假药而提供给他人使用的，依照前款的规定处罚。"

六、将刑法第一百四十二条修改为："生产、销售劣药，对人体健康造成严重危害的，处三年以上十年以下有期徒刑，并处罚金；后果特别严重的，处十年以上有期徒刑或者无期徒刑，并处罚金或者没收财产。

"药品使用单位的人员明知是劣药而提供给他人使用的，依照前款的规定处罚。"

七、在刑法第一百四十二条后增加一条，作为第一百四十二条之一："违反药品管理法规，有下列情形之一，足以严重危害人体健康的，处三年以下有期徒刑或者拘役，并处或者单处罚金；对人体健康造成严重危害或者有其他严重情节的，处三年以上七年以下有期徒刑，并处罚金：

"（一）生产、销售国务院药品监督管理部门禁止使用的药品的；

"（二）未取得药品相关批准证明文件生产、进口药品或者明知是上述药品而销售的；

"（三）药品申请注册中提供虚假的证明、数据、资料、样品或者采取其他欺骗手段的；

"（四）编造生产、检验记录的。

"有前款行为，同时又构成本法第一百四十一条、第一百四十二条规定之罪或者其他犯罪的，依照处罚较重的规定定罪处罚。"

八、将刑法第一百六十条修改为："在招股说明书、认股书、公司、企业债券募集办法等发行文件中隐瞒重要事实或者编造重大虚假内容，发行股票或者公司、企业债券、存托凭证或者国务院依法认定的其他证券，数额巨大、后果严重或者有其他严重情节的，处五年以下有期徒刑或者拘役，并处或者单处罚金；数额特别巨大、后果特别严重或者有其他特别严重情节的，处五年以上有期徒刑，并处罚金。

"控股股东、实际控制人组织、指使实施前款行为的，处五年以下有期徒刑或者拘役，并处或者单处非法募集资金金额百分之二十以上一倍以下罚金；数额特别巨大、后果特别严重或者有其他特别严重情节的，处五年以上有期徒刑，并处非法募集资金金额百分之二十以上一倍以下罚金。

"单位犯前两款罪的，对单位判处非法募集资金金额百分之二十以上一倍以下罚金，并对其直接负责的主管人员和其他直接责任人员，依照第一款的规定处罚。"

九、将刑法第一百六十一条修改为："依法负有信息披露义务的公司、企业向股东和社会公众提供虚假的或者隐瞒重要事实的财务会计报告，或者对依法应当披露的其他重要信息不按照规定披露，严重损害股东或者其他人利益，或者有其他严重情节的，对其直接负责的主管人员和其他直接责任人员，处五年以下有期徒刑或者拘役，并处或者单处罚金；情节特别严重的，处五年以上十年以下有期徒刑，并处罚金。

"前款规定的公司、企业的控股股东、实际控制人实施或者组织、指使实施前款行为的，或者隐瞒相关事项导致前款规定的情形发生的，依照前款的规定处罚。

"犯前款罪的控股股东、实际控制人是单位的，对单位判处罚金，并对其直接负责的主管人员和其他直接责任人员，依照第一款的规定处罚。"

十、将刑法第一百六十三条第一款修改为："公司、企业或者其他单位的工作人员，利用职务上的便利，索取他人财物或者非法收受他人财物，为他人谋取利益，数额较大的，处三年以下有期徒刑或者拘役，并处罚金；数额巨大或者有其他严重情节的，处三年以上十年以下有期徒刑，并处罚金；数额特别巨大或者有其他特别严重情节的，处十年以上有期徒刑或者无期徒刑，并处罚金。"

十一、将刑法第一百七十五条之一第一款修改为："以欺骗手段取得银行或者其他金融机构贷款、票据承兑、信用证、保函等，给银行或者其他金融机构造成重大损失的，处三年以下有期徒刑或者拘役，并处或者单处罚金；给银行或者其他金融机构造成特别重大损失或者有其他特别严重情节的，处三年以上七年以下有期徒刑，并处罚金。"

十二、将刑法第一百七十六条修改为："非法吸收公众存款或者变相吸收公众存款，扰乱金融秩序的，处三年以下有期徒刑或者拘役，并处或者单处罚金；数额巨大或者有其他严重情节的，处三年以上十年以下有期徒刑，并处罚金；数额特别巨大或者有其他特别严重情节的，处十年以上有期徒刑，并处罚金。

"单位犯前款罪的，对单位判处罚金，并对其直接负责的主管人员和其他直接责任人员，依照前款的规定处罚。

"有前两款行为，在提起公诉前积极退赃退赔，减少损害结果发生的，可以从轻或者减轻处罚。"

十三、将刑法第一百八十二条第一款修改为："有下列情形之一，操纵证券、期货市场，影响证券、期货交易价格或者证券、期货交易量，情节严重的，处五年以下有期徒刑或者拘役，并处或者单处罚金；情节特别严重的，处五年以上十年以下有期徒刑，并处罚金：

"（一）单独或者合谋，集中资金优势、持股或者持仓优势或者利用信息优势联合或者连续买卖的；

"（二）与他人串通，以事先约定的时间、价格和方式相互进行证券、期货交易的；

"（三）在自己实际控制的帐户之间进行证券交易，或者以自

己为交易对象,自买自卖期货合约的;

"(四)不以成交为目的,频繁或者大量申报买入、卖出证券、期货合约并撤销申报的;

"(五)利用虚假或者不确定的重大信息,诱导投资者进行证券、期货交易的;

"(六)对证券、证券发行人、期货交易标的公开作出评价、预测或者投资建议,同时进行反向证券交易或者相关期货交易的;

"(七)以其他方法操纵证券、期货市场的。"

十四、将刑法第一百九十一条修改为:"为掩饰、隐瞒毒品犯罪、黑社会性质的组织犯罪、恐怖活动犯罪、走私犯罪、贪污贿赂犯罪、破坏金融管理秩序犯罪、金融诈骗犯罪的所得及其产生的收益的来源和性质,有下列行为之一的,没收实施以上犯罪的所得及其产生的收益,处五年以下有期徒刑或者拘役,并处或者单处罚金;情节严重的,处五年以上十年以下有期徒刑,并处罚金:

"(一)提供资金帐户的;

"(二)将财产转换为现金、金融票据、有价证券的;

"(三)通过转帐或者其他支付结算方式转移资金的;

"(四)跨境转移资产的;

"(五)以其他方法掩饰、隐瞒犯罪所得及其收益的来源和性质的。

"单位犯前款罪的,对单位判处罚金,并对其直接负责的主管人员和其他直接责任人员,依照前款的规定处罚。"

十五、将刑法第一百九十二条修改为:"以非法占有为目的,使用诈骗方法非法集资,数额较大的,处三年以上七年以下有期徒刑,并处罚金;数额巨大或者有其他严重情节的,处七年以上有期徒刑或者无期徒刑,并处罚金或者没收财产。

"单位犯前款罪的,对单位判处罚金,并对其直接负责的主管人员和其他直接责任人员,依照前款的规定处罚。"

十六、将刑法第二百条修改为:"单位犯本节第一百九十四条、第一百九十五条规定之罪的,对单位判处罚金,并对其直接负责的主管人员和其他直接责任人员,处五年以下有期徒刑或者拘役,可以并处罚金;数额巨大或者有其他严重情节的,处五年以上十年以下有期徒刑,并处罚金;数额特别巨大或者有其他特别严重情节的,处十年以上有期徒刑或者无期徒刑,并处罚金。"

十七、将刑法第二百一十三条修改为:"未经注册商标所有人许可,在同一种商品、服务上使用与其注册商标相同的商标,情节严重的,处三年以下有期徒刑,并处或者单处罚金;情节特别严重的,处三年以上十年以下有期徒刑,并处罚金。"

十八、将刑法第二百一十四条修改为:"销售明知是假冒注册商标的商品,违法所得数额较大或者有其他严重情节的,处三年以下有期徒刑,并处或者单处罚金;违法所得数额巨大或者有其他特别严重情节的,处三年以上十年以下有期徒刑,并处罚金。"

十九、将刑法第二百一十五条修改为:"伪造、擅自制造他人注册商标标识或者销售伪造、擅自制造的注册商标标识,情节严重的,处三年以下有期徒刑,并处或者单处罚金;情节特别严重的,处三年以上十年以下有期徒刑,并处罚金。"

二十、将刑法第二百一十七条修改为:"以营利为目的,有下列侵犯著作权或者与著作权有关的权利的情形之一,违法所得数额较大或者有其他严重情节的,处三年以下有期徒刑,并处或者单处罚金;违法所得数额巨大或者有其他特别严重情节的,处三年以上十年以下有期徒刑,并处罚金:

"(一)未经著作权人许可,复制发行、通过信息网络向公众传播其文字作品、音乐、美术、视听作品、计算机软件及法律、行政法规规定的其他作品的;

"(二)出版他人享有专有出版权的图书的;

"(三)未经录音录像制作者许可,复制发行、通过信息网络向公众传播其制作的录音录像的;

"(四)未经表演者许可,复制发行录有其表演的录音录像制品,或者通过信息网络向公众传播其表演的;

"(五)制作、出售假冒他人署名的美术作品的;

"(六)未经著作权人或者与著作权有关的权利人许可,故意避开或者破坏权利人为其作品、录音录像制品等采取的保护著作权或者与著作权有关的权利的技术措施的。"

二十一、将刑法第二百一十八条修改为:"以营利为目的,销售明知是本法第二百一十七条规定的侵权复制品,违法所得数额巨大或者有其他严重情节的，处五年以下有期徒刑，并处或者单处罚金。"

二十二、将刑法第二百一十九条修改为："有下列侵犯商业秘密行为之一，情节严重的，处三年以下有期徒刑，并处或者单处罚金；情节特别严重的，处三年以上十年以下有期徒刑，并处罚金：

"（一）以盗窃、贿赂、欺诈、胁迫、电子侵入或者其他不正当手段获取权利人的商业秘密的；

"（二）披露、使用或者允许他人使用以前项手段获取的权利人的商业秘密的；

"（三）违反保密义务或者违反权利人有关保守商业秘密的要求，披露、使用或者允许他人使用其所掌握的商业秘密的。

"明知前款所列行为，获取、披露、使用或者允许他人使用该商业秘密的，以侵犯商业秘密论。

"本条所称权利人，是指商业秘密的所有人和经商业秘密所有人许可的商业秘密使用人。"

二十三、在刑法第二百一十九条后增加一条，作为第二百一十九条之一："为境外的机构、组织、人员窃取、刺探、收买、非法提供商业秘密的，处五年以下有期徒刑，并处或者单处罚金；情节严重的，处五年以上有期徒刑，并处罚金。"

二十四、将刑法第二百二十条修改为："单位犯本节第二百一十三条至第二百一十九条之一规定之罪的，对单位判处罚金，并对其直接负责的主管人员和其他直接责任人员，依照本节各该条的规定处罚。"

二十五、将刑法第二百二十九条修改为："承担资产评估、验资、验证、会计、审计、法律服务、保荐、安全评价、环境影响评价、环境监测等职责的中介组织的人员故意提供虚假证明文件，情节严重的，处五年以下有期徒刑或者拘役，并处罚金；有下列情形之一的，处五年以上十年以下有期徒刑，并处罚金：

"（一）提供与证券发行相关的虚假的资产评估、会计、审计、法律服务、保荐等证明文件，情节特别严重的；

"（二）提供与重大资产交易相关的虚假的资产评估、会计、审计等证明文件，情节特别严重的；

"（三）在涉及公共安全的重大工程、项目中提供虚假的安全评价、环境影响评价等证明文件,致使公共财产、国家和人民利益遭受特别重大损失的。

"有前款行为,同时索取他人财物或者非法收受他人财物构成犯罪的,依照处罚较重的规定定罪处罚。

"第一款规定的人员,严重不负责任,出具的证明文件有重大失实,造成严重后果的,处三年以下有期徒刑或者拘役,并处或者单处罚金。"

二十六、将刑法第二百三十六条修改为:"以暴力、胁迫或者其他手段强奸妇女的,处三年以上十年以下有期徒刑。

"奸淫不满十四周岁的幼女的,以强奸论,从重处罚。

"强奸妇女、奸淫幼女,有下列情形之一的,处十年以上有期徒刑、无期徒刑或者死刑:

"(一)强奸妇女、奸淫幼女情节恶劣的;

"(二)强奸妇女、奸淫幼女多人的;

"(三)在公共场所当众强奸妇女、奸淫幼女的;

"(四)二人以上轮奸的;

"(五)奸淫不满十周岁的幼女或者造成幼女伤害的;

"(六)致使被害人重伤、死亡或者造成其他严重后果的。"

二十七、在刑法第二百三十六条后增加一条,作为第二百三十六条之一:"对已满十四周岁不满十六周岁的未成年女性负有监护、收养、看护、教育、医疗等特殊职责的人员,与该未成年女性发生性关系的,处三年以下有期徒刑;情节恶劣的,处三年以上十年以下有期徒刑。

"有前款行为,同时又构成本法第二百三十六条规定之罪的,依照处罚较重的规定定罪处罚。"

二十八、将刑法第二百三十七条第三款修改为:"猥亵儿童的,处五年以下有期徒刑;有下列情形之一的,处五年以上有期徒刑:

"(一)猥亵儿童多人或者多次的;

"(二)聚众猥亵儿童的,或者在公共场所当众猥亵儿童,情节恶劣的;

"(三)造成儿童伤害或者其他严重后果的;

"(四)猥亵手段恶劣或者有其他恶劣情节的。"

二十九、将刑法第二百七十一条第一款修改为:"公司、企业或者其他单位的工作人员,利用职务上的便利,将本单位财物非法占为己有,数额较大的,处三年以下有期徒刑或者拘役,并处罚金;数额巨大的,处三年以上十年以下有期徒刑,并处罚金;数额特别巨大的,处十年以上有期徒刑或者无期徒刑,并处罚金。"

三十、将刑法第二百七十二条修改为:"公司、企业或者其他单位的工作人员,利用职务上的便利,挪用本单位资金归个人使用或者借贷给他人,数额较大、超过三个月未还的,或者虽未超过三个月,但数额较大、进行营利活动的,或者进行非法活动的,处三年以下有期徒刑或者拘役;挪用本单位资金数额巨大的,处三年以上七年以下有期徒刑;数额特别巨大的,处七年以上有期徒刑。

"国有公司、企业或者其他国有单位中从事公务的人员和国有公司、企业或者其他国有单位委派到非国有公司、企业以及其他单位从事公务的人员有前款行为的,依照本法第三百八十四条的规定定罪处罚。

"有第一款行为,在提起公诉前将挪用的资金退还的,可以从轻或者减轻处罚。其中,犯罪较轻的,可以减轻或者免除处罚。"

三十一、将刑法第二百七十七条第五款修改为:"暴力袭击正在依法执行职务的人民警察的,处三年以下有期徒刑、拘役或者管制;使用枪支、管制刀具,或者以驾驶机动车撞击等手段,严重危及其人身安全的,处三年以上七年以下有期徒刑。"

三十二、在刑法第二百八十条之一后增加一条,作为第二百八十条之二:"盗用、冒用他人身份,顶替他人取得的高等学历教育入学资格、公务员录用资格、就业安置待遇的,处三年以下有期徒刑、拘役或者管制,并处罚金。

"组织、指使他人实施前款行为的,依照前款的规定从重处罚。

"国家工作人员有前两款行为,又构成其他犯罪的,依照数罪并罚的规定处罚。"

三十三、在刑法第二百九十一条之一后增加一条,作为第二百九十一条之二:"从建筑物或者其他高空抛掷物品,情节严重的,处一年以下有期徒刑、拘役或者管制,并处或者单处罚金。

"有前款行为,同时构成其他犯罪的,依照处罚较重的规定定罪处罚。"

三十四、在刑法第二百九十三条后增加一条,作为第二百九十三条之一:"有下列情形之一,催收高利放贷等产生的非法债务,情节严重的,处三年以下有期徒刑、拘役或者管制,并处或者单处罚金:

"(一)使用暴力、胁迫方法的;

"(二)限制他人人身自由或者侵入他人住宅的;

"(三)恐吓、跟踪、骚扰他人的。"

三十五、在刑法第二百九十九条后增加一条,作为第二百九十九条之一:"侮辱、诽谤或者以其他方式侵害英雄烈士的名誉、荣誉,损害社会公共利益,情节严重的,处三年以下有期徒刑、拘役、管制或者剥夺政治权利。"

三十六、将刑法第三百零三条修改为:"以营利为目的,聚众赌博或者以赌博为业的,处三年以下有期徒刑、拘役或者管制,并处罚金。

"开设赌场的,处五年以下有期徒刑、拘役或者管制,并处罚金;情节严重的,处五年以上十年以下有期徒刑,并处罚金。

"组织中华人民共和国公民参与国(境)外赌博,数额巨大或者有其他严重情节的,依照前款的规定处罚。"

三十七、将刑法第三百三十条第一款修改为:"违反传染病防治法的规定,有下列情形之一,引起甲类传染病以及依法确定采取甲类传染病预防、控制措施的传染病传播或者有传播严重危险的,处三年以下有期徒刑或者拘役;后果特别严重的,处三年以上七年以下有期徒刑:

"(一)供水单位供应的饮用水不符合国家规定的卫生标准的;

"(二)拒绝按照疾病预防控制机构提出的卫生要求,对传染病病原体污染的污水、污物、场所和物品进行消毒处理的;

"(三)准许或者纵容传染病病人、病原携带者和疑似传染病病人从事国务院卫生行政部门规定禁止从事的易使该传染病扩散的工作的;

"(四)出售、运输疫区中被传染病病原体污染或者可能被传染病病原体污染的物品,未进行消毒处理的;

"（五）拒绝执行县级以上人民政府、疾病预防控制机构依照传染病防治法提出的预防、控制措施的。"

三十八、在刑法第三百三十四条后增加一条，作为第三百三十四条之一："违反国家有关规定，非法采集我国人类遗传资源或者非法运送、邮寄、携带我国人类遗传资源材料出境，危害公众健康或者社会公共利益，情节严重的，处三年以下有期徒刑、拘役或者管制，并处或者单处罚金；情节特别严重的，处三年以上七年以下有期徒刑，并处罚金。"

三十九、在刑法第三百三十六条后增加一条，作为第三百三十六条之一："将基因编辑、克隆的人类胚胎植入人体或者动物体内，或者将基因编辑、克隆的动物胚胎植入人体内，情节严重的，处三年以下有期徒刑或者拘役，并处罚金；情节特别严重的，处三年以上七年以下有期徒刑，并处罚金。"

四十、将刑法第三百三十八条修改为："违反国家规定，排放、倾倒或者处置有放射性的废物、含传染病病原体的废物、有毒物质或者其他有害物质，严重污染环境的，处三年以下有期徒刑或者拘役，并处或者单处罚金；情节严重的，处三年以上七年以下有期徒刑，并处罚金；有下列情形之一的，处七年以上有期徒刑，并处罚金：

"（一）在饮用水水源保护区、自然保护地核心保护区等依法确定的重点保护区域排放、倾倒、处置有放射性的废物、含传染病病原体的废物、有毒物质，情节特别严重的；

"（二）向国家确定的重要江河、湖泊水域排放、倾倒、处置有放射性的废物、含传染病病原体的废物、有毒物质，情节特别严重的；

"（三）致使大量永久基本农田基本功能丧失或者遭受永久性破坏的；

"（四）致使多人重伤、严重疾病，或者致人严重残疾、死亡的。

"有前款行为，同时构成其他犯罪的，依照处罚较重的规定定罪处罚。"

四十一、在刑法第三百四十一条中增加一款作为第三款："违反野生动物保护管理法规，以食用为目的非法猎捕、收购、运输、出售第一款规定以外的在野外环境自然生长繁殖的陆生野生动物，情节严重的，依照前款的规定处罚。"

四十二、在刑法第三百四十二条后增加一条，作为第三百四十二条之一："违反自然保护地管理法规，在国家公园、国家级自然保护区进行开垦、开发活动或者修建建筑物，造成严重后果或者有其他恶劣情节的，处五年以下有期徒刑或者拘役，并处或者单处罚金。

"有前款行为，同时构成其他犯罪的，依照处罚较重的规定定罪处罚。"

四十三、在刑法第三百四十四条后增加一条，作为第三百四十四条之一："违反国家规定，非法引进、释放或者丢弃外来入侵物种，情节严重的，处三年以下有期徒刑或者拘役，并处或者单处罚金。"

四十四、在刑法第三百五十五条后增加一条，作为第三百五十五条之一："引诱、教唆、欺骗运动员使用兴奋剂参加国内、国际重大体育竞赛，或者明知运动员参加上述竞赛而向其提供兴奋剂，情节严重的，处三年以下有期徒刑或者拘役，并处罚金。

"组织、强迫运动员使用兴奋剂参加国内、国际重大体育竞赛的，依照前款的规定从重处罚。"

四十五、将刑法第四百零八条之一第一款修改为："负有食品药品安全监督管理职责的国家机关工作人员，滥用职权或者玩忽职守，有下列情形之一，造成严重后果或者有其他严重情节的，处五年以下有期徒刑或者拘役；造成特别严重后果或者有其他特别严重情节的，处五年以上十年以下有期徒刑：

"（一）瞒报、谎报食品安全事故、药品安全事件的；

"（二）对发现的严重食品药品安全违法行为未按规定查处的；

"（三）在药品和特殊食品审批审评过程中，对不符合条件的申请准予许可的；

"（四）依法应当移交司法机关追究刑事责任不移交的；

"（五）有其他滥用职权或者玩忽职守行为的。"

四十六、将刑法第四百三十一条第二款修改为："为境外的机构、组织、人员窃取、刺探、收买、非法提供军事秘密的，处五年以上十年以下有期徒刑；情节严重的，处十年以上有期徒刑、无期徒刑或者死刑。"

四十七、将刑法第四百五十条修改为:"本章适用于中国人民解放军的现役军官、文职干部、士兵及具有军籍的学员和中国人民武装警察部队的现役警官、文职干部、士兵及具有军籍的学员以及文职人员、执行军事任务的预备役人员和其他人员。"

四十八、本修正案自 2021 年 3 月 1 日起施行。

全国人民代表大会常务委员会
关于废止部分法律的决定（节选）

（2009年6月27日第十一届全国人民代表大会常务委员会第九次会议通过　2009年6月27日中华人民共和国主席令第十六号公布）

第十一届全国人民代表大会常务委员会第九次会议决定，废止下列法律和有关法律问题的决定：

……

六、全国人民代表大会常务委员会关于惩治偷税、抗税犯罪的补充规定（1992年9月4日第七届全国人民代表大会常务委员会第二十七次会议通过）

……

八、全国人民代表大会常务委员会关于严惩组织、运送他人偷越国（边）境犯罪的补充规定（1994年3月5日第八届全国人民代表大会常务委员会第六次会议通过）

本决定自公布之日起施行。

全国人民代表大会常务委员会
关于修改部分法律的决定（节选）

(2009年8月27日第十一届全国人民代表大会常务委员会第十次会议通过　2009年8月27日中华人民共和国主席令第十八号公布)

第十一届全国人民代表大会常务委员会第十次会议决定：

……

二、对下列法律和法律解释中关于"征用"的规定作出修改

（一）将下列法律和法律解释中的"征用"修改为"征收、征用"

12.《中华人民共和国刑法》第三百八十一条、第四百一十条

13. 全国人民代表大会常务委员会关于《中华人民共和国刑法》第九十三条第二款的解释

14. 全国人民代表大会常务委员会关于《中华人民共和国刑法》第二百二十八条、第三百四十二条、第四百一十条的解释

四、对下列法律和有关法律问题的决定中关于治安管理处罚的规定作出修改

（一）将下列法律和有关法律问题的决定中引用的"治安管理处罚条例"修改为"治安管理处罚法"

80.《全国人民代表大会常务委员会关于惩治走私、制作、贩卖、传播淫秽物品的犯罪分子的决定》第二条、第三条

81.《全国人民代表大会常务委员会关于严惩拐卖、绑架妇女、儿童的犯罪分子的决定》第四条

（二）对下列法律和有关法律问题的决定中关于治安管理处

罚的具体规定作出修改

91. 将《全国人民代表大会常务委员会关于严禁卖淫嫖娼的决定》第三条、第四条中的"依照治安管理处罚条例第三十条的规定处罚"修改为"依照《中华人民共和国治安管理处罚法》的规定处罚"。

……

本决定自公布之日起施行。

中华人民共和国禁毒法（节选）

（2007年12月29日第十届全国人民代表大会常务委员会第三十一次会议通过 2007年12月29日中华人民共和国主席令第七十九号公布）

……

第七十一条 本法自2008年6月1日起施行。《全国人民代表大会常务委员会关于禁毒的决定》同时废止。

全国人民代表大会常务委员会关于《中华人民共和国刑法》第九十三条第二款的解释

(2000年4月29日第九届全国人民代表大会常务委员会第十五次会议通过)

全国人民代表大会常务委员会讨论了村民委员会等村基层组织人员在从事哪些工作时属于刑法第九十三条第二款规定的"其他依照法律从事公务的人员",解释如下:

村民委员会等村基层组织人员协助人民政府从事下列行政管理工作,属于刑法第九十三条第二款规定的"其他依照法律从事公务的人员":

(一)救灾、抢险、防汛、优抚、扶贫、移民、救济款物的管理;

(二)社会捐助公益事业款物的管理;

(三)国有土地的经营和管理;

(四)土地征收、征用补偿费用的管理;

(五)代征、代缴税款;

(六)有关计划生育、户籍、征兵工作;

(七)协助人民政府从事的其他行政管理工作。

村民委员会等村基层组织人员从事前款规定的公务,利用职务上的便利,非法占有公共财物、挪用公款、索取他人财物或者非法收受他人财物,构成犯罪的,适用刑法第三百八十二条和第三百八十三条贪污罪、第三百八十四条挪用公款罪、第三百八十五条和第三百八十六条受贿罪的规定。

现予公告。

全国人民代表大会常务委员会关于《中华人民共和国刑法》第二百二十八条、第三百四十二条、第四百一十条的解释

(2001年8月31日第九届全国人民代表大会常务委员会第二十三次会议通过)

全国人民代表大会常务委员会讨论了刑法第二百二十八条、第三百四十二条、第四百一十条规定的"违反土地管理法规"和第四百一十条规定的"非法批准征收、征用、占用土地"的含义问题,解释如下:

刑法第二百二十八条、第三百四十二条、第四百一十条规定的"违反土地管理法规",是指违反土地管理法、森林法、草原法等法律以及有关行政法规中关于土地管理的规定。

刑法第四百一十条规定的"非法批准征收、征用、占用土地",是指非法批准征收、征用、占用耕地、林地等农用地以及其他土地。

现予公告。

全国人民代表大会常务委员会关于《中华人民共和国刑法》第二百九十四条第一款的解释

(2002年4月28日第九届全国人民代表大会常务委员会第二十七次会议通过)

全国人民代表大会常务委员会讨论了刑法第二百九十四条第一款规定的"黑社会性质的组织"的含义问题,解释如下:

刑法第二百九十四条第一款规定的"黑社会性质的组织"应当同时具备以下特征:

(一)形成较稳定的犯罪组织,人数较多,有明确的组织者、领导者,骨干成员基本固定;

(二)有组织地通过违法犯罪活动或者其他手段获取经济利益,具有一定的经济实力,以支持该组织的活动;

(三)以暴力、威胁或者其他手段,有组织地多次进行违法犯罪活动,为非作恶,欺压、残害群众;

(四)通过实施违法犯罪活动,或者利用国家工作人员的包庇或者纵容,称霸一方,在一定区域或者行业内,形成非法控制或者重大影响,严重破坏经济、社会生活秩序。

现予公告。

全国人民代表大会常务委员会关于《中华人民共和国刑法》第三百八十四条第一款的解释

(2002年4月28日第九届全国人民代表大会常务委员会第二十七次会议通过)

全国人民代表大会常务委员会讨论了刑法第三百八十四条第一款规定的国家工作人员利用职务上的便利,挪用公款"归个人使用"的含义问题,解释如下:

有下列情形之一的,属于挪用公款"归个人使用":

(一)将公款供本人、亲友或者其他自然人使用的;

(二)以个人名义将公款供其他单位使用的;

(三)个人决定以单位名义将公款供其他单位使用,谋取个人利益的。

现予公告。

全国人民代表大会常务委员会
关于《中华人民共和国刑法》第三百一十三条的解释

(2002年8月29日第九届全国人民代表大会常务委员会第二十九次会议通过)

全国人民代表大会常务委员会讨论了刑法第三百一十三条规定的"对人民法院的判决、裁定有能力执行而拒不执行，情节严重"的含义问题，解释如下：

刑法第三百一十三条规定的"人民法院的判决、裁定"，是指人民法院依法作出的具有执行内容并已发生法律效力的判决、裁定。人民法院为依法执行支付令、生效的调解书、仲裁裁决、公证债权文书等所作的裁定属于该条规定的裁定。

下列情形属于刑法第三百一十三条规定的"有能力执行而拒不执行，情节严重"的情形：

（一）被执行人隐藏、转移、故意毁损财产或者无偿转让财产、以明显不合理的低价转让财产，致使判决、裁定无法执行的；

（二）担保人或者被执行人隐藏、转移、故意毁损或者转让已向人民法院提供担保的财产，致使判决、裁定无法执行的；

（三）协助执行义务人接到人民法院协助执行通知书后，拒不协助执行，致使判决、裁定无法执行的；

（四）被执行人、担保人、协助执行义务人与国家机关工作人员通谋，利用国家机关工作人员的职权妨害执行，致使判决、裁定无法执行的；

（五）其他有能力执行而拒不执行，情节严重的情形。

国家机关工作人员有上述第四项行为的，以拒不执行判决、裁定罪的共犯追究刑事责任。国家机关工作人员收受贿赂或者滥用职权，有上述第四项行为的，同时又构成刑法第三百八十五条、第三百九十七条规定之罪的，依照处罚较重的规定定罪处罚。

现予公告。

全国人民代表大会常务委员会
关于《中华人民共和国刑法》第九章渎职罪主体适用问题的解释

(2002年12月28日第九届全国人民代表大会
常务委员会第三十一次会议通过)

全国人大常委会根据司法实践中遇到的情况，讨论了刑法第九章渎职罪主体的适用问题，解释如下：

在依照法律、法规规定行使国家行政管理职权的组织中从事公务的人员，或者在受国家机关委托代表国家机关行使职权的组织中从事公务的人员，或者虽未列入国家机关人员编制但在国家机关中从事公务的人员，在代表国家机关行使职权时，有渎职行为，构成犯罪的，依照刑法关于渎职罪的规定追究刑事责任。

现予公告。

全国人民代表大会常务委员会关于《中华人民共和国刑法》有关信用卡规定的解释

(2004年12月29日第十届全国人民代表大会常务委员会第十三次会议通过)

全国人民代表大会常务委员会根据司法实践中遇到的情况,讨论了刑法规定的"信用卡"的含义问题,解释如下:

刑法规定的"信用卡",是指由商业银行或者其他金融机构发行的具有消费支付、信用贷款、转账结算、存取现金等全部功能或者部分功能的电子支付卡。

现予公告。

全国人民代表大会常务委员会
关于《中华人民共和国刑法》有关出口退税、抵扣税款的其他发票规定的解释

(2005年12月29日第十届全国人民代表大会常务委员会第十九次会议通过)

全国人民代表大会常务委员会根据司法实践中遇到的情况,讨论了刑法规定的"出口退税、抵扣税款的其他发票"的含义问题,解释如下:

刑法规定的"出口退税、抵扣税款的其他发票",是指除增值税专用发票以外的,具有出口退税、抵扣税款功能的收付款凭证或者完税凭证。

现予公告。

全国人民代表大会常务委员会
关于《中华人民共和国刑法》有关文物的规定适用于具有科学价值的古脊椎动物化石、古人类化石的解释

(2005年12月29日第十届全国人民代表大会常务委员会第十九次会议通过)

全国人民代表大会常务委员会根据司法实践中遇到的情况，讨论了关于走私、盗窃、损毁、倒卖或者非法转让具有科学价值的古脊椎动物化石、古人类化石的行为适用刑法有关规定的问题，解释如下：

刑法有关文物的规定，适用于具有科学价值的古脊椎动物化石、古人类化石。

现予公告。

全国人民代表大会常务委员会
关于《中华人民共和国刑法》第三十条的解释

(2014年4月24日第十二届全国人民代表大会常务委员会第八次会议通过)

全国人民代表大会常务委员会根据司法实践中遇到的情况,讨论了刑法第三十条的含义及公司、企业、事业单位、机关、团体等单位实施刑法规定的危害社会的行为,法律未规定追究单位的刑事责任的,如何适用刑法有关规定的问题,解释如下:

公司、企业、事业单位、机关、团体等单位实施刑法规定的危害社会的行为,刑法分则和其他法律未规定追究单位的刑事责任的,对组织、策划、实施该危害社会行为的人依法追究刑事责任。

现予公告。

全国人民代表大会常务委员会关于《中华人民共和国刑法》第一百五十八条、第一百五十九条的解释

(2014年4月24日第十二届全国人民代表大会常务委员会第八次会议通过)

全国人民代表大会常务委员会讨论了公司法修改后刑法第一百五十八条、第一百五十九条对实行注册资本实缴登记制、认缴登记制的公司的适用范围问题,解释如下:

刑法第一百五十八条、第一百五十九条的规定,只适用于依法实行注册资本实缴登记制的公司。

现予公告。

全国人民代表大会常务委员会关于《中华人民共和国刑法》第二百六十六条的解释

(2014年4月24日第十二届全国人民代表大会常务委员会第八次会议通过)

全国人民代表大会常务委员会根据司法实践中遇到的情况,讨论了刑法第二百六十六条的含义及骗取养老、医疗、工伤、失业、生育等社会保险金或者其他社会保障待遇的行为如何适用刑法有关规定的问题,解释如下:

以欺诈、伪造证明材料或者其他手段骗取养老、医疗、工伤、失业、生育等社会保险金或者其他社会保障待遇的,属于刑法第二百六十六条规定的诈骗公私财物的行为。

现予公告。

全国人民代表大会常务委员会关于《中华人民共和国刑法》第三百四十一条、第三百一十二条的解释

（2014年4月24日第十二届全国人民代表大会常务委员会第八次会议通过）

全国人民代表大会常务委员会根据司法实践中遇到的情况，讨论了刑法第三百四十一条第一款规定的非法收购国家重点保护的珍贵、濒危野生动物及其制品的含义和收购刑法第三百四十一条第二款规定的非法狩猎的野生动物如何适用刑法有关规定的问题，解释如下：

知道或者应当知道是国家重点保护的珍贵、濒危野生动物及其制品，为食用或者其他目的而非法购买的，属于刑法第三百四十一条第一款规定的非法收购国家重点保护的珍贵、濒危野生动物及其制品的行为。

知道或者应当知道是刑法第三百四十一条第二款规定的非法狩猎的野生动物而购买的，属于刑法第三百一十二条第一款规定的明知是犯罪所得而收购的行为。

现予公告。